U0560151

孙中山大传

SUN ZHONGSHAN DAZHUAN

杨博文 / 著

团结出版社

图书在版编目（C I P）数据

孙中山大传 / 杨博文著. -- 北京 : 团结出版社, 2016.5
ISBN 978-7-5126-3947-8

Ⅰ. ①孙… Ⅱ. ①杨… Ⅲ. ①孙中山（1866～1925）—传记 Ⅳ. ①K827=6

中国版本图书馆 CIP 数据核字(2016)第 007365 号

出　版：团结出版社
（北京市东城区东皇城根南街 84 号　邮编：100006）
电　话：（010）65228880　65244790　（出版社）
（010）65238766　85113874　65133603（发行部）
（010）65133603（邮购）
网　址：http://www.tjpress.com
E-mail：zb65244790@vip.163.com
fx65133603@163.com（发行部邮购）
经　销：全国新华书店
印　装：三河腾飞印务有限公司

开　本：170mm×240mm　　1/16
印　张：24.25
字　数：255 千字
印　数：5045
版　次：2016 年 5 月　第 1 版
印　次：2016 年 5 月　第 1 次印刷

书　号：978-7-5126-3947-8
定　价：49.00 元

孙中山（1866—1925）

伯陶先生屬

天下為公

孫文

1911年12月29日，17省代表在南京选举孙中山为中华民国临时大总统。图为上海孙中山故居（今香山路7号）客厅内悬挂的孙中山像。镜框用红、黄、蓝、白、黑五色木条镶嵌而成，代表汉、满、蒙、回、藏五族共和。

上　1901年4月，孙中山与家人在檀香山合影。中坐者为孙母杨太夫人，前立者为孙中山之次女孙婉，左立者为孙中山之子孙科，右立者为孙中山之长女孙娫；后排左起：月红（侍女）、孙眉夫人谭氏、孙威（侄儿细威）、孙中山之长兄孙眉、孙中山、孙中山夫人卢慕贞、孙眉养女孙顺霞、新兰（侍女）。

下　1912年1月28日，中华民国临时参议院在南京正式成立。孙中山应邀出席成立大会，并与大家合影。照片中前排自左三起依次为蔡元培、黄兴、孙中山、赵士北、魏宸组、胡汉民。

上　　1912 年 2 月 15 日，已提出辞职咨文的孙中山率文武官员祭明孝陵。图为孙中山祭明孝陵后与文武官员合影。

下　　孙中山辞去临时大总统后，提出 10 年筑 20 万里铁路的设想。图为 1912 年 9 月，孙中山视察京张铁路时，在张家口车站月台上与欢迎者合影。

1915 年 10 月 25 日，孙中山、宋庆龄在日本东京结婚。图为 1916 年 4 月 24 日，孙中山、宋庆龄在东京大武照相馆合影。照片卡纸上的英文为孙中山手迹。

1924 年 6 月 16 日，孙中山在苏联和中国共产党帮助下创办的中国国民党陆军军官学校（简称“黄埔军校”）正式在广州成立。上图为孙中山出席开学典礼，下图为黄埔陆军军官学校大门。

1929年5月22日上午，国民政府特派迎榇专员林森、郑洪年、吴铁城到北平（今北京）香山主持移灵。10时，守灵卫士将孙中山灵柩从石龛内移至灵堂。

目　录
CONTENT

第一章　少慕西学　立志救国

第二章　领导起义　推翻帝制

第三章　创建民国　辞让总统

第四章　反袁护法　保全共和　联俄联共　誓师北伐

第五章　和平　奋斗　救中国

第一章

少慕西学　立志救国

孙中山的诞生地——翠亨村全景。

孙中山的家世和名号

公元 1866 年 11 月 12 日晨 4 时（清同治五年，农历丙寅年十月初六寅时），在我国南部广东省香山县翠亨村（今中山市属），伟大的民主革命先驱者、中华民国创始人孙中山先生诞生了。

孙中山这位历史巨人的名字，在我国可谓家喻户晓。但是他的各种名号，并不为一般人所知晓，并且在现有各类图书中对其名号的记载也颇不一致，还有程度不等的颠倒错乱之处。

粗略一算，孙中山的名、字、号和化名、笔名确实很多，据不完全统计，总数竟达 30 余个。这些名号都反映了他所进行的斗争和他的意向。从这一侧面，也可反映出孙中山一生的斑斓多彩和奋斗历程的艰苦辛劳。

准确地说，孙中山的谱名（即上族谱的名）是德明，他幼名帝象，稍长读书时取名文，字载之。

1883 年底，在香港拔萃书室读书入基督教受洗礼时，取号日新；1886

年在香港补习国语时国学老师区凤墀为其改号逸仙（日新的粤语谐音），以后在广州、香港、澳门学医行医及游历欧美各国时常用此名，有时也把名号“孙文逸仙”连在一起用，如给人书写“序”“跋”之文以及签署某种个别委任状时曾是如此。1897 年，在日本进行秘密革命活动时，一位掩护他的日本友人平山周在旅馆登记簿上为他写了“中山樵”的化名，孙则言其意为“中国的山樵”。“中山”既是日本人的姓，也是“中山樵”的省略，孙中山的名字由此得来。在此前后，又化名为陈文、陈载之、林行仙、兴公、中山二郎、高野长雄、张宣、吴仲、山月、翠溪、高达生、杜嘉诺、东山、艾斯高野、肃大江、武公、逸人、高野方、阿罗哈（Dr. A1aha）、Dr. Nakayama、Longsang 等。曾用笔名中原逐鹿士、南洋小学生、杞忧公子等。他在公文、函电及书写条幅等时，多自署孙文。

辛亥革命后，在中国，人们习惯地称呼他为孙中山；在日本，统称孙文；在欧美各国，则称孙逸仙（Sun Yat-sen）。

孙中山一生中除用过许多名号外，还有过一些尊称和绰号。这些号和尊称的来源，说来也颇有意思，兹择要者，略述梗概。

谱名德明，是最先之名。孙中山长兄谱名德彰，名眉；次兄谱名德佑，名典。1885 年，孙中山在家乡与卢慕贞结婚时，使用的是谱名。他平时与亲属通信，多用此名。

孙中山出生不久，就由他的长辈取“象”为乳名，家人则昵称“阿象”，嗣即惯称“帝象”。据冯自由《革命逸史》第二册载：“其帝象二字之称谓，乃由其母杨太夫人平日信奉乡人所崇祀之神祇有所谓北方真武玄天上帝者，因以此名赐之。”在封建社会神权思想的束缚下，一些人为了求助神灵的保佑，总让新出生的孩子契某神某佛，拜为谊父（母）的。孙中山的母亲杨氏也不能免俗，她把两个儿子于满月时都拜“北方真武玄天上帝”为“契爷”，长子取名帝眉，次子取名帝象，藉获神明保佑，健康成长。孙中山自己则说：“因我母向日奉关帝像，生平信佛，取号‘帝象’者，望我将来像关帝耳。”此即孙中山幼名帝象的由来。尚有一说：该名是孙中山的祖母黄氏所起的，“象之意义系取义于某山形状”。一直到 1884 年 4 月 15 日孙中山在香港中央书院注册入学时，还是用“孙帝象”

这个名字。

文，是孙中山的正式名字，乃1876年孙中山读村塾时，塾师为他取的名字；另一说是他父亲所取学名；尚有一说，是孙中山“立志革命时，自改名文，取义于前有武子，以兵法而垂后世；己则以文治而改革……”最早使用此名见于1890年《上郑藻如书》，此后至1925年3月11日在遗嘱上签字，30多年间所颁发的各种政令、文告、通讯、题签等，大抵皆用此名。

“载之”之字，据孙中山自述：“系由成语‘文以载道’而来，并无别情。”

“日新”之号，则是从《大学》中“汤之盘铭苟日新，日日新，又日新”一语取义的。改号“逸仙”，出自“日新”的粤语谐音。孙中山在与友人、亲属通信中常用此名。1895年孙中山亲自发动的第一次广州起义失败后，清政府悬赏缉拿的通缉令中注明孙文即孙逸仙。

因革命斗争的需要和在流亡生活期间摆脱清政府派出的密探跟踪的考虑，孙中山曾先后用过前面已提到的21个化名，都分别反映着他自己的意向。

民国成立以后，在各个不同时期，人们又以孙中山的职衔相称。由于孙中山在中国同盟会、中华革命党和中国国民党中都担任过总理职务，所以人们称他为孙总理。他又于1912年在南京就任中华民国临时大总统及1921年在广州就任中华民国非常大总统，1917年以后在广州就任中华民国军政府大元帅，所以人们又尊称他为孙大总统或孙大元帅。

孙中山为中国的独立、民主、富强奋斗了终生，他领导的辛亥革命推翻了两千多年的封建帝制，创建了中华民国，对中国人民的革命事业做出了杰出的贡献。民国建立后，国民党内及民间已有尊称他为国父者。为了表彰和纪念孙中山的伟大功勋，国民党中央常务委员会于1940年3月做出决议，同年4月1日国民政府通令全国正式尊称孙中山为“中华民国国父”。从此以后，人们皆尊称他为国父。

孙中山的先世、亲属与子孙的情况如何呢？

孙中山自述：“文之先人躬耕数代。”他的曾祖父孙恒辉（1767—

孙中山的父亲孙达成、母亲杨太夫人（画像）。

1801 年），娶程氏，业农，有田产十余亩，堪称小康之家。他的祖父孙敬贤（1788—1849 年），娶黄氏（1792—1868 年），继承父业，亦务农，起初薄有田产，由于笃信堪舆学，醉心术士们的风水之说，常登山玩水，致后来家道中落，成为一个没有土地的佃农。他的父亲孙达成（1813—1888 年）为了生活，在 16 岁时被迫背井离乡，到澳门打工，先是学裁缝，后来又在外国人办的一家鞋铺当鞋匠，每月工钱只有 4 元。他一直干到 32 岁，当薄有积蓄时，才回乡结婚安家；后来主要依靠佃耕二亩半田地，并兼做村中更夫，为村里人打更报时，一年得谷 12 石来维持全家人的生计。孙中山的母亲是距翠亨村不远的隔田村（今崖口乡）农民杨胜辉之女杨氏（1828—1910 年），是一位温柔善良又非常勤劳俭朴的农村妇女，不仅料理家务，还参加辅助性农业劳动。他有叔父二人，孙学成（1826—1864 年）和孙观成（1831—1867 年）。他们因在家乡难以谋生，只好离乡，先后远赴美国金矿当华工，在异国苦苦挣扎，最后均身遭不幸，一人病逝海外旧金山，一人葬身于上海附近的海中。

孙中山的家庭中，除父母和祖母黄氏外，有同胞兄妹四人，他排行第三，上有哥哥孙眉（字德彰，号寿屏，1854—1915 年）和姐姐孙妙茜（1863—1955 年），下有妹妹孙秋绮（1871—1912 年）。此外，有一个姐姐孙金星（1857—1860 年）及哥哥孙德佑（1860—1866 年），在孙中山诞生之前均先后夭亡。

孙中山幼年时，家境非常穷困，全家六七口人挤住在村边一间简陋的泥砖屋里。尽管一家人终年辛勤劳动，也只能勉强维持着半饥半寒的穷困生活。到孙中山 3 岁那年，刚刚 15 岁的哥哥迫于生计，便到邻乡南蓢村地主程名桂家里做长工。后来由于受不了东家的欺压，1871 年 17 岁时，又被迫背井离乡，跟随舅父杨文纳远渡重洋，跑到遥远的檀香山（当时华侨对位于太平洋中部的夏威夷群岛的泛称）另谋生计。开始在一个菜园里当工人，不久转到一个农牧场做雇工，后来奔往茂宜岛（Maui，是夏威夷群岛中五大岛之一）开垦荒地，他凭着自己的慧敏聪颖，经过艰苦劳动，逐渐积累下一些资财，又开办起商店和畜牧场，还兼营酿酒、伐木等业，使经营规模日益扩大。到 1877 年左右，他已自有 6000 英亩山地的大牧场，雇工数百人，从事畜牧垦殖，逐渐发展成了一个华侨资本家。到 1885 年时，孙眉自有大牧场的领地达 2 万英亩，有雇工 1000 多人，畜养牛、马、猪等数万头，成了茂宜岛的首富，曾被当地人称曰“茂宜王”。当孙眉的经济富裕后，他寄回的侨汇成为孙家主要经济来源，生活得到大的改善，使家庭的经济状况发生了根本变化，孙达成才不再充当更夫，并有时雇工从事耕种。这样，孙家便由贫困农户逐渐转化成为华侨资本家的家庭。

1883 年，17 岁时的孙中山。

孙妙茜与孙中山相貌酷似，自幼朝夕相处，共同劳动，备尝艰辛，致二人甚是情深。后来她和同里商人杨紫辉结婚，杨曾在檀香山、台湾经营树胶等商业。孙中山 5 岁时，妹妹孙

1901年4月，孙中山与家人在檀香山合影。中坐者为孙母杨太夫人，前立者为孙中山之次女孙婉，左立者为孙中山之子孙科，右立者为孙中山之长女孙娫；后排左起：月红（侍女）、孙眉夫人谭氏、孙威（侄儿细威）、孙中山之长兄孙眉、孙中山、孙中山夫人卢慕贞、孙眉养女孙顺霞、新兰（侍女）。

秋绮（1871—1912年）出生，她成人后嫁同邑东镇榄边墟林喜智。林喜智曾在美国旧金山经商，资产富厚，孙中山旅居美国时，相互过从甚密。

1885年夏，在孙中山实际年龄17岁半时，奉父母之命、媒妁之言与八字之合，与同县外壆乡（今珠海市外沙村）卢耀显之女、年刚16岁的卢慕贞（1867—1952年）结婚。婚后7年，生子科（字建华，号哲生，1891—1973年），后又生有二女，长女孙娫（1895—1913年），次女孙婉（1896—1979年）。卢慕贞是一个没有多少文化的旧式女子，是传统的贤妻良母型的人。她不理解孙中山的革命理想，更反对他因此而长期过艰难困苦的流亡生活；她要求丈夫安分守己，走读书做官之路，在家乡过安宁的日子，不要去做那些大逆不道、累及全家之事，而这些对于有着强烈爱国激情的孙中山来说，都是不能接受的。由于他们在理想、志趣、知识和生活习惯上，都相差太远，特别在革命事业上则完全是一对陌生人，因此，

1901年4月，孙中山与夫人卢慕贞及子女在檀香山合影。

二人在感情上产生隔阂，生活在一起时没有什么乐趣，并且长期的聚少离多，天各一方，彼此徒有夫妻名分。1915年3月，孙中山与分居多年的卢慕贞经过协议离婚。

据《香山孙氏族谱》中的记载，孙中山还有一妾侍陈粹芬（原名香菱，又名瑞芬，1874—1962年）。对这件事，长期以来由于观念、资料及"为贤者讳"等多方面的原因，人们都避而未述。其实，把此事放在百多年前的当时社会及闽粤习俗（旧社会长期都有"妾侍"及"平妻"之说）的历史背景下进行考察，就毫不足奇，也毋庸讳避了。

那是在1891年，孙中山在香港西医书院读书时，通过好友陈少白认识了时年19岁的陈粹芬。陈原籍福建厦门，出生于香港新界之屯门，家庭贫寒，文化程度不高，为人聪敏热诚，性格敦厚、刚毅，愿意追随孙中山进行反清革命。不久，两个人在距屯门不远的红楼租屋，成为革命伴侣。从此以后，她伴随孙中山奔走于日本、南洋各地，一起策划革命工作，共度颠沛流离的流亡生活。其中，"日本横滨是他们居住和活动的一个据点。她经常为往来的同志洗衣、做饭。革命党人在香港和横滨之间，密运枪械，她上下船只，传递信息。同志们都很称赞她的英勇和勤劳"。在二人朝夕相伴的10余年岁月里，她照顾孙中山和一些革命党人的生活，诚心竭力，任劳任怨，备尝艰辛，深为人们所称道，革命党人多半称其为"陈四姑"（因她排行第四）。1910年间，她身患肺病，返香港疗养，后来隐居于澳门和中山石岐。孙眉等孙家人一直视其为家族之一员，待之甚善，并在其去世后把她的遗骨安葬于翠亨村北山脚。

在孙中山25岁时，他的儿子孙科出生。孙科从小随母亲到檀香山读书，16岁便加入中国同盟会，参与革命党的办报工作。1912年赴美留学，

1907 年前后，孙中山与陈粹芬合影。

专攻政治经济科。曾先后担任过民国时期的广州市长，交通、青年、铁道等部部长，立法院长，行政院长，国民政府副主席等职。1973 年病逝于台北。

孙科的夫人陈淑英，亦中山县人，与孙科同学于美国，早年曾协助孙中山的革命事业。孙科另有妻室严靄娟、蓝妮。

孙中山的长女娫，曾在美国柏克莱加州大学读书，英年早逝。次女婉，毕业于美国加州大学文学系，1912 年与戴恩赛结婚，生有一子永丰（1923—1952 年），一女成功（1921—1991 年）。

孙中山有孙子女 6 人：长孙治平（1913 年生）、次孙治强（1915 年生），孙女穗英（1922 年生，适林达文）、穗华（1925 年生，适张家恭）、穗芳（1937 年生）、穗芬（1938 年生）。

他的第四代，曾孙有国雄、国欣、国元，曾孙女有嘉琳、嘉瑜等。

他的第五代，玄孙女有美玲、美兰等。

概而言之，孙中山的后裔现散居在美国、加拿大，以及中国台湾等地区，他们承继祖志，基本上都学有所成，在各自的岗位上为祖国的统一大业，为振兴中华，为世界和平做应有的贡献。

走出翠亨　吸纳西学

少年的孙中山因为家境贫困交不起学费，到1876年他10岁的时候，才正式进翠亨村的私塾读书。村塾以祖庙的名义开办，设于翠亨村冯氏宗祠，所习功课除了练习写字，有《三字经》《千字文》《幼学故事琼林》《古文评注》，以及四书五经选读等。在村塾里，没有星期天，也没有寒暑假，只在农历新年、端午和中秋前后，才给学生几天假期。孩子们每天从早到晚，就是机械地背诵书本。塾师教课时从不解说书中的意义，唯一要求就是要学生一字不漏地死读硬记。

孙中山爱动脑筋，又很聪明，记性也好，读了几遍就能朗朗上口，背诵无讹。他热衷于学习，为了节省灯油常在月光下阅读，但慢慢地对不求甚解一味背诵儒家经籍的传统封建教学方法，产生了怀疑和不满。他曾要求塾师讲解“大学之道，在明明德”的含义，并对塾师质疑：“老师，我天天读书，不知书中讲些什么道理，这有什么用呢？”塾师不仅不给他满意的回答，反而气得拿起戒尺严加训斥：“呀！自古以来就是这样教法的，看谁胆大竟敢违背先贤的教诲！”但是，孙中山始终不服气。许多年以后，孙中山还对同学谈起当时敢于提问的想法，他说：“学问学问，想学就要问，学而不问，怎么能懂呢？”

孙中山在幼年的启蒙时期，所显露出来的坚强性格和敢于发表己见去追求真知的精神，是难能可贵的。这对他后来出洋留学时努力探求新知，并在一生中都重视读书是一种直接的推动。

在翠亨村，有一位曾经跟随天王洪秀全打过清军的太平军老将士，名叫冯爽观。他早晚在孙中山住屋门前的大榕树下乘凉，常常对孩子们回忆广东花县的洪秀全，讲述太平天国反清的革命故事。当他绘声绘色地讲到金田起义、定都南京、打破江南江北清军大营和逼得曾国藩投水自杀时，孩子们个个眉飞色舞。在这些孩子里，孙中山听得最认真、最动情。他对洪、杨等农民起义的革命故事，产生了极大兴趣，深深地感到它比村塾里的死板的书本有趣得多，所以久听不倦，每每听得出神。太平天国革命者的英雄形象和清朝统治者的狰狞面目，在他幼小的心灵里留下深刻印记。

有一次他在听讲中禁不住脱口而出："洪秀全灭了满清就好咯。"冯爽观也特别喜欢敏捷聪慧的孙中山，他曾高兴地摸着孙中山的小脑袋说："你真是'洪秀全第二'啊！"从此，孙中山在儿童嬉戏中也以此自居。后来，他在香港学医时，还常谈起洪秀全，称他是反清第一英雄，对太平天国没有成功深表惋惜，暗中下定决心要学习洪秀全，并常以"洪秀全第二"自命。

在中国封建社会中，妇女必须缠足，这是一种相沿千百年的残害妇女身心的传统陋俗。女孩子一到六七岁就要缠脚，社会上几乎所有的妇女照例都裹着小脚。孙中山的母亲两只脚缠得又瘦又小，行动很是不便。后来他的姐姐因家里穷要帮干家务和农活，直到15岁才开始缠足。这时脚已长大，硬要缠小，更加痛苦。孙中山见姐姐因缠足痛苦得呻吟流泪，心中十分不忍，就一再向母亲央求："姐姐的脚好好的，为什么要用布把它包扎起来呢？你看姐姐痛得这么厉害，不扎不可以吗？"他母亲却无可奈何地回答："唉！孩子，你姐姐不缠足，是没有人家要的。"孙中山争辩说："山里的那些客家人妇女，不也是不缠足的吗？"他对这种折磨人的传统习俗怎么也想不通。

随着年龄和知识的增长，孙中山目睹和耳闻的自己身旁发生的黑暗事实和不良现象越来越多。当他渐渐懂事后，对周围的封建陋习越发不满和反感，十分厌恶赌博、蓄奴等事。

孙中山的家乡翠亨村虽然是一个贫穷落后的村落，但它东与香港隔海相望，南与澳门紧相毗邻，距村不远又有外国轮船经常停泊的金星港，这就大有别于内地村庄，而能够较早较多地接触到新事物、新思想。孙中山幼年时不断听到一些海外发生的新奇事情，还听到已经垦殖致富的哥哥孙眉对海外生活绘声绘色的种种描述，譬如海外的风土人情、社会习俗和檀香山的土地肥沃、食物丰富、果园和葡萄园众多，太平洋群岛上都是"草经冬而不枯，花非春而亦放"，以及那里地广人稀，开垦致富容易等，引起了他的强烈向往，遂萌"出洋之志"，一心想去看看那个未曾见识过的广阔世界。

但是，孙中山的父亲却认为自己的两个弟弟死在海外，连尸体都找不

檀香山意奥兰尼书院旧址。1879—1882 年间，孙中山曾在此读书。

到，举家感到悲痛，现在有一个儿子出外冒险已经够了，所以拒绝了孙中山的要求。不久，孙中山的母亲准备去檀香山探望发了财的儿子，于是孙中山就乘机提出要与母亲同行，以广见闻。在他一再恳求下，终于获得父亲的同意，实现了梦寐以求的出洋愿望。

1879 年 6 月的一天，13 岁的孙中山穿着中国农村的土布服装，拖着长辫子，随同母亲去澳门，然后登上一艘 2000 吨的英国轮船“格兰诺去”号，远离家乡，前往檀香山。

第一次离开农村走向世界，孙中山感到无比欢欣和激动。他伫立船头，展现在面前的是一望无际的太平洋，和轮船劈波斩浪向前飞驶的壮观景象。孙中山怀着强烈的求知欲，好奇地观察着一切，什么蒸汽机、锅炉和巨大坚实的金属大梁等，使这个从小生活在贫穷山村里的少年惊叹不已。孙中山的这一次长达 20 多个昼夜的远航，使他大开眼界，成为他早年生活经历中的一个重要转折点，也是他一生中第一个重大转折。他后来在给英国著名汉学家翟理斯（Herbert Allen Giles）的信中，追述当时自己的感受说：“始见轮舟之奇，沧海之阔，自是有慕西学之心，穷天地之想。”

檀香山，即夏威夷群岛，位于北太平洋之中，介于亚洲和美洲之间。它由 20 多个岛屿组成，气候温和，风景秀丽，盛产糖、米和水果等。那时夏威夷虽是一个君主制国家，但资本主义正在这里茁壮成长，并且随着欧风美雨的影响，已兴办了资产阶级学校。孙中山到达后，起初被安排在茂宜岛茄荷蕾（Kahului）埠孙眉开设的商店里当店员，除照料店务外，还勤奋地学习中国式的商业会计，又进盘罗河学校补习算术等科，很快就学会了记账和珠算。由于顾客多是当地居民，说的是方言“楷奈楷”语，孙中山也很注意学习当地语言，没多久便学会了日常生活用语，能应付自如。孙眉很快发现自己的弟弟很聪明，对这里的事务饶有兴趣，有强烈的求知欲和很好的领悟能力，又肯刻苦学习，就改变了要孙中山学经商的最初打算，在同年的 9 月中旬送他进学校读书。从此，孙中山开始系统地接受资本主义教育，所学的主要是西方的文化知识。

孙中山先进入的是火奴鲁鲁（Honolulu，位在柯湖岛“Oahu Island”上，是当时夏威夷这个君主制国家的首都，华侨又称作檀香山正埠）英基督教监理会所办的意奥兰尼学校（男子初中）。这所学校只收夏威夷人子弟和混血种的夏威夷青年，后来才兼收东亚人，中国学生极少。孙中山入学时，只有钟宇（钟工宇）、唐雄和李弼 3 名中国学生，以后又陆续增加了 6 名。它是一所英国色彩十分鲜明的学校，教科书全是英文，讲授英国历史，算术是以英镑、先令、便士计算，教材的内容，包括西方社会政治学说和自然科学的基础知识，以及英语、《圣经》等科目。教师讲课都用英语，孙中山刚入学时一点也听不懂，简直像个哑巴，教师只得用手势向他表达意思。最初一段时间，孙中山觉得十分为难，但他并不气馁，而是怀着强烈的求知欲，刻苦、顽强地攻读。他很注意掌握正确的学习方法，没有去死记硬背。他花了 10 天工夫，仔细观察英、汉两种语言在发音和构词方面的差异，发现学习英语的关键，在于掌握它的发音规律和构词方法。由于方法得当，成绩提高很快，用了很短的时间就在读和写方面都取得了惊人的成绩。英语是国际性语言，孙中山通过勤奋学习逐步掌握了这种语言工具，他后来在全世界从事革命活动，博览外国图书馆的各类书籍以及同各国的朝野人士打交道，都从中获益匪浅。

孙中山勤奋学习，除了完成学校布置的课业外，还利用课余时间补习中文和浏览中外群书，对于有关美国独立战争的书籍，以及华盛顿、林肯等资产阶级革命家的传记，特别感兴趣，希望从中能找到他一直追求的真理。他对欧美民族、民主革命领袖们推崇敬仰，并产生了以为师法的念头。孙中山少年时代的一些知识积累，为他以后的政治思想、哲学思想奠定了初步基础。

1882 年 7 月，孙中山完成了在意奥兰尼学校的学习。在盛大的毕业典礼上，他得到了学校的嘉奖。这个 3 年前连 ABC 都不懂的中国农村孩子，今天却在全校数百名英、美籍和本地土著学生中成绩出众，成了名列全年级英语文法考试第二名的优秀学生，夏威夷国王架剌鸠向他亲颁奖品。这一事，孙眉以及当地华侨皆引以为傲，并在华侨社会中传为美谈。

孙中山从意奥兰尼学校毕业后，曾有一段时间在孙眉经营的商店里协理店务。同年秋，他考入当地的一所高级中学——奥阿厚书院（Oahu College）继续求学。该校是檀香山的最高学府，由当地的美国基督教公理会于 1841 年创办，学生大多是与夏威夷福音堂（公理会教友和长老会教友）有关系的传教士子女。在这所学校里，孙中山除学习正式课程外，对世界各国的历史和现状也产生了兴趣，知识面开阔，学业也与日俱进，曾打算毕业后赴美国攻读大学，继续深造。

在意奥兰尼学校和奥阿厚书院里，宗教教育都占着很重要的地位。前者的校长韦礼士牧师为了使该校的学生们皈依上帝，有计划地专门开设了圣经课程，规定学生们每个星期日必须去圣安德勒教堂做礼拜；后者除圣经课和星期礼拜外，更安排由主教亲自讲授圣经课，学生们早晚要在学校教堂祈祷，有不少学生是教徒。这一切对孙中山影响很大。耳濡目染，他被基督教义所吸引，对其中的平等、博爱的内容十分感兴趣，并热心地背诵《圣经》，觉得比中国儒教“君君臣臣、父父子子”那一套严格的封建等级制度要好得多，因此，积极参加唱诗班等各种宗教的聚会，早晚在学校教堂的祈祷和星期日去教堂的礼拜也都参加，对基督教的感情也随之愈来愈深，“信道渐笃”。一天，在孙眉的家中，他勇敢地嘲弄并撕毁了供着“保佑”人们“平安出海”的关帝（关云长）神像，认为：关云长只不过是三国时代的一个人物，死后怎能降福人间，替人消灾治病呢？同时，他还想受洗礼入基督教。这引起他哥哥的震怒和强烈反对。坚守旧俗的孙眉担心孙中山违背中国旧的宗教信仰，皈依基督教而遭亲人的斥责。于是，兄弟失和，他毅然责令孙中山停止了学业，并决定送其回国，以遏止弟弟日益升腾的宗教感情的发展。就这样孙中山结束了在檀香山 4 年多的生活和学习，于 1883 年（清光绪九年）7 月，从夏威夷乘轮船启程回国。

这时的孙中山，已不再是 4 年前出国时那个“仅识之无”的农家少年，而是一位已初步具有资产阶级政治观念和近代科学文化知识的 17 岁的青年知识分子，他的头脑里装了不少西方的文明观念。

回到家乡后，孙中山看到翠亨村风貌依旧，和 4 年多前没有什么两样，处处充满陈旧的气氛。如虎似狼的差役，贪赃枉法的官吏，求神拜佛的乡邻，抽鸦片、纳妾、滥赌的富人，连白薯也吃不上、依然过着饥寒交迫苦日子的农民，所有的一切都依旧那么令人窒息。孙中山用其比照檀香山的进步和文明，真像两个世界。他心中不满的情绪进一步加深。

这时发生了一件事，结果竟让孙中山在翠亨村失去了立足之地。这就是被后人称作大闹北极殿的事件。翠亨村的村庙北极殿，是地主阶级用来麻醉劳动人民，以神权进行统治的工具。孙中山认为那些泥塑木雕的偶像，骗人钱财，误人正事，对它们顶礼膜拜是一种愚蠢的迷信行为，要唤醒人民，必须破除迷信，于是就有了打碎泥菩萨的念头。

打碎泥菩萨之事，孙中山是与他的总角之交陆皓东一起干的。

陆皓东（1868—1895 年）名中桂，字献香，号皓东。他原随在上海经商的父亲居住，父死后随母回乡。在翠亨村塾读书时，孙中山和他是同窗好友，两个人常一起谈论社会的黑暗和腐败，志同道合，几至形影不离。孙中山从檀香山归来后，好友重聚，更为投契。

就在这一年秋季的一天，孙中山和陆皓东等几个伙伴去庙中游玩，正碰上几个农民在香烟缭绕的大殿里虔诚地烧香拜佛，他当场劝告他们信奉无益，不要去相信世界上真有什么神仙能帮助穷人。为了证实自己的见解，孙中山边说着边跳上正殿的供桌，对着“北方真武玄天上帝”的手用力一击，只听“哗啦”一声，神像的手指和身体分了家，泥塑里面的烂泥、稻草和木头统统裸露了出来。在场的人都被惊呆了，简直不敢相信自己的眼

1883年秋，孙中山与陆皓东一起毁坏了村庙北极殿中的神像。图为北极殿旧址。

睛。孙中山拿起神像的断指笑着对他们说：“你们看，我打断了它的手指，它还照样对着我傻笑，这种神灵有什么可以相信的！”接着，他又将左廊专司生育的“金花娘娘”塑像的脸皮刮破，并毁掉它的一只耳朵。在场的人全给吓蒙了。有个老人跪在地上，满口“罪过，罪过！”头也不敢抬起来。孙中山和陆皓东等人却在旁边哈哈大笑，兴尽而去。

孙中山这次破坏神像的行为，引起了轩然大波。它震撼了全村父老，引起许多人的反对，尤其是遭到本村豪绅地主的猛烈攻击。他们认为亵渎神灵，大逆不道，是不可宽宥的天大的罪行，纷纷向孙中山的父亲孙达成兴师问罪。

孙达成诚惶诚恐地对上门问罪的乡人作揖认错，保证严厉管教儿子。他为了祈求平息众怒，答应交纳银子10两修复神像和献上供奉，祈求神佛宽恕，给全村消灾除难，并要把孙中山逐出村子，责令他离开家乡，以示对他的处罚，这场风波才算了结。就这样，孙中山在翠亨村已无法立足，只能去了香港。

陆皓东也同样遭到乡人的责难，被迫出走。

1883年11月，到香港不久的孙中山进入了由英国圣公会主办的拔萃书室（Dioceson Home，男子中学），攻读高中课程，并在课余常到伦敦会长老区凤墀处补习国文。但在该校就读时间很短，不足两个月即退学了。

同年冬季，孙中山在香港结识美国公理会传教士喜嘉理（D. R. Hager）。在喜嘉理牧师的劝说和主持下，他在1883年底的一天，与陆皓东一起在美国纲纪慎会（公理会）的布道所（香港必列者士街2号二楼）受洗加入了基督教。

据喜嘉理的记述："1883年秋冬之交，余与（孙）先生初次谋面，声容笑貌，宛然十七八岁之学生……余职在布道，与之觌晤未久，即以是否崇信基督相质问。先生答云：'基督之道，余固深信，特尚未列名教会耳。'余询其故，则曰：'待时耳，在己固无不可也。'嗣后数月，果受礼奉教，余亲身其事。其受礼之地，在香港旧设之华人学堂中，距现有之美以美会教堂，约一箭地，地不著名，仪不繁重，而将来中华民国临时第一大总统，于是受圣礼皈救道焉。"随后，孙中山移居该教堂之二楼，与居住三楼的喜嘉理牧师时相往返，接触甚密。

此后，在他长期的革命生涯中，始终与基督教有着千丝万缕的联系。例如，所创建的兴中会、同盟会、中华革命党等团体，其誓约均冠以"当天发誓"字样，"是亦一种宗教宣誓的仪式，从基督教受洗之礼脱胎而来者也"。又如，兴中会成立时，孙中山"率先宣誓，将左手置于开卷的《圣经》上，高举右手，恳求上苍明鉴，以示矢志革命，卒底于成"，等等。

当然，孙中山自受洗以后，随着知识的丰富和阅历的增长，他对基督教的信仰也不是一成不变的，而是有一个反复的发展过程。但是，他从来没有否定上帝的存在，在入教后长达42年的时间中也从来没有否认自己的基督教徒身份，对基督教一直怀有颇深的感情。

1922年间，孙中山曾明确地指出："予始终是基督教信徒。不但予为基督教信徒，予之子、予之媳、予之女、予之婿、予之家庭、予之岳丈、岳母、予妻、予妻之姐、之弟、之妹，甚至连襟至戚，固无一而非基督信徒也。予有家庭礼拜，予常就有道之牧师闻道讲学，孰谓予非基督教徒乎？”甚至在孙中山去世前一天，当弥留之际，他在病榻上用手指着宋庆龄嘱咐何香凝说：“彼亦同志一分子，吾死后望善视之，不可因其为基督徒人而歧视之。”

可以这样说，基督教伴随着孙中山走过了伟大而光辉的一生。

1884 年 4 月 14 日，孙中山转入香港英国当局开办的一所设备较完善的中央书院（The Central School），继续其高中学业。

这所学校创办于 1862 年（1889 年改名域多利书院，1894 年改名皇仁书院），办学宗旨是“沟通中西文化”，它的学科设置完备，师资力量充实，教学方法新颖，是当时堪称全香港第一流的高级中学。所授学科与课程有语文、文学、世界史、英国史、地理、几何、代数、算术、卫生、机械绘画、簿记及常识等。教师全部是来自英国本土的剑桥、牛津等名牌大学的毕业生，年轻饱学，思想新进；学生除在香港华人子女外，有来自英、美、葡萄牙、印度、菲律宾等许多国家的青年，也有少量从中国大陆去就读的学生。

孙中山在学校学习十分刻苦，白天专心听课并认真复习；课余时间便抓紧时间涉猎群书，阅读中国诸子百家的著述，以增广见识；晚上，还专门请了教师帮他辅导古汉语。全班学生中以他的英文成绩最好，深得教师的夸奖。

孙中山在这所学校就读共两年半时间。由于他认真学习各门课程和刻苦攻读中外书籍，尤其是广泛涉猎西方国家政治、历史、文学等类书籍，从而进一步掌握了西方资产阶级文化知识，加深了对西方科学、社会及政治制度的认识。同时，由于接触到许多国家的优秀青年，不仅对他西学知识的增加大有裨益，而且对他的世界意识拓展也是一个难得的机会，更有可能认识和观察中国和世界的局势。这是他思想发展的一个重要时期。

孙中山身处香港，每天看到建在山上的华丽的殖民者的别墅、宅院和繁华的街道及近代的建筑。他经常细心地观察周围的一切，香港作为近代城市的市政面貌及管理方式，给了孙中山以思考改革中国社会的启示。后来，孙中山在回答自己革命思想得自何时何地时说，香港的市政建设给他以深刻印象并导致他进行政治上的反思。他说："我于 30 年前在香港读书，暇时辄闲步市街，见其秩序整齐，建筑闳美，工作进步不断，脑海中留有甚深之印象。我每年回故里香山二次，两地相较，情形迥异……我恒默念，香山、香港相距仅 50 英里，何以如此不同？外人能在七八十年间在一荒岛上成此伟绩，中国以四千年之文明，乃无一地如香港者，其故安在？"

这时，由于法国的侵略，爆发了1883年12月至1885年5月的中法战争。这场导致民族危机加深的战争，不仅极大地吸引了孙中山的注意力，而且深深地刺痛了他。

1885 年 4 月，清政府在巴黎签订了"停战协定"，又于 6 月 9 日派李鸿章与法国公使在天津签订了投降卖国的《中法新约》，承认法国侵占越南，并且给予法国在广西、云南通商的特殊权益，还规定以后如在这两省修造铁路，要同法国人商办等。中法战争不败而败，使法国侵略者在军事失利的形势下，却在谈判桌上取得了战场上没有得到的东西，这真是中华民族的奇耻大辱!

清政府的昏庸、腐败及卖国，让孙中山认识到这个政府的统治是非除去不可了，从而增强了改革现状的思想和勇气。孙中山后来曾多次强调自己革命思想的起点在乙酉中法战败之年。

尽管当时信息传递很慢，可是孙中山在翠亨村毁像渎神，并在香港受洗入基督教的事情，不久还是被在檀香山的孙眉获悉。孙眉极为不满，他很生气地写信痛加斥责，警告他如不与基督教断绝关系，就要中止经济支援，不再供给他学费，但孙中山毫不理会。孙眉接着采取了第二个方案，他又写信给孙中山，佯称在檀香山的生意遭到失败，如今要改谋生路，但因过去有的商业财产用了孙中山的名义，故需他急速前去商量解决。这样，孙中山应孙眉之召，于 1884 年 11 月在香港辍学奔赴檀香山。

到檀香山后，孙中山在茂宜岛姑刺埠牧场见到了孙眉。兄弟二人因宗教观念的不同，发生口角，双方各执一端，争持不下。孙眉威胁要收回

1882 年间立约分给他的一笔财产。

然而使孙眉吃惊的是，孙中山竟不为所动，并坦诚地申辩说：“抱歉我使你失望，我抱歉不能在中国古人所走的路上尽我的责任，如果我的良心允许我，我也愿意遵守中国的法律做事……但是，中国自己并不能尽自己的责任。我不能遵守已败坏的习惯，你所很慷慨给予我的产业，我很愿意还给你，我不再有什么要求，财富不足以动我的心。”

办理完退还全部财产的法律手续之后，孙中山被孙眉安排到茄荷蕾埠所开设的商店里去当店员。孙中山去商店学做生意并非所愿，虽能忍让一时，终觉负气难言。他勉强干了 3 个月，翌年春便设法动身回国。他先请姐夫杨紫辉（即孙妙茜的丈夫）帮他归国升学，没有如愿；便又跑到火奴鲁鲁去，向过去奥阿厚书院的教师、美国传教士芙兰蒂文（F. W. Damon）以及旧日一些同学求援。师友们为他筹集到 300 美元的赠款，他便带上这笔路费于 1885 年 4 月离开檀香山经日本返国。

当孙中山在火奴鲁鲁行将启程归国的时候，孙眉闻讯曾赶去阻拦，但孙中山坚决要回国，决不再留在檀岛。同年 8 月，孙中山离开家乡再赴香港，回到中央书院复学，并在 1886 年他 20 岁时的夏季修完了中学课程。

在香港中央书院高中毕业后，孙中山面临着选择未来职业以继续深造的困惑。他曾对升学就业问题颇感踌躇，经过一番仔细考虑，终于择定了学习医科。

孙中山认为“医亦救人苦难术”，且“行医最能为功于社会”，可以通过战胜疾病，立己济人，保障国民健康，使国家强盛起来，所以应该从学医着手进行拯救祖国的活动。

孙中山对学医的兴趣和念头，还应追溯到他在檀香山读书的时候。据《总理开始学医与革命运动五十周年纪念史略》一文记载，孙中山在檀香山时，“日往访教会司铎杜南山君，见其架上有医科书籍，问何以需此？杜答谓：‘范文正公有云：不为良相，当为良医。窃采此意耳。’公（指孙中山）颔之。”

杜南山的这句话对孙中山的启发很大。他经过思考后，第二天又到杜家，对杜南山说：“君为我奉范氏之言，窃以为未当。吾国人读书，非骤

1886 年秋，孙中山入广州博济医院附设医校读书。图为广州博济医院旧址。

能从政；即从政矣，未必骤秉国钧。倘殚心力以求作相，久不可期，然后为医，无论良医不易为，即努力为之，晚矣！我意一方致力政治，一方致力医术，悬其鹄以求之，庶有获也。”他的意思是要政治与行医二者相并而行才好。杜南山默默地听着，十分欣赏这个年轻人思考问题的能力。由此可见，孙中山“救国学医所行之志，已肇于此时矣”。

孙中山决定学医后，在 1886 年秋季，经喜嘉理的介绍，以减免学费的优待，进入了美基督教长老会所办广州博济医院附设医校（今广州中山医科大学孙逸仙纪念医院）学习。

博济医院（Conton Hospital）创办于清道光十五年（1835 年），由美国公理会及长老会为“医疗传道”而设立，为东方各国西医西药之鼻祖，也是美国在远东创立的第一所西式医院，从此才开始有正式的“传教医生”（Missionary doctor）出现。

博济医院于1879年招生，男女兼收，为中国男女同校首创新例。课程主要是内科、外科（割症）、妇科、药学、化学、物理、生理学等基础科学。院长嘉约翰行医50年，擅长外科手术。

孙中山入学时，有同学男生12人，女生4人。孙中山入博济医院附设医校后，住哥利支堂10号宿舍。他在校半工半读，勤恳异常，除了学习本科医学知识外，余暇则研读古代文史书籍，并另聘陈仲尧先生讲授经史国学，每日前往陈寓受业，攻读古代名著。他对经史加意研求，特自购置《二十四史》一部，以供阅读，精研不辍。同时研读英汉合璧《四书》和英文蓝皮译本《法国革命史》。以为英译较诸其他版本更易明了。因其治学如此勤恳，不仅对中国伦理哲学体认颇深，且能融会贯通，对医术与国学均有心得，但他抱持"工作时工作，游戏时游戏"的原则，所以能善用时间，劳逸结合，增进时效。

在生活上，孙中山在校时，自奉甚简，布衣粗食，竹床瓦枕，随遇而安。时有化学教师喜谈佛偈，尝曰："不有而有，有而不有。"他对这句佛偈印象很深，与同学经常讲此，以取笑乐。他的同学回忆其学习生涯时说："聪明过人，记忆力极强，无事不言不笑，有事则议论滔滔，九流三教，皆可共语。竹床瓦枕，安然就寝，珍馐藜藿，甘之如饴。"

孙中山后来又转学香港西医书院深造。他自述道："予在广州学医甫一年，闻香港有英文医校开设，予以其学课较优，而地较自由，可以鼓吹革命，故投香港学校肄业。"他所说的英文医院，即香港西医书院（The College of Medicine for Chinese，Hong Kong）。

先是1887年初，香港议政局议员、律师兼医生何启（1858—1914年，字迪之，号沃生，广东南海人），为纪念其亡妻英人雅丽氏（Alice Walkden），在香港荷李活道创办了雅丽氏医院，于当年2月中旬开业。该医院的中文名称为"利济医院"，意谓"上帝以利益济人"。它原系太平山之伦敦教会"赠诊所"，其性质与广州博济医院一样，同为传教而免费施诊赠药。嗣因业务需要日增，又在医院内开设香港西医书院。派人到广州招考能谙中、英文的新生。孙中山有感于该院师资、设备皆优，且香港较为自由，便于同年9月转学到该院就读。

1887 年 9 月，孙中山与西医书院同学合影。前排左起：江英华、关景良、孙中山、刘四福；后排左起：王九皋、王以诺、黄怡益、王泽民、陈少白。

孙中山在西医书院攻读了整整 5 年。在此期间，他除苦研医学外，还广泛涉猎攸关经国济民的社会科学及自然科学（物理及农学）等，尤其嗜读《法国革命史》和达尔文著的《物种起源》，把这两部书奉若珍宝，达到了废寝忘食的地步，常常半夜起床披衣研读，反复琢磨其中道理。这两部书对他的思想启发很大，他期望从中找到解决中国问题之钥匙。

同时，他在课余仍很重视进修中文，经常秉烛夜读，并先后获得王孟琴、陈仲尧两位教师的辅导。后来他在《复翟理斯函》中云："文早岁志窥远大，性慕新奇。故所学多博杂不纯，于中学则独好三代两汉之文，于西学则雅癖达文之道，而格致政事亦常浏览。”说明其学习内容十分广泛。

孙中山在学医期间，不但受教于康德黎博士（Dr. James Cantlie），还经常跟着他学打板球。康氏在西医书院成立时自英国前来执教，后来接替孟生博士（Dr. Partrick Manson），出任第二任教务长。

康德黎在西医书院见到的第一个学生便是孙中山，他教授孙中山解剖学、实用初级外科学等课程。孙中山品学兼优，康德黎对这个高足极表赞赏，认为孙是“显而易见的诚实”，以及“单纯的性格”，视其为得意门生之一。康德黎认为，在其所教的 24 名学生中，孙中山对自己最具吸引力，因为他的品质文雅，勤奋求学；不论在学校或私人生活都表现出如绅士般的仪态，他实在是其他同学的模范。后来，他还曾这样称赞道：“我从未认识像孙逸仙这样的人，如果有人问我所知的最完美者是谁，我将毫不迟疑地指出孙逸仙。”这不仅指的是日常行止，在专业医术上亦然。

当时孙中山在香港读书的学费，是由孙眉自檀香山汇款资助的。有时汇票不能按时寄到，他为购买书籍等物，只好暂且挂账；可是汇款一到，立即清偿，同时邀约同学餐叙，大快朵颐。等到把钱花得所剩无几，他就索性待在学校里，用功读书，心无旁骛。后来他获得了工读的机会，每学期都有奖学金可拿，就不再依赖哥哥的供给了。

孙中山在香港西医书院历年的考试成绩，均名列前茅。1892 年 7 月（清光绪十八年六月），他参加了第五学年考试，在应考 4 人中名列第一。孙中山的历年成绩总汇，在 12 门课程中，计有“H”十门（“H”为 80 分以上的荣誉成绩），“P”二门（“P”为合格成绩），总成绩是“最优异”，荣誉名次列第一名，他以首届毕业生之冠的优秀成绩毕业了。该院首届入学学生有 12 人，迭经考试后淘汰，毕业者仅孙中山和江英华二人。在同月 23 日举行的毕业典礼上，他接受了教务长康德黎颁发的西医书院第一名毕业执照，并获得丹那氏与美阿都氏合著《婴孩与儿童之病症》、纽曼氏著《外科肾症》、鲍尔比斯著《神经之损伤与病症及其治疗》三书作为奖品。毕业典礼结束后，康德黎又特别在家里设宴为孙中山和江英华二人庆贺，应邀作陪者 50 人，师生欢谈，气氛十分热烈。

至此，26 岁的孙中山结束了他的学生时代。

孙中山的大学时代，与他日后革命思想的形成和革命事业的发展有着密切的关系。而且孙中山在大学时代交游广泛，这些人中有同学、有老师、有士绅，他们政治面貌不同，但不乏进步、开明甚至抱有反清思想的人士。这些不同类型的人，对于孙中山思想的发展及早期的革命活动，有着不同程度的影响。在这一时期，孙中山与之交往最密切的，首推“四大寇”中的陈少白、尢列、杨鹤龄三人。

陈少白（1869—1934 年），原名闻韶，后改名白，字少白，号夔石，广东新会人，自小就从叔父处获得“西学译本多种”，因而“知世界大势，发生国家观念”。1889 年，他在广州新办的格致书院就读，因家境日渐困难，预备到香港去半工半读，经区凤墀介绍，开始与孙中山相识。两人一见如故，“谈谈时局，觉得很入港，谈到革命的事，也是很投机。”第二年，陈少白在孙中山引荐下，得到康德黎同意，进入西医书院就读。两个人关系十分亲近，据冯自由在《革命逸史》初集中说，在孙中山肄业雅丽氏医院时期，及兴中会成立前后，“诸同志中与总理关系密切者，以陈君为最，总理实不啻倚之为左右手。”

尢列（1866—1936 年），字少纨，广东顺德人，其祖与父都是学者，在当地是有影响的知识分子。尢列在结识孙中山以前，就游历过不少地方，足迹所及，内而大河南北，长江上下；外而朝鲜、日本。他还在上海加入过洪门会，又到过南京寻找太平天国遗迹。在民族危机深重的情况下，尢列“篙目时艰，慨然有匡复之志”，是一个见多识广而又有爱国反清思想的青年。1886 年夏，他开始与孙中山结识。后来，他去香港考取了华民政务司署书记的职务，这样就使孙、尢有更多机会相聚。尢列曾从事舆图测绘工作，又游历甚广，他这方面的知识，自然会使熟悉地图、注意山川形势、关心风俗人情的孙中山感兴趣，加上两人同有反清思想，因而成为密友。

杨鹤龄（1868—1934 年）是孙中山的同村青年，自幼相熟。杨父在香港开设了一间名为杨耀记的商店，孙中山在西医书院时，经常到杨耀记，与杨来往更为密切。杨与尢列为广州算学馆同学。

大约在1889年至1890年间，孙、陈、尢、杨就常聚集在杨耀记商店楼上，一起“高谈造反覆满，兴高采烈，时人咸以‘四大寇’称之”。孙中山这样回忆：“予与陈、尢、杨三人常住香港，昕夕往还，所谈者莫不为革命之言论，所怀者莫不为革命之思想，所研究者莫不为革命之问题。四人相依甚密，非谈革命则无以为欢，数年如一日。故港澳间之戚友交游，皆呼予等为‘四大寇’。”这段回忆，就是孙中山所说的“革命言论之时代”，它正酝酿着向革命行动之时代过渡。

孙中山在大学时代的密友，还有早已认识的陆皓东和郑士良。陆皓东也和孙中山同村，小时曾同学。1883年孙中山在翠亨村毁坏神像，就是和陆皓东一起干的。孙中山读大学时，陆在上海电报局任报务员，但每次从上海回广东途经香港时，一定要找孙中山畅谈国家大事。陆也常下榻于杨耀记，与“四大寇”会见。在大学时代，孙中山与陆皓东的来往仍是很密切的。后来，陆皓东在孙中山影响下参加革命，成了为中国资产阶级民主革命而牺牲的第一位烈士。

郑士良（1863—1901年），号弼臣，广东归善人，因父辈的关系，从小就与会党绿林中人有交往，受到反清复明思想的影响，痛恨清朝官吏的贪污腐败。孙中山在广州博济医校读书时，与郑士良是同学。郑士良“为人豪侠尚义，广交游，所结纳皆江湖之士”。孙中山与郑士良谈到反清的事，郑听了以后表示悦服，并告诉孙中山，他日有事可罗致会党以听指挥。孙中山转学西医书院后，郑士良则于1888年回到归善淡水开设同生西药房，继续从事联络会党的工作。在此期间，他与孙中山的联络并未中断，经常到香港杨耀记与孙中山会面，极赞成孙中山的政治主张。

孙中山在大学时代的后期，还结识了香港辅仁文社的社长，即后来成为香港兴中会总部会长的杨衢云。杨原名飞鸿，福建海澄人，生于一个有种族意识的知识分子家庭，自小随父在香港学英语，后在香港任英文教员、招商局英文书记长。香港时有英国海陆军人酗酒闹事，凌辱殴打中国人。杨衢云每遇这种情况，即“挥拳奋击醉兵”，因而屡被执送警署。他常愤慨地说：“外人待我不平，同胞必须发愤图强，其所以致此，皆因满胡压迫汉人，不能致中国强盛，故受外人欺侮也。”可见，杨衢云也是与“四大寇”、陆、郑等思想相似的青年。约在1891年，孙中山与杨衢云相识，经常谈论救国大计。1892年3月13日，杨和他的一些朋友组成了“辅仁文社”。孙中山后来在檀香山创立兴中会后回港，该社杨衢云、谢缵泰、黄咏商、周昭岳等人才能与“四大寇”等结合，组成香港兴中会总部。

孙中山在大学时代还结识了一些有志于改革的维新派人士。这些人当中，对孙中山产生直接影响的，首推孙中山的业师何启。何启是香港中央书院的毕业生，后赴英国学医，毕业后再学法律，获法律学学士学位。1881年，何启回香港，先行医，后操律师业务，不久被推为香港议政局议员，在香港社会是个很有影响的人物。他是个精通西学的人，又是一个主

孙中山（左二）在香港西医书院读书时，常与陈少白（左三）、尢列（左四）、杨鹤龄（左一）聚谈反清抱负，抨击时政，友人戏以“四大寇”称之。后立者为孙中山的同学关景良。

张改革的爱国忧时之士。他明确提出中国在政治上必须改革，成为当时鼓吹改良最有力的人物之一。

孙中山早年上书中的一些改革主张，就和何启的某些主张颇为近似。何启后来对孙中山的革命活动抱同情和支持的态度，与大学时代的这段交往也有关系。

另一位与大学时代的孙中山有较密切关系的早期改良主义者是郑观应。郑观应是孙中山的同乡，比孙中山年长 24 岁，早年当过洋行买办，且在洋务派经营的企业中任过总办、帮办等职务。他既是一个“熟谙洋务”的官员，又是一个颇具爱国思想的维新人物。后来，孙中山上书李鸿章，事前，郑观应曾为之函请盛宣怀向李鸿章推荐，函中介绍孙中山的口气与《农功》篇中的介绍就颇为类似。可见郑观应对孙中山是了解和赏识的，且非泛泛之交。

除郑观应外，孙中山在大学时代还和另一位同乡、洋务派官员郑藻如有过联系。郑藻如早年中过举人，曾参与镇压红巾军起义；1869 年任上海机器制造局帮办，颇得李鸿章赏识；1878 年简放海关道，主办过洋务、海防及营务处支应局事务；1881 年，赏二品衔，任出使美、日（日斯巴尼亚）、秘鲁三国大臣，任职期间，能保护华侨的权益；1886 年因病归国，授光禄寺卿，但未前往就职。郑藻如曾与郑观应“同客沪滨”，“昕夕过从，结为道义交”。郑藻如辞官回籍养病时，正值郑观应闲居澳门，两人有了重行聚首的机会。郑藻如对《盛世危言》的书稿曾“悉心订正”，间亦参入自己的意见。郑藻如虽是个退职官员，但在香山“兴蚕桑之利，除鸦片之害”，是“一邑物望所归”的大绅。因此孙中山认为他是个有一定作为的乡前辈。孙中山何时结识郑藻如，未见文献记载，很可能是因郑观应的介绍，而产生了上书的想法。《上郑藻如书》与《上李傅相书》一样，是慕名投递的。从上书的语气看，郑藻如与孙中山过去并没有直接的交往。孙中山与郑的关系不算密切，这可能是由于年龄、地位和思想都有很大差别的缘故。

此外，孙中山在大学时代，还与同学关景良、教友区凤墀、区的女婿尹文楷、区的朋友王煜初（王宠惠的父亲）建立了较为深厚的友谊，他们对孙中山的事业或生活，都给过一定的支持或帮助。

从上述孙中山大学时代的交游情况可以看出，这种交游为他日后形成革命团体，进行反清，具有极为重要的意义。

医人医国　振兴中华

1892 年 7 月，26 岁的孙中山在结束了他的学生时代生活后，于是年秋，应澳门镜湖医院的邀请，到该院挂牌行医。12 月间，他改在澳门大街仁慈堂附近（后迁草堆街 84 号）开设了一间中西药局（西医房），用听诊器和手术刀来悬壶济世，造福人民，成了中国籍西医师在澳门执业的第一人。

镜湖医院是由中国人在澳门开设的最大的医院，一向以中医中药为患者治病，但因孙中山学的是西医，这家医院主持人为此特开先例，允许孙中山兼用西医西药诊治。孙中山擅长外科手术和治疗肺病，他的医德很好，以自己一贯的认真负责的态度，待人亲切，不避麻烦，热情地为患者解除病痛。无论门诊或出诊，诊费一律随意而付，如有急诊，不论贫富，有求必应；遇到一些穷人前来求医，常常免费诊治。他的医术较高，药到回春，加上每逢遇到疑难重症，他的老师康德黎博士必自香港乘船来澳门悉心指导，从而使许多病人经他细心诊治，解除病痛，恢复了健康。他还两次把垂危的病人从死亡的边缘救回来，大得人们的赞誉。因此，他在澳门行医"不满两三月，声名鹊起"，"就诊者户限为穿"。由于求治者纷至沓来，十分拥挤，他常常应接不暇。

1893 年在澳门创刊的《镜海丛报》，曾两次登刊《春满镜湖》告白，介绍孙中山在澳门行医的情况。它详细记述了孙中山当时的行医地点、时间及业务范围，尤其表彰了他精湛的医术和高尚的医德。具名刊登告白者，均为当时澳门的知名人士。其告白全文如下：

> 大国手孙逸仙先生，我华人而业西医者也，性情和厚，学识精明，向从英美名师游，洞窥秘奥。现在镜湖医院赠医数月，甚著功效。但每日除赠医外，尚有诊症余闲。在先生原不欲酌定医金，过为计较，

然而称情致送，义所应然。今我同人，为之厘订规条，著明刻候：每日由十点钟起至十二点钟止在镜湖医院赠医，不受分文，以惠贫乏；复由一点钟至三点钟止在写字楼候诊，三点钟以后出门就诊，其所订医金，俱系减赠。他如未订各款，要必审视其人其症，不事奢求，务祈相与有成，俾尽利物济人之初志而已。下列条目于左㊟：

凡到草堆街中西药局诊症者，无论男女，送医金二毫，晨早七钟起至九点钟止。

凡亲自到仁慈堂右邻写字楼诊症者，送医金一元。

凡延往外诊者，本澳街道送医金二元，各乡市镇远近随酌。

凡难产及吞服毒药延往救治者，按人之贫富酌议。

凡成年包订，每人岁送医金五十元；全家眷口不逾五人者，岁送医金百元。

凡遇礼拜日十点钟至十二点钟，在写字楼种牛痘，每人收银一元；上门种者，每人收银三元。

凡补崩口、崩耳，割眼膜、痈疮、疠瘤、淋结等症，届时酌议。

凡奇难怪症，延请包医者，见症再酌。

凡外间延请，报明急症，随时速往，决无迁延。

凡延往别处诊症，每日送医金三十元，从动身之日起计。

乡愚弟卢焯之、陈席儒、吴节薇、宋子衡、何穗田、曹子基同启。

（㊟：此处文字为引用资料原文。）

但是，好景不长，孙中山在澳门仅仅一年左右时间。他的医术高明和声誉日隆，却引起了原先在澳门行医的一些葡萄牙人的妒忌和排挤。他们散布了关于孙中山的不少流言蜚语，并借口孙中山无葡国文凭，不得为葡人治病，还通知各药房不得为中国医生配方，进行多方刁难，阻止他继续开业。孙中山被迫于 1893 年春愤然离开澳门，转赴广州行医。

孙中山在广州西关冼基（今十八甫南路）开设了东西药局。他行医赠诊，使医务之盛，一如澳门。不久适应医务发展的需要，又在圣教书楼（今北京路白沙巷口）开设一处东西药局的分诊所；同时，还在香山石岐镇与人合股开设东西药局的支店。在广州《中西日报》（光绪二十年正月二十二日，即1894年2月27日）上，有一则《东西药局启事》，勾勒了他的医务的轮廓："在药局赠诊，不受分文，以惠贫乏……先生素以济人利物为心，若有意外与妇难产、服毒药症，报名危急，无论贫富俱可立时邀至，设法施救。"他很快获得了人们的赞誉，"病家趋之若鹜"。

孙中山一面热情地为患者治病，施医赠药，拯救同胞；一面继续"借医术为入世之媒"，多方联络，广交朋友，考虑救国大计。在澳门的遭遇，使他亲身感受到由于国家贫弱而遭受外国欺凌的屈辱和痛苦，更加真切地感到必须改革中国的现状。另外，他在行医中接触到一些官僚、士绅和商人，更了解到清朝政府的黑暗和腐败，也越来越认识到"医术救人所济有限"，若单凭自己的医术，做好一个医生，只能为一部分人治病，医道纵然再高明，也不可能从根本上解决中国的贫弱问题，也不能使贫苦大众真正摆脱苦难，而"医国"比"医人"更重要。正如他常给要好同学所说的："医生救人只几命，反满救人无量数，吾此生舍反满莫属矣！"所以，他不满足于做一个治疗人体疾病的良医，更加关心的是国家民族的"痼疾"，便下决心通过其"医人生涯"，放大医生的职业去从事"医国"的事业。从此，孙中山由"医人"走向"医国"，开始了"借医术"进行挽救民族危亡的政治活动。

可是"医国"又从何入手呢？这时期的孙中山，不再把医务工作置于首要的地位，他"行医日只一两小时，而从事革命者，实七八时"，主要精力已注入革命准备工作之中。正如孙中山自己所说，他"悬壶于澳门、羊城两地以问世，而实则为革命运动之开始也"。

当时，孙中山除和大学时代一起鼓吹反清革命的陆皓东、郑士良、陈少白、尢列等旧友密切来往外，又积极地物色反清志士，结识了一些具有爱国思想和对清朝不满的新朋友，如书店经理左斗山、基督教牧师王质甫、教师魏友琴、海军军官二程兄弟等人。其中程璧光系广东水师广丙舰管带，毕业于福建水师学堂，曾被派赴英国学习海军业务；其弟程奎光为镇涛舰管带，也毕业于福建水师学堂。这部分人有一定社会地位，他们是对西方比较了解的近代知识分子。

孙中山经常和这些新朋旧友聚集在一起，在广州圣教书楼后的礼拜堂及广雅书局南园的抗风轩（今文德路中山图书馆南馆内，原房子已不存在）谈论时事和政治，谋求救国办法。

1893 年冬初，孙中山邀集陆皓东、郑士良、魏友琴、尢列和程耀宸、程璧光、程奎光三兄弟，聚会在抗风轩，在推心置腹的秘密议论中，曾酝酿要成立一个组织团体，以从事“医国”活动。

这次会议，由尢列主持，孙中山提议“宜先成立团体”，倡设兴中会，以“驱除鞑虏，恢复华夏”为宗旨，“众皆赞成之”。后来因为参加人数很少，没有形成具体组织，并无实际结果。

尽管如此，抗风轩的聚会和议盟，表明了孙中山的民族革命思想已趋于成熟，他已进到了结集同志、团聚力量、组织革命团体以促进和领导革命的新阶段。并且，这次议盟也为后来兴中会的建立和乙未广州首义作了思想和组织上的准备。

1894 年（清光绪二十年）1 月底，正在广州开东西药局诊所的孙中山突然不知去向。诊所里的人非常焦急，立即写信给香港孙中山的好友陈少白，告急说药房中的现金已所剩无几，开销都成大问题，却不见了店主人的影子。陈少白立即回到广州找了几天，杳无音信。又过了几天，还是一点消息都没有，大家都非常焦急。原来，孙中山丢下他的东西药房，静悄悄地一个人回到故乡翠亨村自己的家里，关起门来，埋头去起草《上李傅相书》去了。

陈少白在《兴中会革命史要》中忆述说，到了第 16 天，孙中山忽然跑回来了，“手里拿着很大一卷像文件的东西，他见了我就说：‘对不起！对不起！’我问他：‘你跑到什么地方去了？’他说：‘这些事不要去管它了。’”说着把手里的文稿打开给了陈少白，商量如何修改。经陈“稍为修改一下”后，便研究怎样寻找门路去求见李鸿章。

要会晤李鸿章，绝非轻而易举的事。他几经周折，商请了曾经做过澳门海防同知、当时已辞官在广州闲居的魏恒替他写了去见盛宙怀的推荐信。魏恒在信中要求盛宙怀出面转请他的堂兄盛宣怀向李鸿章推荐孙中山。信上说，孙中山“人极纯谨，精熟欧洲掌故，政治、语言、文字均皆精通，并善中西医术……现拟远游京师，然后仍作欧洲之游。”

孙中山携带着陈情书和推荐信，在挚友陆皓东的陪同下，在同年春夏间从广州北上，前往上海。在上海，他除了如愿以偿地得到盛宙怀的介绍信之外，还专访他的前辈郑观应，得到郑的帮助，并经郑介绍结识了另一著名改良主义者、太平天国的状元王韬，为孙中山疏通投见李鸿章的门径。王写信给与李鸿章关系密切的幕僚罗丰禄，请求帮助“玉成其志”；郑则直接修函盛宣怀，称孙中山“其志不可谓不高，其说亦颇切近，而非若狂士之大言欺世者比”，要求盛宣怀介绍孙中去见李鸿章，“一白其胸中之素蕴”。信中还特别说明，要盛氏“代求傅相（指李鸿章）转请总署给予游历泰西各国护照一纸”。

《上李傅相书》共 8000 余字。孙中山在这次上书里，主张以西方资

1894 年初，孙中山在翠亨村草拟了《上李傅相书》。图为孙中山的书房。

产阶级为楷模，采用先进科学技术以发展工农业生产，使工商业摆脱封建束缚；改革教育制度和选拔人才制度，达到国家独立富强的目的。

1894年（清光绪二十年）6月，孙中山偕陆皓东抵达天津，寄寓在法国租界佛满楼客栈，随即通过盛宣怀、罗丰禄等人，将自己的上书转呈李鸿章。

由于得到这些有力人物的介绍，孙中山的上书递到了李鸿章手里，但“鸿章藉辞军务匆忙，拒绝延见，仅由罗丰禄代领得农桑会出国筹款护照一纸，总理由是深知清廷腐败无可救药”。

后来史学家对此虽多有分析，但从根本上说，盖因孙中山和李鸿章在中国道路的选择上有根本分歧，李鸿章当然不会把这个年轻改革者放在眼里。孙中山的上书受到冷遇和拒绝是必然的。

津门上书失败使孙中山犹如被当头泼了一盆冷水，只得闷闷不乐地准备返回上海，这对孙中山来说是一次深刻的教育。孙中山有一个突出的优点：当他通过实践认清了某个真理以后，总是能够勇敢地抛弃原有的想法，向前跨进一大步。正是在这次上书失败后，孙中山坚定地走上了革命的征程。

创立兴中会

孙中山虽未能面见李鸿章，但毕竟得到了农桑学会出国筹款的护照。于是，孙中山便持着这张护照，游历京津等地后，于1894年秋季从上海经日本抵达檀香山。实际上，孙中山此行的目的十分明确，那就是发动和组织反清革命力量。这是李鸿章等人所未曾料及的。

孙中山回到了阔别多年的檀香山后，在孙眉的帮助下，在当地华侨中积极开展革命的宣传和组织工作。当时檀香山共有华侨2万多人，其中绝大多数是因为在家乡生活不下去，被迫离乡背井，漂洋过海的。由于清政府腐败无能，广大华侨在国外备受殖民主义者的欺压，他们的合法权益得不到保障，该地华侨正在开展反对夏威夷国歧视华人经商和投资新式工业的斗争，并全力支持原夏威夷王国摄政王后恢复统治权。这时，又不断传来清朝军队在中日甲午战争中节节败退的消息，更给他们以很大的刺激，

1894 年 11 月，孙中山在檀香山建立了兴中会。图为会员宣誓的地方——李昌宅。

对清政府的腐败统治更加不满，爱国热情高涨，反清思想开始在人们中间蔓延开来。因此，孙中山鼓吹革命的活动，尽管也遇到一些麻烦，却很快在当地华侨中得到响应。

在大哥孙眉的积极协助和资助下，孙中山经过一个多月的奔走和宣传，组织革命团体的活动趋于成熟，终于在 1894 年 11 月 24 日（清光绪二十年夏历十月二十七日）成立了中国第一个资产阶级革命团体——檀香山兴中会。

檀香山兴中会的成立会议在卑涉银行（Bihop Bank）经理何宽的寓所召开。何宽，广东香山人，与孙眉关系密切，孙眉的商业存款即在卑涉银行存放。何宽本人除任该行经理外，还担任檀香山《隆记报》的编辑，据说他在 1893 年曾组织过“中国扩论会”，以研究学术交换知识联络新学同志为宗旨，因此算得上是一个有新学知识和世界眼光的人。出席者有何宽、李昌、李禄、李多马、李杞、宋居仁、卓海、林鉴泉、侯艾泉、夏百子、陈南、曹采、许翥、黄亮、黄华恢、程蔚南、邓荫南、郑金、郑照、刘寿、刘卓、刘祥、钟木贤、钟工宇等 20 余人。孙中山担任会议主席，提议定名为兴中会，规定以“振兴中华、挽救危局”为宗旨，并宣布章程 9 条，众无异议。接着举行选举，公举永和泰号司事刘祥、卑涉银行经理何宽为正、副主席，永和泰号司账黄华恢为管库，程蔚南、许直臣为正、副文案，李昌、郑金、黄亮、李禄、李多马、邓荫南、林鉴泉等为值理。之后，孙中山令各会员填写入会盟书，其辞曰：“联盟人某省某县人某某，驱除鞑虏，恢复中国，创立合众政府，倘有贰心，神明鉴察。”宣誓时，由李昌朗诵誓词，各以左手置耶教圣经上，举右手向天依次读之，如仪而散。

会后，各会员又相继四处联络，继而又有 90 余人次第入会，包括孙眉、杨德初、邹德明、郑仲昭、简永照、尹煜传、杨文纳、古义、伍云生、李光辉、容吉兆、陆望华、陆灿、张福如、许帝有、叶桂芳、程祖安、郑发、卫积盛等在内。自 1894—1895 年间在檀香山入会的人中，有姓名可考者共 126 人（包括孙中山）。

其间，兴中会派宋居仁、李昌到茄荷蕾（Kahului）建立以孙眉为主席的分会；派孙眉去百衣（Paia）建立以邓荫南为主席的分会。

檀香山兴中会从它发布的宣言来看，没有公开揭出反清革命的主旨，而是宣扬了“振兴中华，维持国体”的主张。

从檀香山兴中会的组织章程、活动内容看，它绝不只是一个爱国团体，而是一个民主革命的组织。我们通常说檀香山兴中会是近代中国第一个资产阶级民主革命的小团体，这个结论是正确的。

檀香山兴中会作为孙中山亲手创建的第一个资产阶级民主革命的小团体，无论它的章程，或是它的组织成员（主要是较富有的华侨资产阶级），都明显地带有早期的、不成熟的特征，有很大的局限性。

建立香港兴中会总机关

檀香山兴中会成立后，孙中山原拟赴美洲发展组织、筹募起义经费。但由于甲午战争中清军屡败，京畿告急，清政府集中力量应付关外军事，无暇他顾。上海同志宋嘉树以为此时是天赐的反清革命的良机，便函促孙中山回国发动。

宋嘉树，字耀如（Charles Jones Soong，1866—1918 年），海南岛文昌人。9 岁时（1875 年）随兄赴东印度群岛。1878 年由义父携往美国波士顿，在义父所开设的丝茶店工作，后改入美国海岸防卫队任船舱侍者。1880 年皈依基督教。次年入 Trinity College 做特别预备生，1882 年秋进温德毕尔特大学（Vanderbilt University）神学院半工半读，1885 年春毕业，旋由美国美以美会派往中国传教。1886 年到达上海，在江苏昆山及上海地区传教。1892 年辞去教会职务，在上海创办美华书馆，印行《圣经》中文本，并创立中华基督教青年会。因经商获利，常捐款支持美以美教会。1894 年春，孙中山偕陆皓东北上天津上书李鸿章，途中在上海逗留时结识宋嘉树，宋完全支持孙中山革命事业，成为孙中山革命活动的热心支持者。

孙中山接读宋嘉树来信后，决定放弃计划中的美洲之行，于 1895 年 1 月下旬率邓荫南、宋居仁等一批同志离檀返国，途经日本横滨，在同月下旬到达香港。旋即与辅仁文社社长杨衢云会晤，商讨成立组织、进行反清起义之事；同时又与自己一派的郑士良、陆皓东、陈少白、黄咏商、杨鹤龄、九列诸人接触，“拟联络全省革命同志，扩大兴中会之组织，以利进行”。

当时，辅仁文社方面，杨衢云与谢缵泰曾有过商量，据谢自述：“1895 年春天，杨衢云跟我商量过，我们就与孙逸仙博士及他的朋友联合起来，组织兴中会革命党。”辅仁文社中一部分成员也赞同联合，“且愿取消旧社名义，为新团体成立之表示”。杨衢云更是“欣然赞成”，表现了积极的态度。

由于两派在反清起义上有共同的思想基础，所以合作谈判很快成功。

1895年2月21日，兴中会与辅仁文社“合并为一”，仍定名兴中会，设总机关于香港士丹顿街13号，为避清廷耳目，对外称“乾亨行”。“乾亨”一语，取自《易经》，寓“乾元奉行天命，其道乃亨之义”，意为“物极必反，汉族已有否极泰来之象”。辅仁文社方面加入兴中会的只有3人，即杨衢云、谢缵泰和周昭岳。

凡入会者，均举行宣誓，方式是以左手置于《圣经》上，举右手对天宣誓。誓词为：“驱除鞑虏，恢复中华，创立合众政府，倘有贰心，神明鉴察。”

兴中会是中国近代史上第一个资产阶级革命小团体，它的成立发出了资产阶级民主革命的第一个信号，不仅标志着孙中山的资产阶级民主革命思想的初步形成及其革命活动的正式开端，并且标志着中国资产阶级革命民主派在组织形式上的初步形成，意味着中国资产阶级民主革命运动的开始。从此以后，中国也就开始了正规的资产阶级民主革命时期。

兴中会成立后，即计划在广东发动武装起义。1895年1月，孙中山抵香港筹建革命组织，筹措经费，购运军械，联络防营、水师及会党等。同时，积极争取国际援助。就是在这时，孙中山结识了梅屋庄吉。

梅屋庄吉像。

梅屋庄吉（1868—1934年），是日本长崎市西滨町人。家庭富裕，崇尚维新，少年即受家庭及时势影响，憎旧喜新，图雄飞海外。1882年初到上海。1886年后经营对外贸易，不成功。1893年后改操摄影业。1894年10月，他从新加坡迁至中国香港，住中环大马路28号，仍开照相馆。他善于交际，服务热情，技术高超，因此，来照相馆的顾客络绎不绝。他最拿手的是外出摄影。人们举办宴会、婚礼或去车站、码头迎送客人时常请他到现场拍照。他自少年时期起就历游各地，见识多，性格豪放，乐于助人。与他来往过的人都觉得他是个可以信赖的人。由于生意往来，梅屋庄吉还结交了一些西方人，其中的一位便是康德黎。

当孙中山到香港后，即向康德黎透露来港的目的，并表示希望得到有良知的外国人的援助。康德黎当即应允协助，不久便向孙中山介绍了梅屋庄吉的情况。

从此以后，梅屋庄吉对于孙中山领导的革命斗争，都尽可能给予支持和资助。

乙未广州之役

广州起义是孙中山及兴中会领导的第一次反清武装起义。它是资产阶级革命派以暴力革命形式宣告一种新的政治力量登上历史舞台的开始。

香港兴中会成立后，一切都以筹划起义为根本任务展开。首先，在组织方面，推定孙中山驻广州专任军务，“郑士良、陆皓东、邓荫南、陈少白等佐之”；杨衢云“驻港专任后方接应及财政事务，黄咏商、谢缵泰等佐之”。3月16日，孙、杨、谢等议定遴选3000人，由香港乘船至广州起事，并通过了由陆皓东设计的“青天白日旗”为起义军旗帜。

杨衢云、谢缵泰这些人，在香港上层人物中的关系远较孙中山一派深切，但若没有何启的支持，他们同样将遇到困难。因此，何启作为孙中山尊敬的老师，实际上充当了孙派和杨派的中介，在这场密谋中起了幕后指导者的作用。据谢缵泰所记，杨、谢等人“经常会见何启大律师，他暗中答应支持我们。我们还取得《德臣西报》和《士篾西报》两报编辑的暗中支持”。而这两家报纸的编辑之所以支持广州密谋，据说主要是受何启的影响。

何启答应为兴中会发动的广州起义起草宣言书，而两报则以社论或评论宣传密谋者的政治主张，以争取欧洲人的支持。据史扶邻的著作说，《德臣西报》早在1895年3月12日就以社论的形式首次暗示了广州密谋的存在，改革党的意图是“以和平手段实现政变”，使中国“摆脱暴政的邪恶制度”，新政府将承认所有的外债，中国的资源将会向英国企业和资本开放。因此，“他们比起会党来，更值得欧洲人的支持和保护”。

3月16日，谢缵泰、杨衢云会见《德臣西报》编辑托马斯·哈·黎德，他答应支持。同天，该报发表文章再次暗示中国将有一场大变动，“到那时一些已经获悉这次密谋的中国显要官员将站在造反者一边”。

3月18日，《德臣西报》发表长文，论述了密谋者的政治目标。该报称：“就国家而言，没有提出要建立一个共和国。正如改革党提出的那样，中央政府应包括皇帝和三位主要的国务大臣”，新政府将实行一系列的改革措施，包括要以专业考试改进官僚政治，取消捐纳制度，提高薪金以减少贪污腐化；实行司法改革；普及现代教育；允许信教自由；发展经济，整顿地方政府，开放更多的贸易中心和港口，废除一切有碍于贸易的法律，甚至连国内税收也在类似海关协议那样的安排下交给外国人经办，直至中国有一天不再需要任何外国援助为止。

5月23日，《德臣西报》刊登了何启所写的一个体制改革计划。它描述了起义后所要建立的一个君主立宪政体的轮廓，组成新政府的除皇帝外还有总理和内阁。全国将划分为4个行政区，实行地方自治。区级及下属

香港兴中会成立后，孙中山等人在广州建立兴中会组织，总机关设于双门底王氏书舍。图为王氏书舍遗址。

议会，其成员均通过选举逐级产生，直至选出国会。地方官吏由人民推荐，皇帝委任，各级议会代表和官员都须经过合格的考试。

5月30日，《德臣西报》和《士篾西报》同时刊登了谢缵泰致清朝皇帝的公开信，信中警告光绪皇帝“必须仿效西方进行改革，否则要面对种种后果”。据说这封公开信在新加坡和远东其他报纸上也得到发表，并通过英国和其他外国报纸而广为传播，以测探海内外国人的意向。

此后，《德臣西报》仍陆续发表若干有关广州密谋的文章，对密谋者的纲领进行评论，要求英国人和欧洲各国给予支持。

由于广州和香港两方面的共同努力，1895年8月27日，“袭取广州计划已完成，设在士丹顿街13号的乾亨俱乐部奉命关闭”。8月29日，兴中会领导人孙中山、杨衢云、黄咏商、陈少白、谢缵泰，会同何启、黎德在杏花楼酒店召开秘密会议，着手考虑未来临时政府的建设问题。兴中会方面阐述了未来政府的方案，何启担任发言人，黎德同意尽力设法争取英国政府和人民的同情支持。10月9日《德臣西报》编辑黎德和《士篾西报》助理编辑高文起草的起义军致列强的宣言，经何启和谢缵泰修改后得以通过，宣言“要求承认为民主国家交战团体”。这份英文宣言准备到时通告各国。10月10日，兴中会改选会长，这一职务也就是未来临时政府的总统，孙、杨两派经过一番争执之后由杨衢云出任兴中会会长。此外，讨满檄文和安民布告，由兴中会会员朱淇起草，先期印就，准备到时张贴城内外。至此，广州起义的一切筹备工作均告结束。

1895年10月25日（农历九月初八），各路起义军除香港一路外都已按期到达广州。26日黎明，绿林、军队、民团各路首领集中于总机关讨取命令、口号，但作为主力之一的香港一路在规定时间内仍未能到广州集中；同时，孙中山发觉另一路主力汕头的武装也未赶到，而且枪械也未能从香港运来。在这种情况下，孙中山认为人员大量集中，“届期而不能举，事必外泄”，便当场决定将部队遣回，听候命令；并电告香港，不要再来广州。筹备半年多的广州起义因此流产。

广州起义的流产，导致了人员被捕、烈士死难的严重后果，清广州地方政府在重阳节前已从两方面途径侦知党人届期将有大举。一条是来自为起义起草讨满檄文及安民布告的兴中会成员朱淇胞兄弟的告发；另一条途径来自清方派驻香港密探侦察报告。结果广州机关部的陆皓东、程耀臣、程奎光等 6 人被捕，香港方面随船到省的丘四、朱贵全等 40 余人被盘获，孙中山、陈少白、郑士良 3 人先后离粤赴港，旋东渡日本，流亡海外；杨衢云为免遭通缉，也离港去安南（越南）、新加坡、印度，直至南非；兴中会在粤机关几被破坏殆尽，到 1990 年才在史坚如等人的努力下有所复苏。

被捕党人在敌人残酷迫害下，受尽折磨。其中，陆皓东、丘四、朱贵全 3 人被杀，程奎光在营处被杖毙，程耀辰被监禁而死。他们是资产阶级民主革命过程中第一批死难的烈士。尤其是陆皓东，大义凛然，直认革命不讳，在供词中称："今事虽不成，此心甚慰，但我可杀，而继我起者不可尽杀。"表现了坚贞不屈、甘洒热血的英勇气概，令后人肃然起敬。

尽管乙未广州起义在全国没有引起巨大反响，但它毕竟是资产阶级革命派发动的第一次反清武装起义。

亡命日本

广州起义失败后，清朝政府疯狂捉拿革命党人。广州城内外及南海、番禺等县，遍贴两广总督谭钟麟缉拿革命者的告示，并分别悬赏花红银 1000 两或数百两，通缉孙中山、杨衢云、郑士良等人。孙中山临危不惧，他在 1895 年 10 月 26 日镇定地遣散了前来参加起义的队伍，把起义用的名册、檄文烧掉，短枪等物抛入井底，隐匿在广州城内王煜初家中。鉴于敌人搜查很紧，便于 27 日夜机智地化装成商人，"租到一艘小轮船，经顺德驶到香山唐家湾，坐轿子到澳门，再从澳门搭船到香港"。这样走弯弯曲曲的小水道，兜了一个大圈子，费去两天时间，终于躲过了敌人的盘查，逃脱了清政府的魔掌。

孙中山于 29 日到达香港，与先期逃到那里的郑士良、陈少白等人会

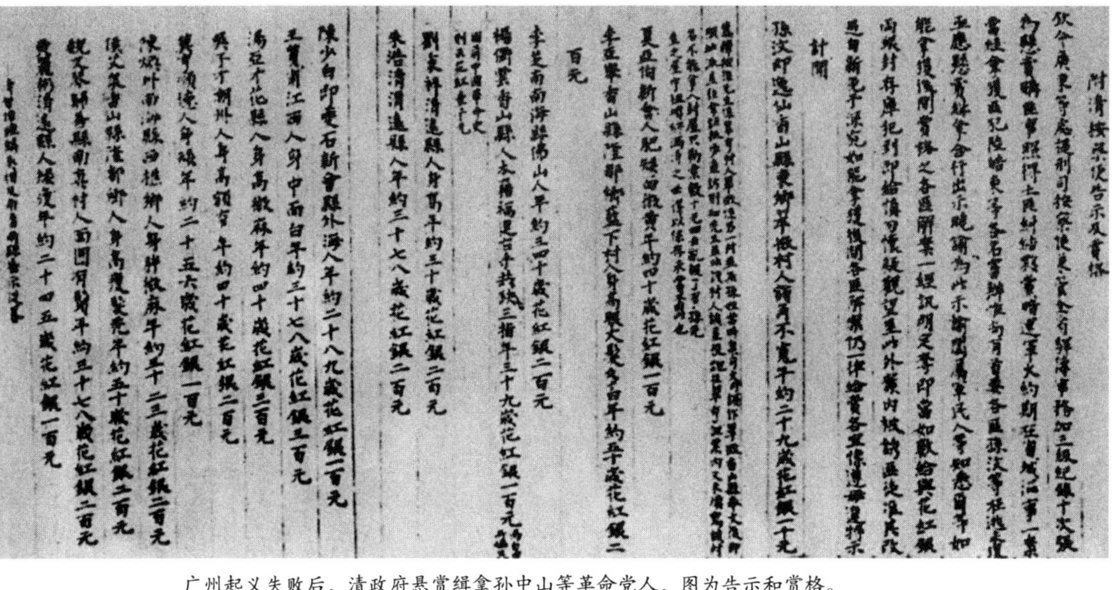

附清按察使告示及赏格

计开

孙汶即逸仙 香山县东乡翠微村人 面有不宽 年约二十九岁 花红银一千元

[illegible] 新会人 肥矮 面微黄 年约四十岁 花红银一百元

李[illegible] 香山县隆都[illegible]下村人 身高 眼大 发多白 年约五十岁 花红银二百元

李[illegible] 南海县佛山人 年约三四十岁 花红银二百元

杨衢云 香山县人 [illegible] 年三十九岁 花红银一百元

刘[illegible] 清远县人 身高 年约三十岁 花红银二百元

朱浩 清远县人 年约三十七八岁 花红银二百元

陈少白 即[illegible]石 新会县外海人 年约二十八九岁 花红银一百元

[illegible] 江西人 身中 面白 年约三十七八岁 花红银三百元

[illegible] 花县人 身高 微麻 年约四十岁 花红银三百元

[illegible] 潮州人 身高 [illegible] 年约四十岁 花红银二百元

[illegible] 顺德人 身矮 年约二十五六岁 花红银一百元

陈[illegible] 南海县[illegible]乡人 身胖 微麻 年约三十二三岁 花红银二百元

侯[illegible] 香山县隆都乡人 身高 [illegible] 年约五十岁 花红银三百元

[illegible] 番禺县[illegible]村人 面圆 [illegible] 年约五十七八岁 花红银二百元

[illegible] 清远县人 [illegible] 年约二十四五岁 花红银一百元

广州起义失败后，清政府悬赏缉拿孙中山等革命党人，图为告示和赏格。

合。但是，当时港英当局与清政府勾结，宣布5年内禁止孙中山等人登港入境，因此他们听从达尼思律师“赶快离开香港”的劝告，当即在11月2日晨搭乘日本货轮“广岛丸”东渡，远避日本。

广州起义失败后，孙中山在广东经营的一切丧失殆尽，革命进入了“最艰难的困苦时代”。从此直到辛亥革命成功，前后有16年之久，孙中山一直流亡在国外。

孙中山和陈少白、郑士良三人所乘的“广岛丸”，是一条只有4个舱位的货船。它刚驶

孙中山流亡日本期间与陈少白（右一）、郑士良（左一）合影。

出港口，便遭遇大风，途中一再拖延，经过近10天的时间，于1895年11月10日才到达日本神户。一上岸就见当地日文报纸以醒目的字体，赫然登载着“支那革命党首领孙逸仙”的消息。陈少白以之示孙中山说：“我们起义为造反，日人名曰革命？何哉？”孙中山应声抚掌曰：“好！好！好！自今以后，但言革命，勿言造反。”他并加说明道：“‘革命’二字出于《易经》‘汤武革命顺乎天而应乎人’一语，此与吾辈排满宗旨相符，即以称吾党可也。”从此，“革命”二字就为党人所沿用。

初到日本，孙中山人地生疏，处境十分困难。据陈少白回忆，他们在神户住了一天，第二天就去了横滨，但一个人都不认识。后来孙中山想起他认识一个在横滨开服装店名叫谭发的华侨，找到谭发，三人才找了一间6席大的小房间住下。过了一两天，经谭发介绍，孙中山结识了当地文经印刷店店主冯镜如和冯紫珊等人。

冯自由在《革命逸史》一书中追忆说：“乙未余随父居横滨，时年十四，一日见有久未剃头之长衫客二人来访余父（即冯镜如）谓有密事相谈，良久始出，后乃知来客为孙总理、陈少白。”这是很生动的写照，真实地描绘出了孙中山初次流亡日本时的窘况。

由于冯镜如的协助，孙中山等得以在横滨的外国人居留地53番赁屋居留，他们在当地华侨中宣传反清革命，发展兴中会组织。同年11月底，横滨华侨10余人在孙中山指导下组成了兴中会横滨分会，众举冯镜如为会长，赵明乐为管库，赵峰琴为书记，冯紫珊等为干事。

当孙中山在横滨进行革命活动时，中日和议已成，两国恢复了外交关系，清政府驻日公使即将入境，外间又盛传日本政府将把革命党人引渡给清政府。在这种情况下，孙中山鉴于在日本的革命活动一时很难开展，决定与郑士良、陈少白分头活动，他命郑士良回国收拾余众，静待时机，以谋卷土重来，再图起事；陈少白暂留日本，考察日本国情和结交朝野友人，自己则准备远赴美洲，重去檀香山，继续在该地华侨中开展革命活动。

1895年12月中旬，孙中山在横滨剪去拖在脑后的发辫，脱下长袍，改穿了西装，抛弃清朝的打扮，表示自己决心与清政府斗争到底。但这时旅费匮乏，难以成行，后来幸得冯镜如兄弟慨然捐赠一部分，又得梅屋庄吉从香港汇款 1300 美元，这才解决了问题。

1896 年（清光绪二十二年）1 月，孙中山只身抵达檀香山。他向孙眉详述了广州起义失败的经过。孙眉说："这不算一回事，还应继续干下去！"哥哥的安慰和鼓励，使孙中山增添了继续奋斗的勇气。

有一天，孙中山漫步在檀香山街头。这里气候温和，树木葱茏，奇花烂漫，四周碧波浩荡，风景异常美丽。当孙中山正在欣赏四周的热带景色时，突然一辆载着数人的马车迎面奔驰而来。孙中山仔细一看，车上的人竟是老师康德黎夫妇和随员。他乡遇故知，孙中山喜从天降，他忘却了礼仪，立即用矫健的步伐迅疾地跳上马车的踏脚板。这一意外举动，使康德黎夫妇吓了一跳，还以为遇上"不速之客"。孙中山满脸是笑地操着英语问候说："老师，您好！我是孙逸仙。"康德黎夫妇定睛一看，面前这个断发改装并留了胡须的人果然是学生孙逸仙，立即转惊为喜，大笑着和他热烈地握手。原来，康德黎夫妇是在休假归国途中在檀岛登岸观光的。师生分别已有半年多了，这次不期而遇，都喜出望外。孙中山热情地引导他们游览了岛上的风光，并报告了自己将启程赴美再转英国的计划。临别时，康德黎夫妇留下了自己在伦敦的住址，并约定孙中山日后到英国时欢聚。孙中山当时并没有想到，幸亏有了这次巧遇，日后他在伦敦才得以死里逃生，躲过杀身大祸。

送别康德黎老师的次日，孙中山即登轮赴美。他在同年 6 月 18 日抵达美国旧金山。旧金山华侨人数颇多，而且集中，但革命风气不盛，并视革命行动为大逆不道，愿赞助革命的甚少。孙中山在旧金山住了一个多月，便乘火车东行，途经沙加缅度、芝加哥等城市，横穿美洲大陆，到了大西洋西岸的纽约。所到之处，凡华侨较多的地方，即停留数日或十数日，进行革命宣传，告以"祖国危亡，清政腐败，非从民族根本改革，无以救亡；而改革之任，人人有责"。然而，得到的结果却是"劝者谆谆，听者终归藐藐，其欢迎革命主义者，每埠不过数人或十数人而已"。后来，与洪门会（天地会的别称，是反清复明的一种组织，在国内是秘密会党）人士有所接洽，但收效也不大。

孙中山的美洲之行，历时 3 个月，使他强烈感受到华侨“风气未开”，政治意识很是淡漠，奔波的结果“不过为初期之播种，实无大影响于革命之前途”。于是就在同年 9 月，孙中山决定横渡大西洋，转往英国和欧洲大陆，去对那里的华侨进行革命宣传。

第二章 领导起义 推翻帝制

伦敦蒙难

孙中山的美国之行，虽说播下了革命的种子，却没有达到预期的效果。更为严重的是，广州起义失败后，清朝政府在世界各地广布“眼线”，一直跟踪着孙中山，直至要把他拿获处死。

1896 年的孙中山，毕竟还不是一位成熟的革命者。到了旧金山，他忘却了敌人无时不在的魔爪，曾经轻易地摆好姿势，让人照相，而一张复制的照片也就轻易地落到了清使馆手里。

6 月 18 日，孙中山抵达旧金山。几天后，清驻旧金山总领事冯咏蘅就将孙中山的行动，详报清政府驻美公使杨儒。

9月23日,孙中山在纽约登上“麦竭斯的”号轮船赴英国。9月30日中午，孙中山到达利物浦。当晚 9 时 50 分，他乘火车到达伦敦，住在赫胥旅馆。

到了英国，孙中山也曾注意是否有人窥伺。他没有遇见一个中国人，就坦然了。但是，他完全没有料想到，他的一举一动，已经被碧眼高鼻的侦探尽收眼底了。

伦敦司赖特侦探社给清驻英公使馆二等参赞马格里的第一个报告，10 月 1 日已经送到清驻英公使馆。也就是在这一天，孙中山一觉醒来，便匆匆前往波兰德兰区覃文省街 46 号，拜访康德黎博士。师生重逢，分外高兴。恩师特地为孙中山租了靠近自己寓所的葛兰法学院坊 8 号旅店。翌日，孙中山移居这家旅店。此后每天，孙中山都到康德黎寓所，在康德黎的书房看书，也常在他家里进餐。师生交谈，气氛轻松愉快。10 月 4 日，共进午餐时，康德黎博士笑着问孙中山：“中国使馆离我家很近，你是否想去拜访一番？”

孙中山在美国期间于三藩市拍摄的断发改装的照片。此亦是孙中山伦敦蒙难时由康德黎交给警探辨认的照片。

孙中山也以笑回答:“我没有这个打算”。康德黎寓所与位于钵兰大街 49 号的清使馆相距不远。师生的交谈也只不过是彼此之间幽默的玩笑。康德黎夫人却误以为真了。她放下手中的刀叉，严肃地告诫孙中山："你可要特别小心，千万不可走近，使馆的人看见你，一定会逮捕你，把你解送回国的！"

孙中山先生的恩师康德黎。

其实，早在孙中山拜访香港西医书院第一任教务长孟生博士，应邀参加他家晚宴的时候，孟生博士就毫不含糊地说："你连中国使馆的门口也不要走近，否则会堕入虎口！"

现在，看见康德黎夫人那个认真的模样，幽默的师生二人不禁哈哈大笑，但是无人能想象到，没过几天，这个玩笑竟成了严酷的现实。

1896年（光绪二十二年）10月11日上午10时半，孙中山走出旅馆，准备去康德黎家。这天正是星期日，旅馆附近比较清静，行人稀稀落落。孙中山顺着街道朝前走着，当他拐过一个路口时，一个中国人从身后赶来，用英语与他搭话。当听说孙中山家住广东，那人又自称是孙中山的同乡。异国遇同乡，孙中山并未起疑，与之边走边谈。刚走出不远，又围上来两个人，也说自己是广东人。他们簇拥着孙中山朝前走着，而先到的那人则悄悄离去。待走到一座楼房前面，没等孙中山反应过来，就被左右两人推拥进去，随即大门就被紧紧关上。

1896年9月30日，孙中山从美国抵伦敦。10月11日，被清政府驻英公使馆诱捕，密囚于使馆。图为囚室内部。

孙中山正要发问，只见那两人已换了一副脸色，他们强行将孙中山关进楼上的一间小屋。原来这里正是清政府驻英使馆。

这时候，二等参赞马格里正式登场了，他直接发问："你的名字叫孙文吗？"

显然此时隐瞒已毫无意义了，孙中山干脆地回答："是的，我是孙文。"

失去了自由的孙中山，马上察看了自己所处的环境：房子不临街道，通风的小窗被四五根铁条拦住，从房门钥匙孔可以窥视到两个毫无表情的卫士。

他得出结论：逃走是不可能的，重获自由的关键，在于"能传消息于外与否"。于是孙中山瞄准英仆柯尔，反复攻心，终于令柯尔答应为其传信的请求。

黑暗的囚室，终于露出一线希望之光。孙中山非常激动，赶紧掏出两张名片作为信纸，伏在床上写道：

致覃文街四十六号詹姆斯·康德黎博士：

我在星期天被绑架到中国使馆，将要从英国偷偷运回中国处死。祈尽快营救我！

中国使馆已租下一艘船，以便把我递解回中国，而整个途中我将被关锁起来，禁止和任何人联系。唉！我真不幸！

请照顾目前这个帮我送信的人；他很穷，将会因为替我效劳而失去他的职业。

中午，柯尔来拿信。孙中山拿出暗藏的仅有的20英镑塞给柯尔。柯尔一声不吭，接了过去。

好几天了，康德黎夫妇未见孙中山来访，很是奇怪。10月15日，旅店主人因孙中山多日未归，特往询问康德黎夫妇。康德黎夫妇开始感到情况不妙，十分焦急。

17日晚上11时30分，纳闷而又毫无办法的康德黎博士已经上床就寝，忽然听到门铃响，连忙披衣起床，打开门来，不见人影，地上却有一封信。

I was kidnapped into the Chinese Legation on sunday, & shall be smuggled out from England to China for deat[h]. Pray rescue me quick?

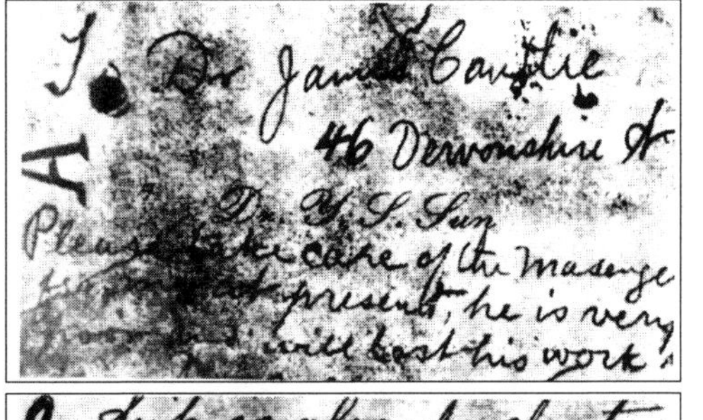
To Dr James Cantlie
46 Devonshire St
Dr. Y. S. Sun
A
Please take care of the messenger ... present, he is very ... will last his work.

a ship is already charter[ed] by the C.L. for the service to take me to China and I shall be locked up all the way without communicatio[n] to any body. O! Woe to me!

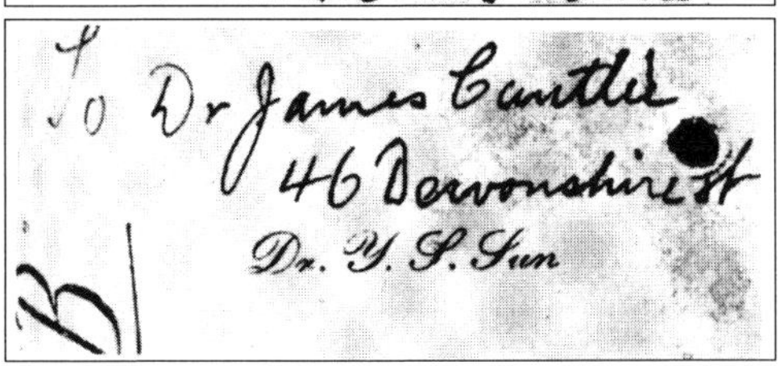
To Dr James Cantlie
46 Devonshire St
Dr. Y. S. Sun
B

孙中山在囚室中写给康德黎的求援信。

他连忙捡起，拆开阅读：“你有一个朋友，从上个星期日起，被囚禁在中国使馆。他们打算把他送回中国，到中国他们一定会把他杀了的。这个可怜的人，真是惨极了。除非立刻有办法，他是要被解走，并且不会有人知道的。我不敢签我的名字，但是这件事是真的，请你相信我所说的话。

你能尽什么力就立刻尽，不然来不及了。他的名字，我相信是叫孙逸仙。”

这封匿名信是从门底下的缝里塞进来的。直到若干年之后，人们才知道，送信人是贺维太太。

闻讯后的康德黎博士不顾夜深，立即投入营救工作。他后来回忆说：“我一听见他的踪迹，就到梅尔蓬巷的警署去报案，又从那里到苏格兰场去报案。现在主要的困难，就是怎样能够使人相信我的故事。苏格兰场的警察，都说这件事与他们无关，并且说我报告过他们以后，我的责任已经尽了，我应当回家去，不要作声。我去见他们的时候，已经是早上1时30分。”

18日，恰巧是星期天，照例是政府机关人员休息的日子，却是康德黎夫妇最紧急的时刻。

他们分头行动：康德黎夫人到旅店，将孙中山的书札文牍之类全部取来，付之一炬。

康德黎博士多处奔走，不得头绪，便找孟生博士商量。刚刚走到孟生博士的家门口，恰巧遇见柯尔。原来，柯尔到了康德黎家里，才知道康德黎博士走访孟生博士去了，便又匆匆赶来。他向两位博士说明了情况，交给了孙中山手书的名片，还将孙中山赠予的 20 英镑转交康德黎博士："这是孙逸仙的钱，请你代为收存。"

孟生博士毅然表示协助康德黎博士从事营救工作。

由于康德黎博士的奔走呼吁，22 日黄昏，《地球报》根据康德黎博士的口述，加班赶印特号，报道孙中山被囚清使馆的事。次日，《地球报》重载特号全文。这样一来，清使馆的卑劣行径立刻暴露无遗。

街头绑架，已是太岁头上动土。偷运出境，对这个"日不落"的大英帝国来说，更属奇耻大辱。英国外交部衡量得失，决定通过外交途径解决这个事件。22 日，英国外交部遣使照会清使馆，要求按国际公法和国际惯例，迅速释放私捕人犯。

23 日下午 4 时半，两个人走进来，毫无表情地通知孙中山下楼去："马格里爵士在楼下等你。"一时间，孙中山还捉摸不透：是转移到新的监禁地，还是省释？他忐忑不安地走到楼下。当他第一眼就瞥见了康德黎博士的时候，孙中山知道自己获释了。

康德黎博士上前紧紧握住孙中山的双手，轻轻说道："你恢复自由了！"在康德黎博士身旁，还站着英国外交部一位官员和苏格兰场的侦探长。

马格里当着众人，将搜去的各种物件、便条和硬币交还孙中山，又对外交部官员和侦探长说："今天我将孙逸仙交付你们。我这样做，是使本使馆的特别主权及外交权利两不受损。"

"你现在恢复自由了！"马格里真不愧是君子国的爵士，他苦笑一声，朝孙中山伸出手来。

走出使馆，孙中山只觉得阳光耀目，空气清新，而眼前不少热情洋溢的英国市民正向他挥手致意。他不由得感动万分。这种场面是他完全没有预料到的。

侦探长排开纷纷向孙中山伸出手来的群众，挽着孙中山的手臂，和康德黎博士、外交部官员一同登上一辆四轮马车。

到了苏格兰场，孙中山将伦敦蒙难的经过陈述了一遍，警官笔录后，当面宣读，孙中山签字认可。孙中山确认：10 月 11 日，他是计划随同康德黎博士到礼拜堂祈祷，在赴康德黎寓所的路上，被清使馆官员邓廷铿一伙软硬兼施诱骗而被囚禁的。

直到东归以后，孙中山才向一些同志披露了事实的真相。

当晚，康德黎夫妇设家宴招待孙中山，一家大小举杯祝贺孙中山归来。是夜，求见孙中山的人士络绎不绝，直到深夜才陆续离去。

孙中山伦敦蒙难的悲喜剧谢幕了。清政府本来要不惜一切代价置孙中山于死地，反而使孙中山从此名声大振，一跃而成了世界名人。这点不但清政府没有预料到，而孙中山自己恐怕连做梦也不会想象到的。

孙中山脱险后，继续在伦敦居留了近一年，直到 1897 年 7 月才离英赴加拿大。

也就是在这时期，孙中山认识了日本进步志士南方熊楠（1867—1941 年）。南方熊楠是日本和歌山县人。他 20 岁时在美国密歇根州立农学院学习，后在古巴、墨西哥活动。1892 年，他赴英国学习、研究，次年，他的论文《远东的星座》发表，受到大英博物院院长佛朗克爵士的器重，在该馆帮助考古学民族学部长沃拉斯顿·福兰克斯搞陈列工作，并受该馆嘱托，佐第一位东方图书馆馆长罗伯特·K·道格拉斯编图书目录，整理完成大英博物院的汉籍与日本的书目。

1897 年春，英国出版了孙中山用英文写的《伦敦蒙难记》。

孙中山是于 1897 年 3 月 16 日通过道格拉斯认识南方熊楠的。两人在交谈时，南方熊楠认为：“我们东方人，应当把西方人全部赶出国境。就是英国人，也要被赶出东方。”对于这种激烈的言论，不但道格拉斯，连孙中山都感到吃惊。

此后数月，孙中山和南方熊楠每天都见面，并互相在小餐馆请对方吃饭，二人来往密切。有时，他们两人连同孙中山的好友、爱尔兰恢复党人摩根一起，到各处去游玩。

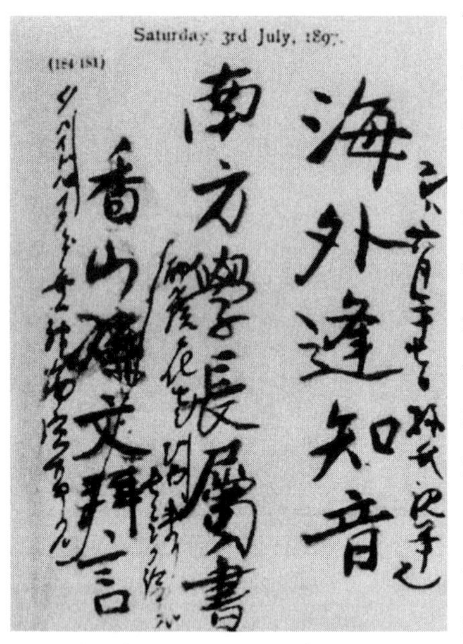

孙中山在伦敦与日本生物学家南方熊楠结交。图为1897年6月27日，孙中山离英前书赠南方熊楠题词。

经南方熊楠介绍，孙中山认识了在英国的镰田荣吉、田岛坦、德川赖伦等日本进步人士。后来，镰田写信介绍冈本柳之助（日本浪人，曾参与谋刺朝鲜王闵妃事件）与孙中山认识，在以后的革命活动中，冈本对孙中山有所帮助。

1897年6月27日，孙中山离开伦敦赴日本之前，曾与南方熊楠话别，并在他的日记本上题字留念曰：海外逢知音。南方学长属书。香山孙文拜言。

广交日本朝野人士

1897年7月1日，孙中山怀着日趋成熟的革命思想离开伦敦，乘“努美丁”号轮船经加拿大的满地可（蒙特利亚）、温哥华、南尼亚木、域可利（维多利亚）等地，于8月16日到达日本横滨。

先是陈少白在日本的两年中，活动于东京和横滨之间，与兴中会会员一直保持着联系，并结识了热心中国国事的日本退职海军大尉曾根俊虎、学者宫崎寅藏，还有牧师等多人，这就给孙中山到日本的活动创造了人事条件。

陈少白从报上已知孙中山在伦敦那场惊心动魄的蒙难详情，并从孙中山的来信中，知道他即将到日本。

1898年，孙中山在日本与友人宫崎寅藏等合影。前排左起：安永东之助、杨衢云、平山周、末永节、内田良平；后排左起：可儿长一、小山雄太郎、宫崎寅藏、孙中山、清藤幸七郎、大原义刚。

一天清晨，天还没亮，分别两年的战友孙中山出现在他的眼前，“见面之后，真觉得异样快乐，他从死里逃生，今日能再相见，岂是偶然的吗！”

两人谈到今后的行动计划时，陈少白表示：“我两人困守一方，无从发展，不是一个办法，现在你既然到了日本，日本方面的事情，就可由你管理。我想乘此时机，到台湾去一次。自从甲午战败，清政府把台湾割给日本之后，几年来不知搅到怎样一个地步。我没有到过台湾，我倒要前去观察观察。那里有个日本朋友约我去看他，我能够在那里活动活动，或者也可以把那里的中国人联络起来，发展我们的势力。”孙中山也以为然。

陈少白去台湾，孙中山留在日本，分头在两地组织活动。

1899 年 5 月，孙中山在东京与宫崎寅藏等合影。前排左起：宫川五郎、安永东之助；中排左起：中野雄五郎、孙中山、内田良平、柴田麟次郎；后排左起：原口闻一、井上雅二、宫崎寅藏、平冈浩太郎、清藤幸七郎。

孙中山就住在陈少白住过的房子里。就在此处，孙中山结识了有志于亚洲革命、一生为帮助孙中山的革命事业而倾家荡产的宫崎寅藏。

宫崎寅藏（1871—1922 年），原名虎藏，号白浪庵滔天。生于日本熊本县玉名郡荒尾村一个下级武士家庭。宫崎寅藏兄弟 11 人，先后死去 6 人。他的几个哥哥都是日本自由民权运动的积极参与者。宫崎在 1896 年结识亡命日本的兴中会会员陈少白，从陈处得知孙中山，心中仰慕，产生了和孙中山结交的强烈愿望。7 月到达香港，通过陈少白的介绍信，他辗转结识了维新派和兴中会两方面的若干人员，对孙中山和康有为都产生了良好印象，认为两人“在思想上是相同的，都主张民权共和之说”，有了撮合两党的设想。同年 9 月宫崎寅藏回到日本。

宫崎寅藏这次回到日本终于见到仰慕已久的孙中山，尤其是与孙中山交谈后，立即被孙中山的远见卓识所折服。

宫崎寅藏自己说：“从此时起，我已把希望完全寄托在他（孙中山）身上了。”从此以后，宫崎寅藏为孙中山领导的革命事业竭尽心力，患难与共，终生相助，历尽艰险。他曾被官署拘禁逼问，但关于中国革命党的活动情况，他拒不答供。孙中山赞誉他：“为他人国事，坚贞自操，艰苦备尝。”在辛亥革命史上赞助中国革命的外国志士仁人中，宫崎寅藏是一个最光辉的名字。

孙中山在横滨和兴中会会员们重新开展活动并扩大组织。驻横滨的清领事，是个“自了汉”，不愿多事，对于孙中山和兴中会的活动，他听而不闻，不与为难。不久，孙中山移居东京，宫崎把他最敬佩的前辈民党领袖犬养毅介绍给孙中山。以后，犬养毅又向孙中山介绍了进步党员九州福冈和煤矿资本家平冈浩太郎。九州福冈“甚爱慕孙中山先生之为人”，孙中山留居东京食住费用，都由他供给。宫崎还请了他的朋友平山周来照料。平山周会说英语，孙中山不会日语，诸事靠他来翻译。犬养毅还介绍孙中山与日本外相大隈重信相见。此后，孙中山又结识了日本退职军人山田良政、萱野长知、远藤隆夫、伊东正基、岛田经一、清藤幸七郎，学者内田良平、福车诚、高桥讦、副岛寺尾，还有日本黑龙会首领头山满等各界人物。

陈少白到台湾后，在台北建立了兴中会支会，发展了五六个会员。过了几十天，他回到日本的横滨。得知孙中山已迁往东京，他也到了东京，继续进行革命活动。

日本各界人士也主动和他们接触，联系不断。民党领袖犬养毅很有远见，对孙中山非常敬重，常请孙中山到他家叙谈。有一天，他问孙中山：“我是真敬佩你，但我请问你，你最喜欢的是什么呢？”孙中山毫不犹豫地回答：“革命！推翻清朝政府。”犬养毅又问：“你最热爱革命，这是谁都知道的，但除了革命之外，你最喜欢的是什么？”孙中山沉默了一会儿，用英语回答：“Woman（女人）。”犬养毅拍手说：“很好。再其次呢？”孙中山回答：“Book（书）。”犬养毅大笑：“毕竟你说出了老实话。我知道你很喜欢看书，原来你喜欢女人还在书之前。那么你是忍耐着女人的爱而忘我地读书的，那真了不起呀！”“NO！ NO！”孙中山见犬养毅误解自己的意思了，说道：“我认为，千百年来女人不过是男人的附属品或玩物，充其量做个贤内助。然而我认为，她和母亲应该是同义语。当妈妈把身上最富有营养的奶汁喂给孩子，当妻子把她真诚的爱献给了丈夫，她们的贡献是那么无私和高尚，这难道不值得爱吗？可惜的是，我们好多人却不懂得这种爱，不珍惜这种爱，践踏这种爱。”在一旁的犬养毅夫人把手中的工作也不由自主地放下了，神情专注地听着他们的谈话。

孙中山这次重返日本，在日本寄居将近3年。这期间保皇派领袖康有为也避难来到日本。

日本为什么要把孙、康两派都弄来避难？说穿了是和日本政府力图扩张其在华势力有密切关系。自甲午战争后，日本在中国的侵略势力迅速发展，但是日本政府注意到清政府因日趋腐败而为中国人民所日益不满，他们希望中国出现一个革新的殖民地政府。就大隈重信的对华观点而言，他对康有为一派更为关心，因为他所领导的立宪改进党与康有为的维新运动同属于君主立宪的范畴，既有政见上的共同语言，又有寄希望于维新成功的日本对华政策的需要；就犬养毅而言，他希望孙中山领导的兴中会在日本扶植下成为清政府真正强有力的反对派。这样，孙中山与康有为就成了大隈内阁对华政策需要扶植的目标。由日本人撮合，孙、康两派进行合作谈判。

孙、康合作谈判似有两个阶段。第一阶段自康、梁抵日不久起，到1899年初康有为离日赴加拿大止；第二阶段自1899年春起，到1900年7月唐才常自立起义失败止。前一阶段谈判因康有为坚持保皇立场而未取得任何进展；后一阶段谈判时，梁启超一度有联合愿望和合作表现，曾使谈判出现过转机，但因维新派私心膨胀、手段狡猾，终于使两派关系破裂。

援助菲律宾独立运动

1898年4月，美国和西班牙重新瓜分殖民地的美西战争爆发。菲律宾革命军亦乘此机会向西班牙殖民军发起猛攻。美国见此，声称支持菲人民的武装斗争。6月，菲律宾宣布独立，但美国背信弃义，于12月与西班牙签订《巴黎和约》，竟将菲律宾窃为己有。于是菲律宾人民又展开了反对美国侵略的斗争。

1901 年，孙中山和菲律宾独立军代表彭西在日本横滨合影。

在美西战争期间，日本海军借口保护在菲日侨，派 3 艘军舰前往马尼拉湾。陆军参谋本部派遣明石元二郎少校等数名军官，在马尼拉设据点，窥探战局。另一方面，日本首相兼外务大臣大隈重信表示希望美国与日本等利害相同的两三个国家合作，在菲律宾建立新的殖民政府。可见日本意欲染指菲律宾。而当时菲独立军对日本抱有幻想，认为日本是一个强大的国家，希望它像法国在美国独立战争中援助美国那样，援助菲律宾。1898 年底，菲律宾人民奋起抗击美国侵略军，军械消耗很大。菲律宾政府派独立军代表彭西赴日购运军械。彭西途经香港时，拜访梅屋庄吉，说明赴日的目的，并坦率承认，购运军械的经费要向国际友人募集。梅屋庄吉当即允诺资助，并致信流亡在日本的孙中山，请他协助彭西。

当时，孙中山在日本正在联络国内外友人准备再次武装起义，忙得不可开交，但是他对于其他被压迫民族的解放事业也很关心，要尽力给予热情的支持。

彭西到达日本横滨后，打听到孙中山住在横滨本牧的南京街里，便于 1899 年 3 月初在孙中山住处与孙中山、宫崎滔天、平山周等人会晤并介绍了菲律宾人民反对美国入侵，为独立而战的情况，并恳切说明，坚持斗争需要国际援助。孙中山当即表示，如能确保登陆地点，兴中会可动员广东同志 3 万人赴菲投入反侵略战争。彭西则表示，菲独立军面临的最大困难

1901年1月，孙中山在横滨寓所与来访的美国《展望》杂志记者林奇（右二）、彭西（后立右一）等人合影。

是军械缺乏，如不及时补充，将不战自溃。孙中山就转请宫崎帮忙，并说：“我们一旦帮助他们争得了菲律宾的独立，接着便可凭借菲律宾同志的力量攻陷广东，掀起一场大风暴，他们有钱，又有准备，我决心带领支那的同志和部下去帮助他们打仗，希望你们也来和我们一起，速其成效。”宫崎与平山周二人都表示赞成。他们经过商量，决定向民党领袖犬养毅求助。犬养毅欣然应允协助，并推荐中村弥六负责具体事宜。

中村弥六是日本国会议员，曾任大隈内阁的副司法相，常出入参谋本部，因而大家对他信而不疑。彭西将全部军费交给了孙中山，孙中山又转交给了中村弥六。

菲律宾独立军领袖阿坤雅度得彭西报告，知孙中山计划率中国革命党赴菲助独立，而后菲助中国革命的事，极为赞同。为表示诚意，赠给孙中山日金10万元作为革命经费。兴中会得到的这笔款，在开展各项活动中起了很大作用。当年秋季，派陈少白在香港士丹利街24号创办兴中会机关报《中国时报》；派史坚如赴长江一带联络会党，扩大兴中会组织；派郑士良在香港设立机关接待会党；策动惠州军事等各项费用，就是用的这笔款子。

孙中山在等候中村购运军火时，派兴中会员、日本退职武官远藤隆夫、

1901年1月，孙中山和尢列（右坐）、侄儿孙昌（左坐）等在日本东京合影。

山下稻、清藤幸七郎、岛田经一、伊东正基等赴菲律宾与独立军进行部署，待军火运到，在适当时机由孙中山率中国革命党赴菲助战。

广东兴中会会员向孙中山发电表示准备起义，要他回国主持。而孙中山这时正在计划组织革命党同志赴菲律宾，就派宫崎到广东向党人说明情况，先稳住那里的局势，准备出国参加抗美援菲战斗。

就在这时候又发生了“布引丸”沉船事件，一下打乱了孙中山预想的计划。

原来，中村弥六用一个德国人的名字做买主，以财政股的名义，从日本枪械包商大仓会社购妥步枪1万支、子弹500万发、旧式山炮1门和机关枪11挺。孙中山为运出这批军械，于6月18日买下三井物产公司的旧船“布引丸”，准备往菲律宾运载。孙中山派日本兴中会员林及、高野二人押运，7月17日，“布引丸”满载军械从门司港起锚出航约定运至马尼拉附近一个小岛，由菲独立军接收。但“布引丸”行驶在中国浙江马鞍岛处时，不幸于21日遇强台风袭击而沉没。押运人员林及、高野等全部遇难。

中村弥六见孙中山因人械俱失，甚为沮丧，表示愿为菲独立党二次购买。孙中山与彭西商议后觉得可行，再托中村弥六二次向大仓会社购了原数村田式枪子弹，计划取道中国台湾运往菲律宾。正待雇船运载时，日本政府鉴于“布引丸”沉没，决定取缔枪支船运出口，监视甚严，无法起运，蹉跎数月。菲律宾独立党因军械缺乏，连战失利。

当年10月，兴中会在惠州起义时，得彭西同意，借用了这批军械。孙中山在台湾致电东京宫崎寅藏办理取运。宫崎寅藏派远藤隆夫找中村协助提取。中村支吾其词，要远藤隆夫直接与大仓交涉。军火商大仓以为远藤隆夫与中村同谋，就直言不讳地说：“此物原属废物，不如运销国外，以图厚利，此中村所贻与君等之利益。”于是，中村与大仓合谋舞弊的勾当，暴露于众。宫崎寅藏回电孙中山：“中村代购武器，尽属废物。”

孙中山原计划前方将士得这批武器接济后，即由台湾潜入内地，指挥惠州起义。接宫崎电报之后，知失去后援，进展不利，这才令郑士良撤军解散，并复电宫崎，要他向中村索还械弹原价6.5万元。

犬养毅还亲自出头向大仓交涉，要他归还原价，大仓得赃款5万元，中村及其同伙分贪1.5万元。犬养毅要他至少退3万元，大仓最后答应退1.5万元。但中村竟矢口抵赖，不退赃款。

孙中山由台湾回到日本时，又发现中村曾伪有“孙逸仙”字样的印章及书信等赝件。中村的狡黠行径，遭到日本民党内外一致谴责，后又被东京《万朝报》载露，中村恼羞成怒，犬养毅不得已，将他开除民党名籍。

为此孙中山也请了两位日本律师，准备向日本法院起诉，后因此案关系日中菲三国外交问题，而且非短时间所能解决，在黑龙会首领头山满出面调解下，中村退款1.3万元了事。

孙中山对菲律宾人民反美斗争运动的支援，虽然由于日本奸商和卑劣政客的破坏而失败，但是这段真诚的协助精神，在中菲友谊史上，却留下了宝贵的一页。

之后，孙中山与彭西仍不断来往，1905年彭西移居越南西贡菩里连街140号后，孙中山每过西贡，必去访见。两人常有书信来往，互相关心两国革命运动的进展情况。后来彭西撰写了《孙逸仙——中华民国的缔造者》一书。

筹划惠州发难

1899年，身在海外的孙中山，已经感受到“山雨欲来风满楼”的气氛。他认为下层群众的奋起，给反清革命造成了可乘之机，决心继广州起义后再次筹划在国内发动起义。为此，他一方面命陈少白去香港创办报刊、宣传革命；另一方面命史坚如入长江以联络会党，命郑士良在香港设立机关，招待会党，开始了宣传和组织两方面的积极准备。

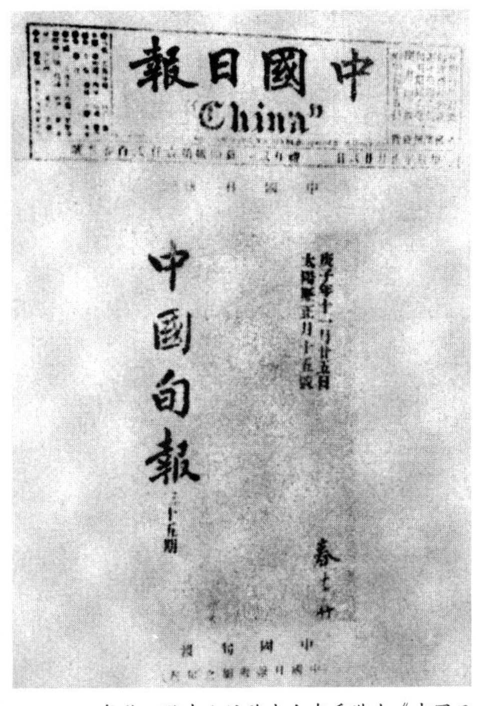

中國日報
"China"

中國旬報

庚子年十二月廿五日
太陽曆正月十五號

三十五期

1899年秋，孙中山派陈少白在香港办《中国日报》，次年1月创刊发行，并兼出十日刊《中国旬报》。

为了鼓吹革命、唤醒国人，孙中山早在1885年确立决覆清廷之志时就已利用口头宣传这一原始的鼓动形式，1895年起开始注意文字宣传，但总起来说，他对文字宣传的重要性，在认识和行动上都落后于维新派和保皇党。

革命派创办报纸的动议，是由当时堪称兴中会最有文才的陈少白提出的。孙中山最初对此尚有犹豫，后来也就同意了。陈少白于是从1899年秋间开始着手筹备，所有机器铅字皆由孙中山在横滨购置运到香港。1900年1月25日创刊，取名《中国日报》。起这个名称，目的在于“俾中国之人尽知中国之可兴，而闻鸡起舞、奋发有为也”。《中国日报》的创刊，标志着资产阶级革命派文字宣传阶段的到来。此后，办报刊成了革命派极为重视的宣传形式。《中国日报》的社址设在香港士丹利街24号，此处也就成了兴中会早期在香港招待同志、聚议晤谈的机关。在1905年前，该报由陈少白主持社务兼任主编，日出4开一张半，共6页，后增至8页。除日报外，还另出10日刊一种，称《中国旬报》。初任笔政者，除陈少白外，尚有洪孝充、陆白周、杨肖欧、陈春生、黄鲁逸诸人。1905年中国同盟会成立后，成为机关报之一，与《民报》并列为革命派两大宣传阵地。

1900年春夏之交，北方的义和团运动迅速发展，是年春，山东义和团在摆脱山东巡抚袁世凯的镇压后，向直隶转移，北京、天津地区的义和团也乘时纷起，遥相呼应。进入直隶的山东义和团沿途不断壮大，浩浩荡荡开进北京，整个中国处于激烈的动荡之中。在此形势下，孙中山认为机不可失，“乃命郑士良入惠州，召集同志，以谋发动，而命史坚如入羊城，召集同志，以谋响应”，准备采取惠州发动、广州响应，然后会师广州，攻下羊城的起义方略。正在这时，孙中山忽然接到陈少白自香港来信，告知英国驻香港总督卜力和何启博士有意拉拢孙中山与两广总督李鸿章合作，据两广独立，成立联合政府的消息，并征询孙中山对此事的意见。于是，在惠州起义的筹备过程中出现了一幕短暂的孙、李合作谈判。

与李鸿章谋两广独立

孙中山和李鸿章谋据两广独立，是两个世纪交叉点上中国政情中一个意味深长的事件。它紧接在孙、康合作谈判破裂之后，时间虽不长（1900年春夏之交发生到同年7月中旬结束），涉及的方面却很广。其中既包含了英国在义和团运动期间的对华政策，也涉及当时清王朝中一批汉族地方大员对中央政府决策的抵制意向，更反映出兴中会在复杂政治形势下的应对能力。

在这件事中，有3个关键人物：一是何启，一是刘学询，一是陈少白。有人根据M.B.詹逊所著《日本人与孙逸仙》一书，认为这次合作的牵线人是刘学询。但从陈少白《兴中会革命史要》看，似乎应是何启。何启是在港督卜力授意下与陈少白接洽此事的。

孙、李合作的过程约在1900年春夏之交发动。先是香港议政局议员何启在港督授意下，与正在香港创办《中国日报》的陈少白密商，“主张革命党与粤督李鸿章联合救国，由李首向北京政府宣告两广自主，而中山率党员佐之。其进行方法，则先由中国维新党人联名致书香港总督卜氏，请其劝告李鸿章以两广独立。李如同意，即由彼电邀中山回国组织新政府”。陈即写信征询孙中山意见，孙得电后几经考虑，表示可以一试。“遂由陈少白召集各会员研究进行策略，随起草致港督函稿。复由何启、杨衢云、谢缵泰等译成英文。具名者为孙逸仙、杨衢云、陈少白、谢缵泰、郑士良、邓荫南、史坚如、李柏诸人”。这份上港督书译成英文后，由何启转交并向港督“代达一切”。港督“也就修了一封信，由沙面领事转交李鸿章，委婉地说明此意”；并与李鸿章接洽数次，“谓粤督如能毅然向北京政府宣布自主，港督可相机协助，并联合各国领事一致赞成”。当时李鸿章心有所动，但以清政府尚未陷入绝境，不敢亲自出面，存有观望之心。他的幕僚刘学询在陈少白等策动下，自告奋勇向李鸿章表示愿与孙中山联络。在李的默许下，刘致函孙中山请他速到广州协商进行。孙经考虑后，觉得无论从筹备惠州起义还是不妨与李一试合作，都应该亲去香港。6 月 6 日在与犬养毅、头山满等人辞别后，即于次日携杨衢云、郑士良离东京至横滨。11 日自横滨乘船去香港。

当孙中山所乘法轮“烟狄斯”号抵达神户时，准备参加惠州起义的宫崎寅藏、清藤幸七郎和内田良平 3 个日本人登轮同往香港。17 日，“烟狄斯”号抵港。李鸿章派“安澜”号炮艇来接孙中山、杨衢云过船开会，孙中山为安全考虑，决定派宫崎等上船与谈，“代表接洽一切”，自己则与杨衢云、郑士良及香港兴中会成员在一艘舢板船上举行会议，研究惠州起义的准备工作。决定“由郑士良督率黄福、黄耀庭、黄江喜等赴惠州准备发动；史坚如、邓荫南赴广州组织起事及暗杀机关，以资策应；杨衢云、陈少白、李纪堂在港接济饷械事务；日本诸同志则留港助杨、陈、李等办事”。之后，孙中山按既定计划乘原船“烟狄斯”号赴越南。

孙中山于 6 月 21 日抵达西贡，拟静候广东谈判消息后再定行止。当天他致电刘学询，询问谈判情况。次日致函平山周，了解起义准备进展情况，23 日，平山周电告宫崎等谈判结果，孙中山得知刘学询借款 3 万元，十分高兴。25 日复电平山周：“接电大喜。弟数日事完，当往星（加坡）会宫（崎寅藏）。”

不料，宫崎寅藏、清藤幸七郎于7月初如约到达新加坡，拟与康有为谋求合作时，竟被康党怀疑为刺客而向当局告密，被新加坡英国当局逮捕下狱。孙中山自西贡到达新加坡后获知此事，立即组织营救。7月12日，宫崎、清藤幸七郎获释，但孙中山因此被判5年内不得入境，只得偕宫崎等返回西贡。

这时，中国国内形势发生急遽变化。自6月中旬起，八国联军加紧对北京的进攻，一时京畿硝烟四起，血流成河。西太后于6月6日召开御前会议，商讨对策。21日，清政府发布宣战和招抚义和团上谕。接着又任命载勋、刚毅统率北京、天津义和团。表面上清廷决意靠义和团对抗八国联军，实际上却乘机借联军之手削弱义和团的力量。

1900年7月8日，清政府下诏调李鸿章为直隶总督。这个任命明确表示了西太后将倚重李鸿章的外交资望，委任他对外求和以收拾不堪局面的意图。至此，李鸿章决定北上并将与孙中山合作一事弃置不顾。7月13日，香港总督卜力企图做最后努力，他请求英国外交部，能否乘李鸿章北上经过香港时，由孙中山与李鸿章直接商谈合作事宜。次日得外交大臣索尔兹伯里的答复，说对孙中山的5年驱逐令仍然有效，并指示卜力不可向李鸿章再谈合作之事。英国政府在行将到来的对清王朝的大勒索中已经不再需要孙、李合作这枚筹码。当7月16日孙中山自西贡乘“佐渡丸”轮船抵达香港时，被港英当局通知不准登岸；次日，李鸿章率带卫队，满面风光地到达香港，在和港督愉快交谈中谁都不提合作一事。结果孙、李合作谋据两广独立的计划，随着7月18日李鸿章离开香港北上而烟消云散。

孙、李合作的发生及其破灭表明，在两个世纪的交叉点上，孙中山和兴中会对于复杂的形势还缺乏睿智的洞察力。

半途而废的惠州起义

在谋求与李鸿章合作据广东独立之事破灭后，孙中山决定加速起义的计划。7月16日，孙中山偕宫崎滔天等乘“佐渡丸”自日本经西贡抵香港海面。由于香港当局严禁登陆，孙中山遂以“佐渡丸”为大本营，召开军事会议。出席会议的有：孙中山、杨衢云、陈少白、邓荫南，谢缵泰、史坚如、李纪堂和日本人宫崎滔天、清藤幸七郎、福本日南、平山周、原祯。会议决定，将惠州起义的指挥权交给郑士良；福本诚在香港主持起义筹备工作；陈少白、杨衢云等负责饷械接济；毕永年再赴长江流域联络会党；孙中山自己则回日本后南下台湾，俟起义发动时设法潜入内地亲自指挥。

孙中山于7月20日离港赴日，于25日抵达东京。8月间，得知随李鸿章赴京的刘学询被李留在上海，负责东南各省事务，孙中山为了筹集起义经费和筹划南方革命政府，决定赴上海会晤刘学询。但是当孙中山偕平山周等于下旬到达上海后，不仅自立军勤王起义已经失败，而且与刘学询的会晤也毫无结果，只得重返日本，在神户、大阪等为起义购置军械。9月28日，孙中山经神户抵达台湾基隆。

1900年，孙中山与日本友人在东京合影。左起：末永节、内田良平、宫崎寅藏、小山雄太郎、清藤幸七郎、孙中山。

1900年冬，孙中山与起义失败的自立军骨干人物在日本东京合影。左起：尢列、唐才质、孙中山、秦力山、沈翔云。

当时，日本政府认为中国北方已陷入无政府状态，清廷岌岌可危，各国都有瓜分中国的意向，为了使日本在列强角逐中获得好处，决定对南方的反政府活动采取怀柔政策，图谋控制。台湾总督儿玉受政府训令，于29日接待孙中山，表示对孙拟议中的起义给予“相助”，孙中山得到日本驻台总督的明确指示后，立即着手在台湾建立指挥起义的中心，一面“加聘军官”，一面命郑士良按商定日期发动起义。

当起义武装在三洲田等候台湾方面指示之际，清军水师提督何长清已调前队200人驻新安县属之沙湾，哨骑及于黄冈，有进窥三洲之势。为先发制人，黄福等于10月6日率敢死队80人袭击沙湾清军，揭开了惠州起义的序幕。

沙湾序战十分顺利，共击毙清军40余人，俘30余人，清军因不知义军人数多寡，惊溃而退。沙湾被义军占领的次日，郑士良从香港归来，带回孙中山要起义军向厦门前进以便接械的复电，于是全军改道东向。从战略角度考察，义军改道是个重大失误。

1900年9月，孙中山赴台北建立惠州起义指挥中心。图为指挥中心旧址。

孙中山发出改道厦门命令，是为了获得日本方面的援助。据与孙中山同在台湾的日本人山田良政之弟山田纯三郎的记述说，日本驻台湾总督儿玉曾劝告孙中山不要一开始就征服广东。儿玉说他本人“则是很愿意看见他们从海丰和陆丰得到军火补给的”。孙中山为此向日本方面商借一笔钱，表示革命成功后将连本带利一起归还，但儿玉的助手、日本驻台湾民政长官后藤新平予以婉转拒绝，他建议一俟革命军在海陆丰获得军火补给，“应去夺取厦门”。在那里，台湾银行的地方分行有几百万元，“为什么不去抢这个银行，然后在革命胜利后中国只做‘道义上’的偿还呢？他本人可以保证，日本对这个抢劫事件是不会过于追究的”。美国历史学家史扶邻教授在研究了这个文件后认为，“更为可能的是，日本人对厦门的骚乱比对广东的骚乱更感兴趣”。指出日本人大约在1990年8月或9月就做好了接管厦门的准备，倘若孙中山攻取厦门并擅自取用这个金库，那么日本就会处于有利地位。也就是说，日本驻台湾总督儿玉通过后藤民政长官对孙中山支持的虚假承诺，利用孙中山急需军饷的迫切心情，设下一个圈套，怂恿起义军改道厦门，抢劫台湾银行厦门分行。一旦孙中山上钩，日本即以保护为名，武力占领福建，以实现他们早就想达到的瓜分中国的计划。

郑士良指挥的起义军，在接到改变作战方向的指令后，即取道东北，向厦门方向移动，途中扩军至数千人。10月16日，在镇隆与清军接触，取得胜利，但在同一天进攻博罗时，却未能成功，便改为攻占永湖，途中小战二三次，均获胜，参加义军的群众多至数千人。17日自永湖出发，与清军大队遭遇，清军五六千人，革命军仅有枪支千余，经过艰苦战斗，把清军打败，次日进占崩冈墟。21 日抵达三多祝，“四乡同志来投者，约得二万人，暂驻白沙”，整编队伍，等候弹械支援。22 日，大营中出现了几名日本人，其中一个名叫山田良政的拿出了孙中山的手令：“情势突生变化，外援难期，即至厦门，亦恐徒劳。军中之事，由司令官自行决止。”这个手令使郑士良等惊呆了！

原来，在这个紧要关头有两件事使得孙中山原定计划化为泡影，不得不发出这个令义军沮丧的紧急手令。一件是准备运给义军的军火完全是一堆不能使用的废铜烂铁；第二件事接踵而来，更给孙中山以沉重打击，这就是日本内阁变动。山县有朋内阁倒台，伊藤博文组阁。伊藤内阁“对中国之外交政策与前大异，既禁止台督协助中国革命党，又禁止武器出口及不许日本武官投效革命军”。这样，孙中山内渡计划及接济武器的打算全盘落空，只好派山田良政等携上述手令从香港经海丰而达起义军大营，面交郑士良。

在别无选择的情况下，郑士良决定就地解散起义军，自率千余人分水陆两路回三洲田。山田良政在撤退途中被捕遇害，后来被孙中山誉为“外国义士为中国共和牺牲者第一人”。惠州起义就这样半途而废。

由史坚如负责的广州方面，原定 8 月 4 日先期惠州发动，以便减轻惠州起义的压力，但由于缺乏起义弹械，不得不推迟计划。及至惠州起义发动，史坚如、邓荫南等在不及响应的情况下，决定改变宗旨，谋炸署两广总督德寿，“以为德寿一死，清兵必自相惊扰，既可解惠州的危险，广州也可乘机起义”。为此，他们于 10 月下旬租了一处位于督署后院的民宅，每晚在宅内开掘通向督署的地道，准备用炸药炸死德寿。26 日夜地道开成，但炸药到时却没有引爆。史坚如于次日重回租宅，发现引爆导火线的盘烟燃至半途而灭，于是他再次安装引爆盘烟后离开现场，到友人毛文明牧师家静候消息。不料当夜炸药虽然爆发，德寿却未受伤，史坚如深为疑惑。28 日晨，他不听友人劝告，不避危险，亲到现场察看究竟，不幸被叛徒认出，被捕下狱。在狱中受尽酷刑，坚贞不屈，11 月 9 日英勇就义，时年仅 22 岁。孙中山称他是“为共和革命而殉难之第二健将”，表示了深切的敬意。

随着史坚如谋炸德寿的失利，孙中山发动的第二次反清起义至此完全失败。

联络学界

惠州起义失败后，孙中山并没有消沉，而是一面总结起义失败教训，一面继续开展革命工作。孙中山后来总结说："经此失败而后，回顾中国之人心，已觉与前有别矣。当初次之失败也，举国舆论莫不目予辈为乱臣贼子、大逆不道，诅咒谩骂之声不绝于耳；吾人足迹所到，凡认识者，几视为毒蛇猛兽，而莫敢与吾人交游也。唯庚子失败以后，则鲜闻一般人之恶声相加，而有识之士且多为吾人扼腕叹息，恨其事不成矣。前后相较，差若天渊。吾人睹此情形，心中快慰，不可言状，知国人之迷梦已有渐醒之兆。"由于清政府的通缉，也由于港英当局对他的禁令没有解除，使他在惠州起义失败后既无法进入内地，亦难以利用香港作为谋划革命的军营，只好返回日本，等待时机。1900 年 11 月，孙中山回到横滨，住在前田桥

1901 年 2 月 14 日，孙中山赴和歌山市访问日本生物学家南方熊楠时合影。左起：常楠、南方熊楠、孙中山（孙前小孩为常太郎）、温炳臣、楠次郎。

121 番馆，从此，他鲜与国内革命运动接触，只好在海外活动，重新过着流亡政治家的尴尬生活。

当他重返横滨之初，身边唯有尢列和郑士良二人。尢列自 1893 年参与横滨“中和堂”联络华侨工界的活动后，一直侨居于此，在孙中山抵达横滨后就与之同寓一处，朝夕相见。郑士良自解散义军余部后，经香港回到横滨，追随孙中山左右。兴中会其他骨干，陈少白仍在香港主持《中国日报》，杨衢云则不顾清吏缉捕迫害的危险，自愿留在香港以教书度日。1901 年 1 月 10 日，他被清政府刺客陈林刺伤，次日死于医院。孙中山闻讯，悲痛异常。1 月 26 日在横滨召集同志，特为杨衢云举行追悼会，并募得恤金 2000 余元转交杨的妻儿，表达他对亡友的哀悼和对革命同志遗孤的关怀。杨衢云之死，使孙中山丧失了一个政治上的挚友，使兴中会失去了一位优秀的组织家和领导人。同年 8 月，奉命去香港组织革命活动的郑士良，在参加一次友人宴会后突然暴死于回寓途中，一说系中风，一说系清政府派人在食物中下毒所致。一年中连失两位革命党的老前辈，严重削弱了兴中会的力量。这时的孙中山，同志凋零，组织涣散，举目四顾，前途茫然。严酷的现实与已经体察到的有利形势之间，产生了如此巨大的矛盾，这就势必要调整计划，重新部署。大约在 1900 年底 1901 年初，孙中山和尢列讨论过日后的进止，当时，“议定革命进行两种计划，一联络学界，一开导华侨”。这个新策略的确立，对孙中山跳出兴中会狭小圈子，从更宽广的背景思考中国革命和调整组织力量是有积极意义的。

1901 年 4 月 9 日，孙中山乘“日本丸”由横滨赴檀香山。自伦敦蒙难后，孙中山奔走革命，难与家人团聚，而此次赴檀香山也仅逗留一个多月。就在孙中山离日赴檀后不多日，尤列也在 4 月 20 日离开横滨前往新加坡开展活动。孙中山于 6 月 5 日乘“亚美利加”号离檀赴日。6 月 16 日上午 8 时抵横滨，入山下町住宅。此次赴檀，孙中山发现该地兴中会阵地被保皇派骗夺，返日后与梁启超等人的斗争渐趋激烈。

孙中山此次从檀香山返回日本后，就按与尢列商讨的“联络学界”策略，与在日留学生多有接触，局面逐渐打开。这时孙中山虽注意在留日学生中开展工作，但他对日益壮大的爱国知识分子队伍在中国革命中即将发挥的重要作用，还缺乏足够的估计，因而并没有将进一步展开联络日本学界的工作当成重点，相反对于争取欧美各国对中国革命的援助尚抱有很大的期望。于是就有了 1902 年 12 月的越南之行，希望能获得法国殖民当局对中国革命的支持。

孙中山于 1902 年 12 月初离开日本赴越南，为联络法国支持中国革命而奔走，直到 1903 年 7 月返回横滨。这段时间正是东京留学生分化激烈的关键时刻，孙中山失去了这个指导留学生的大好机会。但留日学生的分化趋向，在当时情况下只能向孙中山所主张的反清革命方向皈依。这种未曾始料的状况产生，原因在于保皇的改良派已经在留日学生中缺乏号召力；留学界自身又产生不出公认的领袖；清政府站到了留学生的对立面。爱国必须反清，爱国必须革命成了留学生中激进者的共识。

从 1903 年下半年起，整个留学生运动实际上处于涣散的“人自为战”“省自为战”的状态中。这表明，在面临着大好的“造英雄”的时势中，留学界出不了众望所归的“英雄”人物。于是作为中国民主革命先行者的孙中山，也就成了要革命的留学生唯一能够选择的革命英雄。孙中山与留学生的关系由此发生了明显的变化。

1900 年前，只有少数留学生与孙中山接触，大多数人对他并不了解，正如最早与孙中山交往的秦力山所说：“四年前（1900 年），吾人意中之孙文，不过广州湾之一海贼也。”孙中山在留日学生中的形象可想而知。但 1903 年拒俄运动后情况就完全不同了。孙中山自 7 月中旬回到横滨后，留日学生来访者络绎不绝，“一时京滨道上往还频繁，总理所居，座客常不空也”。何香凝回忆她初见孙中山时说：“1903 年春天的一个晚上，我和仲恺到神田神保町的中国留学生会馆参加留学生的聚会，在会场上初次看见了知名的革命家孙中山先生，真是喜出望外。但是，当时留日学生的思想十分分歧，参加那次会议的有革命青年，有保皇党，也有清政府的暗探和忠实走狗，鱼龙混杂，什么人都有。”何香凝的回忆在时间上可能有误，因为 1903 年春孙中山正在越南，但她所说的内容，却大体反映了这位知名革命家已经成了留学生关注对象的事实。在这种情况下，出于了解孙中山的需要，海内外相继出现了一些宣传和介绍孙中山的书籍。

如1903年黄中黄根据宫崎寅藏所著《三十三年之梦》一书中有关孙中山的内容，编译出版了《孙逸仙》单行本。编译者在介绍了孙中山的经历和革命主张后写道："是故二十世纪新中国之人物，吾其悬孙以为之招，诚以其倡革命于举世不言之中，争此不绝如发之真气，深足为我国民之先导。"把孙中山作为革命的先行人物。此书一出，即风行天下，人人争看，成了鼓吹革命的有力著述。

同年，上海国学社出版了《三十三年之梦》的中文全译本，译者金一，即金松岑（天翮），就是留日学生出身，上海中国教育会会员。此外，《江苏》《浙江潮》《大陆》《警钟日报》等也先后发表了介绍孙中山的文章和有关他的报道。

当然，孙中山没有吸收留学生加入兴中会，除了留学生本身的原因外，还与当时兴中会的不景气状况有关。再进一步说，与他当时对兴中会组织的发展方向着重放在华侨方面有关。所以，他在和尢列讨论惠州起义失败后的进止时，会把"联络学界"和"开导华侨"两者并列。纵观孙中山一生的革命经历，他始终不能忘情于广大的海外华侨，这正是这位伟大革命家的思想感情和行为方式上的与众不同之处。

开导华侨

惠州起义失败后的一个相当长时间内，困扰孙中山的是如何整顿他亲手创建的兴中会组织。而要整顿兴中会，就势必要在华侨中加强革命思想的宣传。

在孙中山近40年的革命斗争史上，"无不有'华侨'二字"。散居世界各地的华侨，大部分人属华侨社会下层，他们积极支持孙中山的反清革命，而有一部分华侨，尤其一些富商，或属上层社会的人，对孙中山的反清革命态度就较为冷淡。然而极其可贵的是孙中山并不因此就对华侨富商及一些上层人士采取孤立或敌对的态度。他总是对他们的觉醒寄予希望，诚心诚意地希望他们改变态度同情和支持他的革命大业。1905年9月30日，中国同盟会在日本东京成立不久，他就给新加坡侨商陈楚楠去信说，他准备10月7日到越南西贡，与"彼中大商商办举行债券筹款一事。拟筹足二百万，以为革命之资”。孙中山希望陈楚楠在新加坡也劝说“富商认借”，并要他届时即到西贡与他面商此事。10月下旬，孙中山抵达西贡，随赴堤岸组织同盟会分会，后与西贡侨商成立广东募债总局，发行千元票面的债券2000张，用广东募债总局及中华民务兴利公司等名义发行。后来，经过孙中山及革命党人层层发动，认购债券的人多了，但大多都是像开设豆芽豆腐小店的黄景南等下层华侨。他们“将收入支持同盟会，有的商人从东方汇理银行取出股份来支持，有的人在华侨以至越南人民中进行募捐支持革命。各分会的活动都得到华侨和越南人民的热烈响应”。可见，在越南支持孙中山革命积极募捐的多数也都是做小生意的小商贩。他们收入微薄，平日节省吃穿将积蓄贡献给孙中山的革命事业。越南的富商是“很少支持孙中山先生的。即有，亦只敢暗中支持，不敢公开露面”。因为“其时华侨风尚蔽塞，闻总理有作乱谋反言论，咸足以破家灭族，虽亲戚故旧，亦多掩耳惊走”。

爱国华侨对孙中山革命事业的支持除了参加兴中会组织外，突出表现在以下两个方面：

一是为革命捐款助饷，甚至毁家纾难，表现了极大的爱国热忱。据现有材料统计，1894—1900年间，华侨捐助革命经费共3.2万美元又500港元。总额虽不很大，但捐款者大多是工农劳动阶层和中小商人，积赀不多，这3万余美元，包含了他们辛勤劳动所得的血汗。有人甚至倾家相助，如檀香山华侨邓松盛（又名邓荫南），为支持孙中山发动第一次反清起义，便尽卖其商店农场，表示“一去不复返之决心”。所以，他们对中国革命的资助，体现了海外赤子的一腔热忱。在革命初起、经费艰难的情况下，对孙中山的革命事业无疑是“雪中送炭”，其意义是无可限量的。当然，这一阶段中华侨捐款总数不大，还包含着康、梁保皇会对华侨蛊惑的客观因素在内。由于保皇会的欺骗，1900年唐才常自立军勤王时，康有为在南洋、美洲华侨中募得百万元以上的巨款，其中富商邱菽园一人就捐了20万元，檀香山华侨也捐款“逾华银十万元”，致使革命派同年发动的惠州起义，未得檀香山华侨的资助。

二是积极参加革命斗争。从爱国思乡发展到投身革命行列，这是华侨政治觉醒的轨迹。虽然，1900 年前后广大华侨的革命觉醒整体上还未到来，但其中的一些先进者就已开始投身反清起义队伍。1895 年广州起义时，华侨参加起义的有邓松盛、宋居仁、侯艾泉、夏百子等，其中不少是工人；1900 年惠州起义时，邓松盛、宋居仁（广东花县人，1894 年加入檀香山兴中会）、卢文泉等华侨也参加了起义军。

除上述两个主要方面外，爱国华侨在革命思潮影响下，集资办报、宣传革命，也是一个必须强调的贡献。这一点，在兴中会时代虽然因华侨整体上的政治觉醒尚未到来而并不普遍，但南洋地区的华侨因地缘关系可得风气之先，所以仍有突出的表现，其代表人物就是新加坡华侨陈楚楠。陈楚楠是个极有活动能力的人。冯自由称他为“南洋革命党第一人”，孙中山对他也极为器重。他原名连才，别号思明州之少年。祖籍福建厦门，世居新加坡，开设合春号以经营木材及罐果业。他对政治的兴趣得之于新学书报的熏染，起初倾向于维新改良，与当地华侨富商南洋保皇会分会长邱菽园时相往还。1900 年唐才常自立军起事失败，自立军将领秦力山、沈翔云、陈犹龙、朱菱溪诸人避难新加坡，揭露康有为侵吞华侨捐款，申言要找康算账。邱菽园因捐巨款支持康党，至此始知保皇党骗款卖友内幕，遂与康、梁断交。陈楚楠因此明白革命、保皇之异旨，逐渐萌生革命思想，作文投稿于新加坡《天南新报》及香港《中国日报》，“抨击政府，略抒其愤懑而已”。

1901 年秋，兴中会会员尢列至新加坡，陈楚楠偕当地新长美布店店主张永福、合春号店伙林义顺（张之外甥）往见结交。时陈楚楠等开设“小桃源俱乐部”，尢列为常客，从此开始与兴中会发生关系。1903 年上海“苏报案”起，章、邹被捕入狱。陈即以小桃源俱乐部名义致电上海英国领事馆，要求援引《保护国事犯条例》，切勿将章、邹引渡给清政府。其后又出资翻印《革命军》5000 册，改名《图存篇》，散布于南洋英、荷所属各埠华侨，并设法输入闽南、粤东。

1903 年秋，陈楚楠鉴于南洋尚未有宣传反清、倡言革命的报刊，便与张永福谋合资办报。1904 年春，出版了《图南日报》，陈自任总经理，以曾任《中国日报》记者的陈诗仲为主编，尢列为名誉编辑。创刊号有尢列所做的发刊词，署名“吴兴季子”。发刊之初，该报仅日印千份，且纯属赠阅性质，订阅者只30余份，足见当地革命风气未开。半年后销数增至2000余份，终于撑起了南洋革命宣传的半壁江山。1905年，《图南日报》就华侨冯夏威自杀于上海美国领事馆前以抗议美国虐待华工一事，发起追悼会，新加坡各界华侨莅会数千人，对推动反美爱国斗争颇有影响。

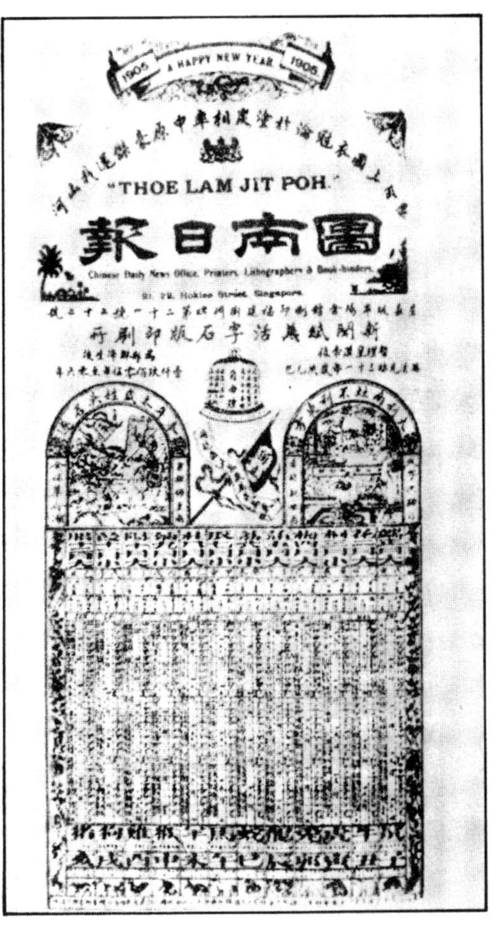

图为《图南日报》印赠的宣传品——1905年日历。

1905年7月初，孙中山自欧返日途中经新加坡时，尤列将陈楚楠、张永福向孙引见，并在晚晴园小叙。自此，陈楚楠与孙中山订交。孙中山离新加坡后曾致函陈楚楠，告知自己到日本确定方针后再来南洋，“以召集同志，合成大团，以图早日发动”，并请陈“日前所言林氏之亲戚”（即当地名医林文庆博士的岳丈福建闽清人黄乃裳。此公亦有反清革命思想，为潮梅之有心国事者所敬重）将地址姓名详告，“以得有便或请他来会，或派人往见他，以联合闽广，而共大事。”足见孙中山对陈楚楠一见如故，印象极好。

可惜《图南日报》终因亏损过大而于1905年宣布停刊。但陈楚楠、张永福并未气馁，再次集资于年底办起《南洋总汇报》。该报由于大股东陈立秋怕得罪清政府，于是与陈张产生分歧，致使该报落入保皇党手中。面对失败陈楚楠、张永福办报热情不减，于1907年8月20日又办起南洋同盟会机关报——《中兴日报》，并开展了与保皇派《南洋总汇报》的论战。

结果1905年9月30日，孙中山为赴越南集资起义经费，临行前曾作书函告陈楚楠关于同盟会成立消息及即将创办《民报》一事，约请陈楚楠为《民报》在星洲发行的“总理”，并请代为物色认购债券的当地富商，希望他和新加坡同志“常与通消息，以联两地之谊”，足见对他的器重和信赖。次年2月，孙中山途经新加坡，与陈楚楠等筹划组织同盟会分会。1906年4月6日，在晚晴园成立分会，以陈楚楠、张永福为正副会长，销路大增。新加坡成了革命派在南洋活动的中心。1908年后陈楚楠因营业亏损，几至破产，《中兴日报》也因此停刊。

孙中山在组织兴中会及发动反清起义过程中，从人力、物力、财力等方面，源源不断地得到了广大华侨的支持。可以说，没有华侨就没有兴中会，没有孙中山的革命事业。

寻求法国支持未果

早在惠州起义筹备时，孙中山就已与法国政界人物有所接触。那时他曾向法国驻日公使请求给予军火和军事顾问人员的援助，虽然遭到拒绝，却因此得与法国驻印度支那总督韬美保持着联系。

1902年12月，孙中山应法国印度支那总督保尔·韬美（Paul Daumer）的邀请，自横滨经香港赴越南河内参观工业博览会，以便乘机请求法国政府支持中国革命，同时也可考察当地华侨的状况。

韬美是一个对中国西南地区有野心的外交家。“他极力主张修一条由越南通往中国云南的铁路，以越南的河内为商业跳板，借以沟通中国的南方市场”，但他的设想与当时法国政府着眼于保护其在印度支那和中国南部的既得利益力求稳健的亚洲政策有所矛盾，法国外交部长泰奥非勒·戴卡赛（Theophile Delcasse）及法国的殖民地部都不赞成给孙中山支持。“殖民地部指示韬美：赞助孙中山将是有害的。”所以当孙中山在1900年6月下旬抵达西贡时，韬美借故去了河内，只指派一名助手作为代表和孙中山晤谈。韬美从会晤记录中认为孙中山的思想和计划没有什么特别之处，故不顾外交部的警告与孙中山保持联系，于是就有了此次孙中山应邀赴越南参观河内博览会之行。

1902 年，孙中山抵越南，在华侨中建立革命组织。图为孙中山在河内与法国官员合影。

韬美之坚持与孙中山保持联系，并不是为了支持中国革命，而是为了利用孙中山的反政府起义，以实现他乘机“提出军事干涉并占领云南，作为以云南铁路工程为开端的经济渗透的补充”这一蓄谋已久的侵略计划。孙中山虽然不了解韬美的真实意图，但从他以往表示革命成功后可以给法国一些特殊利益的承诺来看，他在寻求外援时奉行的是一条牺牲若干局部利益以换取革命胜利这个根本利益的策略。这种策略思想，在 1895 年的广州密谋时就已经表现出来，并在以后的对外联系中时时有所流露。孙中山是一个真诚的爱国主义者，但他在艰难困苦的环境中为了实现救国救民的大业而争取外援时，确实有点饥不择食的心态。韬美和戴卡赛在对华政策上的激烈争辩，注定了作为冒险象征的韬美被拉下印度支那总督宝座的命运。所以当他发出邀请孙中山参观河内博览会的请柬之后，他本人在孙中山到达河内之前就被解职回国，代替他的是忠实执行巴黎外交部和殖民地部训令的保尔·博（Paul Beau）。孙中山不知韬美业已解职回国，所以接到邀请后仍匆匆赶赴河内。

在总督府，孙中山受到了新总督私人秘书的接待。他向这位秘书阐述了自己的政治目标和近期的打算：他说他的当前目标是利用河内作为向中国南方输入武器的渠道，希望能得到法国政府在武器和志愿人员方面的援助；他的最终目标是推翻清王朝，至少首先在长江以南建立一个联邦政府；他表示未来的新政府将对法国做出更大的让步，以寻求法国的援助。

由于新任总督忠实奉行法国政府保持现状的对华政策，这次会见，孙中山没有得到任何支持，连口头承诺也没有。当然，“这并不意味着法国政府对孙中山的活动不感兴趣。戴卡赛指示法国驻亚洲各国的外交代表继续搜集和报告有关孙中山活动的情况”，所以孙中山与法国官方和私人接触并未因此中断，而河内也曾一度成为孙中山策划起义的基地。

孙中山谋求法国援助中国革命的计划虽然落空，但组织华侨的心志并未稍懈。当时，他正在酝酿利用越南作为发动中国华南边陲革命的计划，组织当地华侨便成为题中之义。为此，他约陈少白来河内商量兴中会的进行方法，后来得到当地华侨、隆生洋服店店主黄隆生的帮助，成立了河内兴中会，会员有杨寿彭、罗锝、曾克齐、甄璧、甄吉廷、张奂池等人，因人数不多，未设会所，每次开会均以隆生公司为场所。这是孙中山自惠州起义失败后，第一次在海外华侨中发展兴中会组织。

在越南，孙中山逗留了半年之久，其间曾于1903年春末赴暹罗（今泰国），在华侨中宣传革命，不久即回。这半年多在河内、西贡等地的活动，至今未见任何记载，估计与孙中山行事秘密有关。试看陈少白应孙中山之召到河内时，以日本人的姓名、服饰为掩护，即可想见。从孙中山初到河内下榻于法人开办的三等旅馆，并且不愿公开暴露身份的情况看，他在越南的活动，除当地兴中会少数成员外，其他人很少知情。秘而不彰，使后人难以了解这一时期孙中山的活动。因为，后来发动的三次反清起义（即钦廉防城、镇南关、河口）都以河内为秘密指挥中心和后勤机关，而由河内兴中会改组而成的同盟会越南分会在这三次反清起义中都做了重要贡献。追本溯源，这与孙中山在越南华侨中的最初工作是分不开的。

1903年7月中旬，孙中山离开越南，回到日本横滨。本来，孙中山准备在日本稍事休息之后，即赴檀香山。此事在他致宫崎寅藏的信中说得十分明白："弟游南洋各地，尚无甚大作，故欲往布畦以省亲旧，顺道经过日本也……欲拟于本月八日发横滨向布畦，若不及，则后一渡必行矣。"但是，他在横滨却不断有留学生来访，并且应留学生之请，于8月间创办了东京青山革命军事学校，直到学校初具规模后，才将校务委托冯自由暂代，自己则于9月26日，"始发程来布畦岛"，开始了他的檀香山和美洲大陆之行。

孙中山于10月5日到达檀香山的4个大岛之一的布畦岛（通译百衣，Paie Island）。自1896年离檀以来，相距8载，故土重游，所见所闻，大出意外。檀香山各埠兴中会会员在梁启超"名为保皇，实则革命"的蛊惑下，思想上已完全模糊了"革命"与"保皇"的区别，奉行君主立宪主义；行动上拥护保皇党，并以保皇党为革命党；组织上兴中会已沦为保皇党的附庸，"会员投身保皇会籍者颇不乏人，正埠及小埠均设保皇会所，而兴中会之名则久已不复挂人齿颊矣"。种种景象，使孙中山顿生"党员寥落，面目全非，诚不禁今昔之感"。檀香山是孙中山的第二故乡，"亲朋故旧，为数极众"；也是他组织华侨、建立海外兴中会的作始之地，具有革命发祥地的象征意义。8年之内，被保皇派破坏得如此严重，不能不使他深思。

他在同年12月致乌目山僧黄宗仰的信中，对此做过自我反省，说："弟等同志向来专心致志于兴师一事，未暇谋及海外之运动，遂使保皇纵横如此，亦咎有不能辞也。"表明他已从现实教训中清醒，开始意识到巩固海外组织的重要性并把革命宣传、组织建设和"兴师一事"，放在相辅相成的位置上统一考虑。

12月13日，孙中山应兴中会骨干李昌、何宽的邀请，在檀山正埠荷梯厘街戏院和利利霞街戏院举行的两个欢迎会上，分别发表演说，开始了

图为1904年10月出版的《檀山新报》。

反击保皇论调、宣传革命主张、教育华侨的斗争。他在这两场演说中，就发扬民族主义精神，清政府断难实行君主立宪，革命为反对专制、免遭列强瓜分的唯一途径，革命胜利后如何建立民主共和国等问题做了阐述。

孙中山的演说，在华侨中引起了强烈反响，保皇党则加紧了攻击。该党在檀山正埠的机关报《新中国报》，在梁启超的授意下，由副主笔陈仪侃充当打手，始则在报上诽谤孙中山，甚至不顾法律，诋毁孙中山的名誉；继则演说保皇宗旨，痛骂汉人没有资格享受民权，以此阻挠孙中山的革命宣传活动，抵消其在华侨中的影响。孙中山对于保皇派报纸的煽惑，决定针锋相对，加强革命舆论宣传以反击保皇毒焰。当时，华侨程蔚南在檀山正埠经营一份“毫无宗旨之旧式报纸”《檀山新报》，孙中山准备以此为基础以加改组。程蔚南原与孙中山有戚谊，又是当地兴中会的最初成员之一，磋商之下，自无异议。于是，孙中山一面致书横滨冯自由，命代聘香港《中国日报》前记者陈诗仲来檀主持笔政，一面亲自撰文在《檀山新报》上发表，与保皇派的《新中国报》展开笔战。

针对华侨深受保皇派“名为保皇、实则革命”的欺骗，孙中山首先写了《敬告同乡书》在《檀山新报》上发表。文章指出，康、梁以布衣获清帝载湉的特达知遇，百日维新，名震天下；政变之后，流亡海外。其之所以组织保皇会，完全是为了“报知己也”，如果真如大家所说，他们只是借保皇之名以行革命之实，“则康梁者尚得齿于人类乎？直禽兽不若也。故保皇无毫厘之假借，可无疑义矣”。他请大家读一下康有为所著的《最近政见书》，在这本书里，康有为“劝南北美洲华商不可行革命，不可谈革命，不可思革命，只可死心塌地以图保皇立宪，而延长满洲人之国命，

1903 年 12 月，孙中山在《檀山新报》上发表《敬告同乡书》。

续长我汉人之身契”。保皇心迹说得如此明白，大家还要说“革命、保皇二事，名异而实同，谓保皇者不过藉名以行革命”，这不是“诬枉康梁一至于是耶？”文章接着揭露了梁启超“借名保皇而行革命”的欺骗性。

对于《新中国报》副主笔陈仪侃的言行，孙中山指出，他完全是以康有为之旨意为转移。“康趋亦趋，康步亦步”，他对自己的人身攻击，对汉族的咒骂，足见其“所言保皇为真保皇，所言革命为假革命”。孙中山在文章中明确指出：“革命、保皇二事，决分两途，如黑白之不能混淆，如东西之不能易位。”他希望华侨在保皇与革命之间，根据国家与民族利益做出取舍，号召爱国华侨“大倡革命，毋惑保皇”。

孙中山的演说和《敬告同乡书》的发表，使不少华侨认清了康、梁保皇面目，“前之误投保皇会者，至是纷纷登报脱党”。孙中山乃在檀山正埠温逸街三楼招人入会，创立中华革命军。入会者都要举行宣誓，誓词全文如下：

> 联盟革命人×××，当天发誓，同心协力，驱除鞑虏，恢复中华，创立民国，平均地权。矢信矢忠，如有异心，任众处罚。

宣誓的仪式，也与原先兴中会不同，废除手按《圣经》，改为“发誓者举右手，向天当众宣读誓词；施誓之人，面发誓者立，亦举右手为仪”。孙中山在致友人书中，对改称“革命军”的原因有过说明。他说：“弟今在檀香山，已将向时‘党’字改为‘军’字，今后同志当自称为军，所以记口口之功也。今岁来檀时携有一书，此书感动皆捷，其功效真不可胜量。近者求索纷纷，而行箧已罄。欢迎如此，旅檀之人心可知。即昔日无国家种界观念者，亦因之而激动历史上民族之感慨矣。”这段话说明了3个问题：其一，将革命党改称革命军以强化革命意识，动因于纪念《苏报》案入狱的《革命军》作者邹容；其二，孙中山在1903年9月离日赴檀时已携有此书，其来源很可能与该年夏天因《苏报》案，走避日本的中国教育会会长、乌目山僧黄宗仰相赠有关；其三，孙中山在檀岛排击保皇党时，曾向华侨宣传过《革命军》的内容，对当地华侨爱国革命思想的增进，起过重要作用。联系到孙中山在演说中表示革命成功后将效法美国、选举总统的言论可知《革命军》对孙中山进一步确定未来政体结构的模式，也有一定影响。这表明国内民主革命思潮与海外革命运动是息息相关的。孙中山虽身在国外，但心连祖国，时刻关心着海内外的革命事业。他在致黄宗仰的信中说：“务望在沪同志，亦遥作声援。如有新书新报，务要设法多寄往美洲及檀香山分售，使人人知所适从，并当竭力大击保皇毒焰于各地也。”

孙中山在檀香山以革命思想反击保皇谬论取得了显著效果。到12月底，在檀山正埠和希炉两地已基本肃清保皇流毒，两地各有数十人加入了改组后的兴中会。为团结华侨，孙中山约在1903年底或1904年年初加入了檀香山洪门致公堂，被封为“洪棍”之职。

革命影响在檀香山华侨中日见深入，保皇会心犹不甘。《新中国报》副主笔陈仪侃于12月29日在该报发表《敬告保皇会同志书》进行反扑，与孙中山争夺华侨。为此，孙中山于1904年1月在《檀山新报》上发表了《驳保皇报书》，针锋相对，逐条批驳。

孙中山与陈仪侃的论战，实际上无异于日后两派大争论的前哨战，双方的争论内容和基本论点都已经摆了出来，只是未能深入阐发而已。

1904年，孙中山与侄儿孙昌在檀香山合影。

在檀香山除了与保皇会斗争外，孙中山还以“中华革命军”的名义发行了一元和十元两种“军需债券”，规定“本军成功之日”，一元即还“本息十元”。该项债券的发行量和认购数如何，因缺乏材料，无法统计。但仅此也可看到孙中山在革命生涯中，曾得到华侨无数次的经济支援，发行军需债券是他募集革命经费的重要来源。

1904年3月底，孙中山在檀香山完成了兴中会整顿任务，肃清了保皇思想在华侨中的影响后，于3月31日离开檀香山做美洲大陆之行。由于当时美国政府正在加紧排华，为了易于入境，他设法领取了一份证明自己出生于檀香山奥阿胡岛一个名叫位问奴（Waimanu）地方的身份证，以便作为美国公民来避免各种施加于外籍移民的麻烦。但是当他4月初抵达美国旧金山时，仍然受到了当地保皇势力与清朝驻旧金山领事的指控，被当地

1904年4月，孙中山在旧金山被美国移民局拘留期间手持檀香山出生证的照片。

移民局拘留于码头木屋多天。后来得到当地《中西日报》社长、耶稣教徒伍盘照及致公堂干事黄三德、唐琼昌的帮助才得释放。

孙中山曾于1896年首次到旧金山宣传革命，因当时华侨风气未开，成绩极不理想。当地致公堂以孙中山非洪门成员，“竟视同陌路，无助之者”。这次旧地重游时，孙中山作为檀香山致公堂“洪棍”，受到了旧金山致公堂的全力相助，这使他不仅在生活起居方面而且在革命宣传方面，都得了很多方便。他从移民局获释后，“即下榻于致公堂会所”；在日后的旅美活动中，又得该堂大佬黄三德相伴。这些都使他对华侨社会中洪门组织的作用和潜力有了更进一步的认识，所以他自己不仅与之往还，而且建议远在日本的革命同志与此地致公堂通消息，相互照应，以利于召集同志，“增多热力”。

在旧金山，孙中山对华侨积极进行革命宣传，多次发表演说。由于北美是保皇会的发祥地，康有为早在1899年就在加拿大组建保皇会并把势力伸进美国，旧金山作为美国西海岸最大的华人聚居区，保皇势力影响很大。因此，孙中山工作得十分艰苦。他在致黄宗仰的信上说：“弟近在苦战之中，以图扫灭在美国之保党”，正是反映了那时斗争的艰辛。他鉴于革命宣传缺乏必要的舆论阵地，而当地致公堂的机关报《大同日报》又为康徒欧榘甲所把持，欧对孙的革命宣传多方阻挠、肆意攻击，“谓洪门人士不应为革命党所愚弄”，企图离间孙中山与致公堂的关系。孙中山决定把保皇派的这一宣传阵地夺回来。他劝说黄三德及任该报经理兼译员的致公堂书记唐琼昌改组《大同日报》。黄、唐起初希望欧榘甲与孙中山合作，但“欧坚不从，遂下逐客令，摈之于门外”，由孙中山暂代笔政。孙中山函托冯自由在留日学生中物色主笔，冯先荐马君武，马以事辞，乃改聘刘成禺。刘于1904年春夏间抵旧金山接任《大同日报》笔政。从此，革命派以此为宣传机关，“革命横议，鼓荡全美，华侨受其感化者日众”。

为了使华侨从保皇思想的桎梏中解脱出来，孙中山在旧金山逗留期间，还托《中西日报》社代印邹容《革命军》1.1万册，“分赠全美侨众，以广宣传”。这是《革命军》在海外的第一次大量印刷。

孙中山的美洲大陆之行，主要目的有两个，第一个是宣传革命，开导华侨，发展组织；第二个是募款筹饷，以为革命经费。当他在华侨中进行了若干讲演、宣传革命之后，便想把发展组织、筹募经费两事推上日程。但是，当地华侨十之八九都参加了洪门，成为致公堂的成员，而作为美洲致公堂总部的所在地，旧金山致公堂在华侨中又有着巨大的势力和影响。要使洪门成员由“反清复明”的宗旨转变为民主革命，是一项艰苦复杂的工作；要在洪门中发展兴中会组织，更缺乏必要的思想基础。而且孙中山也不敢贸然从事，一旦与致公堂闹翻，后果便不堪设想。面对着洪门这股强大的势力，孙中山不得不转而从另外途径入手。当时，他正“寄食于《中西日报》”，与该报社长、耶稣会教徒伍盘照及教友伍于衍、司徒南达、邝华泰、邓干隆、雷涛学等甚为相得，考虑到教友较一般侨胞更富新思想，便假当地长老会设在士作顿街的会所，“开兴中会救国筹饷大会”。会议推加州大学教授邝华泰博士为主席，孙中山在会上发表革命演说后，便即席提议在座教友购买革命军需债券。债券面值 10 元，规定俟革命成功后还本息 100 元；凡购买债券者，即为兴中会当然会员，成功后可享受国家各项优待。各教友表示，助款则可，入会则不必。孙中山不得不改变主张，宣布此会志在筹饷，入会与否，一律自愿。结果，筹得美金 4000 余元，而“正式宣誓入会者只有邝华泰等数人……是为兴中会最后一次之开会，以会员寥寥，无从发展”。

大约在组织兴中会的同时，孙中山向旧金山致公堂大佬黄三德等建议举行全美洪门会员总注册。关于此事，冯自由在《中华民国开国前革命史》中有过说明：“盖美洲华侨属致公堂党籍者占十之九，除旧金山总堂外，各埠设立分堂者，尚有百数十处。惟各分堂对于总堂，向少联络，团体日涣，威信渐失，加以洪门重要职员多染康、梁余毒，浑忘却反清复明之本来面目，中山有鉴于此，以为固结团体，非重新举行登记不可，乃提倡洪门总注册之议。”根据这一说法，孙中山此议旨在使各地洪门联络一体、加强团结，肃清保皇流毒，扩大革命影响。可以说，这是他在美洲会党势力十分强大的特定条件下，开导华侨的特殊方法。为此目的，他在征得了致公堂首领的同意之后，修订了致公堂的新章程。这个章程的最引人注目之处在于根本上修改了会党共有的“反清复明”宗旨，而把孙中山提出的“驱除鞑虏，恢复中华，创立民国，平均地权”的16字纲领作为美洲致公堂的新宗旨，这是辛亥革命时期流传下来的国内外会党组织唯一接受革命派16字纲领作为宗旨的一个文献，在革命派与会党关系史上具有重要意义。此外，它的第一部分类似序言的内容中，不仅批判了清王朝的腐败误国，而且指名批判了“所谓倡维新、谈立宪之汉奸”欺骗世人，阻挠洪门联合的种种丑行，表示欲“联合大群，团集大力，以先清内奸而后除异种”为任务。这篇序言性质的文字，基本上体现了孙中山宣传联合、批判保皇的革命思想。

为了进行总注册，孙中山陪同黄三德于5月24日离开旧金山周游美国各地。此行历时半年，虽略有收获，但因“保皇会所遍布各地，洪门人士入其圈套者，实居多数”，报名注册者终归寥寥。

游美期间，孙中山为了争取美国人民同情和支持中国革命，在1904年8月底用英文写成了《中国问题的真解决——向美国人民的呼吁》一文，由美国友人麦克威廉斯（C. E. Mcwilliams）出资，于同年

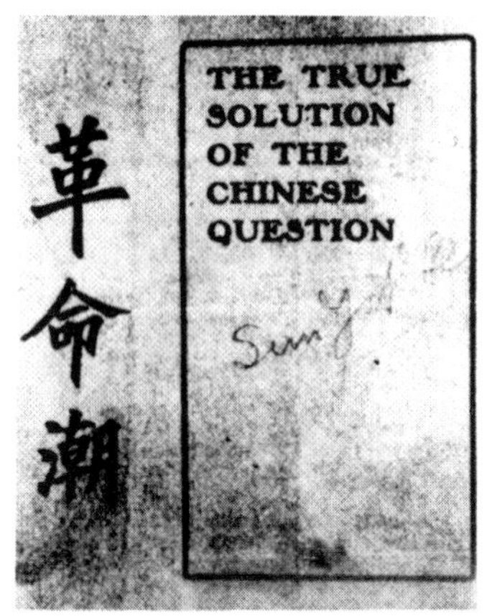

革命潮

孫逸仙稿

The True Solution of the Chinese Question

The attention of the whole world is at present directed towards the Far East, not only because of the war which is now going on between Russia and Japan, but also because of the fact that China will ultimately be the main field of struggle between those countries striving for the mastery in Asia. European possessions in Africa which had hitherto been the bone of contention between the European powers having now been pretty well defined, a new field for territorial aggrandizement and colonial expansion must therefore be sought. China, long known as the "Sick Man of the Far East," affords naturally such a field for the satisfaction of European ambitions. America, notwithstanding her traditional exclusive policy in international politics, is however, by no means disinterested in it, although in a way somewhat different from that of the other countries. In the first place, the passing of the Philippine Islands under American control makes the United States one of the nearest neighbors of China, and it is therefore impossible

1904年8月，孙中山在美国圣路易撰写《中国问题的真解决》（今译名）英文手稿。

9月或10月间在纽约出版了单行本。该书封面上有孙中山亲题的“革命潮”3个中文字。

这篇文章最显著的特点是从世界资本主义列强在远东角逐的政治战略格局出发，指出了作为远东问题焦点的中国，只有推翻腐败专制的清王朝，建立民主共和的国家，才能从根本上确保世界政治的均衡，消除列强在远东冲突与战争的根源，确保普遍的和平。他认为，目前列强对华实行的两种相互对立的政策，即瓜分中国、开拓殖民地和保护中国的完整与独立，都是错误的。

为了消除外国人对中国的误解和恐惧，孙中山在文章中通过历史事实说明中国人本性上是一个勤劳和平守法的民族。“中国的闭关自守政策，乃是满洲人自私自利的结果，并不能代表大多数中国人民的意志。”至于害怕中国一旦觉醒、走向世界，“就会是对全世界的一个威胁”，这种论调实质上就是“黄祸”论。孙中山指出，无论从道德方面还是从政治方面看，“黄祸”论都是站不住脚的。

最后，孙中山呼吁美国人民在道义上和物质上对中国革命予以同情和支援。他诚恳地说：“因为你们是西方文明在日本的开拓者，因为你们是基督教的民族，因为我们要依照你们的政府而缔造我们的新政府，尤其因为你们是自由与民主的战士。我们希望能在你们中间找到许多的辣斐德。”

由于洪门致公堂的总注册未能取得预期效果，孙中山在纽约逗留了3个月，直到12月中旬才离美赴英，开始做第二次欧洲之游。

孙中山约在1904年12月下旬到达伦敦，在友人摩根（R. J. Mulkern）家过圣诞节。平时他仍赴大英博物院阅读各种书籍，没有什么革命活动，只是偶有探访朋友的小聚。其中值得注意的是与吴敬恒、严复两人的见面。

大约在孙中山抵达伦敦后不久，刘成禺即将孙中山的行踪分别函告在德国柏林的朱和中及在比利时布鲁塞尔的贺子才，透露了孙中山经济上拮据的窘境。不久，孙中山接到朱、贺分别汇来的款项后，便由伦敦动身乘船去比利时会晤留比学生。

1905年初，孙中山船抵比利时北海港俄斯敦，留欧学生代表朱和中、贺子才、李蕃昌3人已在港迎候，4人分乘马车两辆入旅店小憩，然后，乘车进入布鲁塞尔，留比学生20余人及四川留比学生代表孔庆睿均到车站迎接，下榻于鄂籍学生胡秉柯寓所。

为什么欧洲留学生对孙中山表示如此热情？原因在于这批留欧的鄂籍学生，其中的骨干在国内时已经表现出革命倾向，并且对孙中山心仪已久。

孙中山到达布鲁塞尔之后，当即与留欧学生讨论革命进行办法。从现有材料看，双方曾就依靠什么力量问题有过激烈辩论。朱和中等留学生根据自己在国内活动的体会，主张以“更换新军脑筋、开通士子知识”，即运动军、学两界为手段；孙中山则认为“秀才不能造反，军队不能革命”，应借会党力量为可靠。双方各执己见，辩论达三日三夜之久。最后达成谅解，“定为双方并进”。

经过辩论、统一认识后，接着由孙中山提议组织团体。起初，不少人对需要填写盟书、举行宣誓有不同意见，经过解释很快取得共识。参加者逐个对作为监誓人的孙中山宣读誓词，誓词仍沿用青山军事学校确定下来

孙中山与布鲁塞尔中国留学生合影。中排左三为孙中山，左二为魏宸组，后排左三黄大伟；其他人物为胡秉柯、朱和中、史青、贺子才等。

的“驱除鞑虏，恢复中华，创立民国，平均地权”16 字纲领。先后宣誓加入组织的有朱和中、胡秉柯、贺子才、史青、魏宸组、陈宽沆、王治辉、刘荫茀、李蕃昌、李崇武、程培鑫、李鱼门、李标、杨荫渠、刘庠云、喻毓西、黄大伟、姚业经、孔庆睿等 30 余人。

由于当时革命团体处于秘密活动状态，各成员间为保持联络，必须以暗号相通，才能确定对方身份，所以孙中山在宣誓完毕后，向各人授以联系暗号。

至此，留欧学生的第一个革命组织在比利时宣告成立，这也是孙中山以留学生为对象建立的第一个组织。这个组织当时没有定名，表明孙中山已经不再用兴中会命名，但一时尚未有确当名称的困惑。

孙中山在布鲁塞尔逗留期间，曾于 5 月中旬访问设在该市的国际社会党执行局（第二国际常设执行机构），“请求接纳他的党为成员”。他向该局书记胡斯曼阐述了自己提出的“驱除鞑虏，恢复中华，创立民国，平均地权”的纲领，特别对平均地权和节制资本的思想做了说明。他说：“几年内我们将实现我们梦寐以求的理想，因为届时我们所有的行为都是社会主义的了。”孙中山的请求没有获得结果，但此事表明孙中山作为一个伟大的民主主义者，对社会主义充满了真诚的同情和支持，并且主观上认为自己的党和自己的思想主张属于国际社会主义运动的一部分。

约在 5 月下旬之初，孙中山自比利时返回伦敦。临行前，他嘱留欧学生努力学习，成为他日有用的建设人才，表示奔走革命则将先用留日学生。

5 月下旬，应留德学生之邀孙中山抵达柏林，住罗兰多尔福街 39 号朱和中寓所，商定每晚与留德学生在寓所聚会讨论。讨论中有人对平均地权和孙中山的五权宪法主张表示不同意见，但多数人则赞同孙的思想。孙中山在柏林共逗留 12 天，最后吸收了宾步程、刘家佺、王发科、王相楚、陈匡时等 20 余人成立了革命组织，以安斯巴哈街 10 号宾步程寓所为柏林革命团体的公共通信处。

6 月初，孙中山自柏林到达法国巴黎。巴黎留学生听说布鲁塞尔和柏林有成立组织之举为之兴奋。胡秉柯随即也到了巴黎，旬日之间有唐豸、汤芗铭、向国华等 10 余人加盟，组成了留法学生的革命团体，通信处设

孙中山在巴黎。

在唐豸的寓所内。

上述留欧学生的3个革命组织，在整个辛亥革命时期实际上没有发挥多大作用，其中除比利时因参加者多半在国内已经有革命活动经验，思想基础较好，组织领导比较健全外，柏林和巴黎两个组织显然成立匆匆，成员良莠不齐，以致发生柏林组织的王发科、王相楚约同巴黎组织的汤芗铭、向国华去孙中山在巴黎的寓所偷窃盟书，向清政府驻巴黎公使告密一事。

此事虽经驻法公使孙宝琦大事化了而未发生险情，但从此留欧组织的会务大受影响，人心渐趋涣散，连基础较好的布鲁塞尔学生组织也因此停止了发展。尽管如此，孙中山却将这3个团体的成立视为同盟会的起点。

创建同盟会

从1903年到1905年，短短两年内，日本和国内的革命形势发生了巨大变化。

在日本，留日学生的数量有了很大增长，据统计，1903年留日学生共1300人，1904年达到3000人，1905年春夏间除去毕业回国者，也有2400人之多，全国除甘肃一省外，各省都有俊秀之士在日本学习。更为重要的是，留日学界自1903年起，随着革命意识的高涨，已经逐步悟出囿于同乡的地域观念，不利于各省革命志士的联合，正在掀起一股“非省界”的思想潜流，要求统一组织、建立大团体的趋势日见明显。

在国内，1903 年民主革命思潮的勃兴，迎来了 1904 年各地革命组织的蜂起。在湖南、湖北、江苏、浙江、上海、安徽、福建、江西、四川、陕西等省区，出现了不少革命小团体。

在上述众多的革命小团体中，活动范围不以省界为局限、组织发动比较深入细致、反清起义有切实计划、在辛亥革命史上有较大影响和重要地位的，当推华兴会、科学补习所和光复会。

华兴会酝酿于 1903 年 11 月，正式成立于 1904 年 2 月 15 日。它的发起人和会长就是后来与孙中山齐名，世以“孙黄”并称的湖南善化人黄兴；副会长是衡山刘揆一（霖生）、桃源宋教仁（钝初）。

科学补习所是湖北省一批革命知识分子运动军队的组织，发起人是吕大森、张难先，成立于 1904 年 7 月，所址设在武昌多宝寺街，后迁至武昌魏家巷 1 号。

光复会的成立比较复杂。先是 1897 年由章太炎等在杭州发起成立“光浙会”，后有陶成章等留日学生加入，于是光复会在 1904 年 10 月间在上海正式成立。

截至同盟会成立前，光复会的会务发展较为集中于浙江、江苏和安徽三省，成了与兴中会、华兴会三足鼎立的国内重要的革命团体了。

孙中山在 1905 年 7 月 19 日前后由欧洲回到日本。这一次，他自己和日本留学生都有尽快接触的强烈愿望。就孙中山来说，形势发展之快，使他顿有“时不我待”的急迫感。迅速抓住大好的有利时机，尽快地决定方针，成了回日的首要任务。这就需要与在日本的留学志士沟通思想、磋商讨论，以达到共思共识。

就留日学生来说，非省界的认识已经进到了需要建立组织的临界点，这既为近年来在日本鼓吹革命的留学生所公认，也为因躲避清政府迫害而流亡日本的国内革命志士所提倡。事实上，早在 1904 年 12 月，流亡日本的华兴会首领黄兴、宋教仁就已经联络湖南籍留学生程子楷、程潜、赵恒惕、欧阳振声、曾继梧、陈强、仇亮，云南籍学生杨振鸿、罗佩金、殷承瓛、郑开文、唐继尧，直隶姜登选，江苏章梓、伍崇实，河南曾昭文等百余人，组织革命同志会，从事民族革命。1905 年 6 月，宋教仁、陈天华、程家柽、田桐、白逾桓等联络湖南、湖北、广东、江苏、安徽等省的留日学生，发起创刊《二十世纪之支那》杂志，由中国留学生会馆发行，俨然成了全国性的留学生刊物。约在六七月间，黄兴、宋教仁等“以同志日渐加多，意欲设立会党，以为革命之中坚”，就商于熟悉留日学界情况的湖北官费生、安徽休宁人程家柽。程“力阻之，谓革命者阴谋也，事务其实，弗惟其名，近得孙文自美洲来书，不久将游日本，孙文于革命名已大振，脚迹不能履中国一步，盍缓时日以俟其来，以设会之名奉之孙文，而吾辈得以归国，相机起义，事在必成。”程家柽是当时在日本的老资格留学生，1899 年即入帝国大学农科学习。他参加过励志会、青年会，联名发起了拒俄义勇队，又是学生军和军国民教育会本部的主要成员，作为留日学界的著名活动分子，目睹过留学界的分化组合情况；他又是留学生中最早拜访孙中山并与孙有通信联系的少数人物之一，作为留学界的著名革命者，是个少空言而务实际的组织家。他把组织大团体的希望寄托在孙中山身上，不仅是因为他熟悉和钦佩孙中山，而且也是他深知留学界无人可当其任的反映。这说明，留学界包括流亡日本的革命志士在内，都已深感有建立统一的大团体的必要，迫切希望孙中山早日到来，磋商一切。

华兴会是当时国内最重要的革命团体之一，在两湖，尤其在湖南有较好的基础。长沙起义尽管在未起之前流产，但华兴会的元气没有受到大的伤害，它的主要骨干都先后流亡日本，在日本留学生中仍然是一支活跃的力量。孙中山抵日后先以华兴会作为联合的主要对象进行说服工作并取得了积极成果，证明他不愧是一个富有经验和富有魅力的革命家。

根据孙中山原定计划，7 月 30 日在赤坂区桧町三番黑龙会的会所召开了被史家称之为同盟会成立前的预备会议。孙中山率兴中会会员梁慕光、冯自由自横滨莅会，各省同志之由黄兴、宋教仁、程家柽等通知到会者有张继、陈天华、田桐、董修武、邓家彦、吴春畅、康宝忠、朱炳麟、匡一、鲁鱼、孙元、权道涵、张我华、于德坤诸人。由冯自由通知到会者有马君武、何天炯、黎勇锡、胡毅生、朱少穆、刘道一、曹亚伯、蒋尊簋、但焘、时功玖、谢良牧诸人。由胡毅生带领到会者有汪兆铭、朱大符、李文范、张树枬、古应芬、金卓、杜之杕、姚礼修、张树棠诸人。由宫崎寅藏通知到会者有内田良平、末永节诸人共计70余人。会议推孙中山为主席，孙当场发表演说，申论“革命之理由及革命之形势与革命之方法”，“详言全国革命党各派应合组新团体”以从事反清革命之必要。演说约一个小时，之后，由黄兴宣布今日开会宗旨在于成立组织，请与会者签名以示正式加入。曹亚伯率先签名，到会者随之也都“签名于一纸”。

接着讨论组织名称。孙中山提议定名为中国革命同盟会，“时有主张用对满同盟会名义者，亦有谓本会属秘密性质，不必明用革命二字者”。孙中山表示“革命宗旨不专在对满，其最终目的尤在废除专制，创造共和”，经过讨论，决定采用“中国同盟会”的名称。关于组织的宗旨，孙中山提议采用“驱除鞑虏，恢复中华，创立民国，平均地权”16字为纲领。但有数人对平均地权一节略有疑问，经过孙中山解释，获得了通过。

在讨论中国同盟会领导人时，“黄兴倡议公推孙中山先生为本党总理，不必经选举手续，众咸举手赞成”。

孙中山是近代中国提倡资产阶级民主革命的第一人，并为此进行了不懈的斗争，在国内外爱国志士中间享有极高的威望，很自然地成为众望所归的革命领袖，成为足以团结各方面革命力量的中心人物。接着，由孙中山拟盟书，经会议公推黄兴、陈天华两人审定。誓词全文如下：

> 联盟人××省××县人某某，当天发誓：驱除鞑虏，恢复中华，创立民国，平均地权。矢信矢忠，有始有卒，如渝此盟，任众处罚。天运×××年××月××日，中国同盟会会员××。

然后由各人自书盟誓，由孙中山领导各人同举右手向天宣誓。誓毕，再由孙中山分别授会员暗号及秘密口号。最后，会议推定黄兴、陈天华、马君武、宋教仁、汪兆铭等8人组成会章起草小组，约定在成立大会上提交讨论。

会议将要结束时，因与会者太多，会场后边的座席不负重压，轰隆一声巨响，忽然坍倒。孙中山目睹此景，应声笑着对大家幽默地说：“此乃颠覆满清、革命成功之预兆！”他的风趣和机智，赢得全场一阵热烈的掌声和欢呼声。

7月30日会议的圆满成功，为中国同盟会的正式成立奠定了良好的基础。自7月19日孙中山到达日本横滨起，仅仅10天左右的时间，就完成了在日志士的革命联合，这说明经过民主革命思潮的洗礼，建立统一的革命组织是人心所向，众望所归。在这一联合过程中孙中山作为联合之议的首倡者，作为中国民主革命的先行者，受到众人的拥戴和推崇，从而确立了他在中国民主革命派中的领袖地位；他的名字，从此真正地超越自然、超越狭隘的兴中会小团体而成了中国民主革命派的象征。宫崎寅藏和程家柽在联合过程中居间联络、搭桥牵线，功不可没；而以黄兴为首的原华兴会在日骨干，显然是促成联合顺利实现的主要力量，这就使他们在同盟会这一大联合团体中处于重要地位。后来，黄兴、宋教仁、刘揆一等成了同盟会东京总部的主要领导人员，除了他们自身的才具外，与他们在联合过程中做出的贡献不无关系。事实上，黄兴在这次预备会议上已经被公认为仅次于孙中山的第二号人物，而孙中山也已把他看作足资号召的领袖。从此孙黄并称的时代开始了。

7月30日会议之后，程家柽、黄兴、宋教仁、张继、田桐等积极筹备召开留日学生欢迎孙中山的大会。宋教仁尤为出力。8月7日上午9时许，他去程家柽寓所晤孙中山，约定当晚6时与诸同志在山口方同孙相会。为此，整个下午他接连去鲁文卿、高剑公、彭荫云寓所通知。当夜7时许又到黄兴寓所，坐到9时许始回。8月9日下午，他先到程家柽寓所，“谈良久”，至3时许，又与田桐、张步青同去富士见楼，为欢迎孙中山大会租房间，结果没有租到，他就将此事委托田桐处理。8月11日，田桐报告说：“富士见楼房间已经租得，定于13日下午1时至6时开会。”宋即嘱田桐“书邮片发各处”，自己则到中国留学生会馆张贴会议通知。下午4点钟，又到黄兴寓所汇报一切。8月13日欢迎会召开当天的中午11时，宋教仁先到富士见楼，“经理开会一切事宜毕”，12时整，至樱亭，嘱孙逸仙“早至会场”，自己则再到富士见楼做会前检查。宋教仁的上述活动表明，这次留日学界欢迎孙中山的大会，是在原华兴会在日志士的努力下进行筹备的，黄兴居中指挥，而宋教仁则承担了类似会议秘书长的角色。这一情况既说明了华兴会在革命大联合中的重要地位，又显示了孙黄合作的诚意。

8月13日下午1时，留日学生欢迎孙中山大会准时举行。这是孙中山首次在盛大的留学生集会上公开露面，也是同盟会正式成立前夕，由它的领袖向广大群众宣布其政见的重要政治活动，因而吸引了许许多多的留日学生。8月的东京，天气十分炎热，人坐着不动也汗流不止，但人们还是顶着酷暑从四面八方赶来，把一个不大的会场挤了个水泄不通，连会场外边也站满了观众。

据宋教仁日记称："时到者已六七百人，而后来者犹络绎不绝，门外拥挤不通，警吏命封门，诸人在外不得入，喧哗甚。余乃出，攀援至门额上，细述人众原因，又开门听其进，遂罢。"结果，只能容纳五六百人的会场，挤满近三千人，为留日学界历次会议所未见。时隔两年，孙中山在留学生中的形象已大大不同了。

会议先由宋教仁致欢迎词，与会者对孙中山的到来报以热烈的掌声和喝彩。接着，器宇轩昂的孙中山向听众发表了近两小时的演说。

像历次演说一样，孙中山的这次演说也没有什么深奥玄妙的哲理，都是自己游历欧美的亲身感受，说得实在而真切；在驳论时，所举事例通俗生动、观点鲜明易懂。唯其实在真切，才可使人信赖；唯其鲜明易懂，才可使人迷途知返。

孙中山的这次演说，使那些受保皇思想所惑的留学生，"涣然冰释"，而他作为革命党领袖所具有的那种真切实在的个性，从此深深地印在与会者的心中。

中国同盟会正式成立于1905年8月20日，成立大会的会场设在东京赤坂区灵南坂邻近清政府驻日公使馆的日本子爵阪本金弥府邸。在敌手的卧榻之旁，开革命司令部的成立之会，多少带有点戏剧性；而有些与会者因不认识子爵府邸，据说误将清使馆当作会场，更平添了些许笑料。

1905年8月20日，中国同盟会在日本东京成立，孙中山被举为总理。图为1905年的孙中山。

参加成立大会的留日志士，一说百余人，一说三百余人。总之都超过了筹备会议的人数，这无疑应是留学界欢迎孙中山大会产生的积极成果。会议在下午 2 时正式开始，议程两项，一通过会章，二选举干事。会章由黄兴代表 8 人起草小组宣读，共 30 条，“读时会员有不然者，间有所增减”。干事选举，据宋教仁日记所载，举得司法部职员 8 人，议员 20 人，由总理指定执行部职员 8 人，合计 36 人。最后由黄兴提议，“谓《二十世纪之支那》杂志社同人半皆已入本会，今该社员愿将此杂志提入本会作为机关报”，这项建议获得与会者鼓掌通过，至于具体改刊办法则留待下次讨论。会议开到下午 5 时，在全场“大呼万岁”声中宣告结束。

同盟会东京本部的职员，根据参加成立大会职员选举的田桐所记，转录如下：

执行部　总理孙文。

庶务部　黄兴。黄兴他适，朱炳麟代理之；又他适，张继代理之；继他适，孙毓筠继之；最后为刘揆一。

书记部　首定马君武。马未就职，由黄兴荐田桐继之；后孙中山又调胡衍鸿（汉民）、但焘、李肇甫三人。

内务部　朱炳麟、匡一。

外务部　程家柽、廖仲恺。

会计部　刘维焘。刘未就职，谢延誉继之；谢后赴南洋，何天炯继之。

经理部　谷思慎、程克。

评议部　议长汪兆铭。议员董修武、熊克武、于德坤、王琦、吴鼎昌、张树枏、冯自由、梁慕光、胡衍鸿、田桐、吴琨、但懋辛、周来苏、胡瑛、朱大符（执信）、范治焕、吴永珊（玉章）、康宝忠。书记朱大符。

司法部　总长邓家彦。判事张继、何天瀚。检事宋教仁。

同盟会的成立，是孙中山革命生涯中的一个重要里程碑。从此，中国资产阶级革命派有了全国性的统一组织协调他们的行动，有了一个比较完备的资产阶级革命纲领作为他们共同的奋斗目标。在同盟会的旗帜下，全国各个革命团体和各种革命势力站到了一起，抱成了一团，在他们的面前，展示了新的前景和希望。孙中山欣喜万分地指出，同盟会的成立，标志着革命“新纪元”的开始，他比过去更加坚信自己一定能亲眼看到革命成功的那一天。

1905 年，孙中山在东京与同盟会秘书长马君武合影。

同盟会成立不久，就有大批爱国者踊跃加入。不到一年，海内外会员总数就达到 1 万多人，仅东京一地就有 800 多人。为了促使更多的人觉醒和投身革命，11 月 26 日，同盟会机关报——《民报》，在东京正式出版发行。孙中山在《〈民报〉发刊词》中，进一步明确阐述了同盟会的 16 字纲领，响亮地提出了“民族”“民权”“民生”三大主义的革命号召，树起了三民主义的革命旗帜。

中国同盟会是以孙中山提出的“驱除鞑虏，恢复中华，创立民国，平均地权”为立会宗旨的。这 16 字，原是兴中会“驱除鞑虏，恢复中国，创立合众政府”誓词的继续和拓展，初次使用于 1903 年东京青山革命军事学校的入校誓词中，后来，一直为孙中山坚持使用于他所创建的革命团体。就这方面说，中国同盟会与兴中会，尤其是兴中会后期的组织活动，在思想体系上是一脉相承的。

这 16 字的宗旨，蕴涵着一个完整的思想体系，这就是 1905 年 10 月孙中山在《〈民报〉发刊词》中揭橥的民族、民权、民生“三大主义”。由于该文中提到“是三大主义皆基本于民”，因此世人又称之为“三民主义”。

三大主义或曰三民主义，是孙中山从世界历史的递嬗变易和中国革命面临的社会实际中得来的。

1905年11月26日创刊的同盟会机关报——《民报》，发刊词中首次提出“民族”“民权”“民生”三大主义。

發刊詞　孫文

近時雜誌之作者亦夥矣姱詞以爲美囂聽而無所終摘埴索塗不獲則反覆其詞而自惑求其斟時弊以立言如古人所謂對症發藥者已不可見而況夫孤懷宏識遠矚將來者乎夫繕羣之道與羣俱進而擇別取舍惟其最宜此羣之歷史既與彼羣殊則所以掖而進之之階級不無後先進止之別由之不貳此所以爲輿論之母也余維歐美之進化凡以三大主義曰民族曰民權曰民生羅馬之亡民族主義興而歐洲各國以獨立洎自帝其國威行專制在下者不堪其苦則民權主義起十八世之末十九世紀之初專制仆而立憲政體殖焉世界開化人智益蒸物質發舒百年銳於千載經濟問題繼政治問題之後則民生主義躍々然動二十世紀不得不爲民生主義之擅場時代也是三大主義皆基本於民遞嬗變易而歐美之人種胥治化焉其他旋維於小己大羣之間而成爲故說者皆此三者之充滿發揮而旁及者耳今者中國以千年專制之毒而不解異種殘之外邦逼之民族主義民權主義殆不可以須臾緩而民生主義歐美所慮積重難返者中國獨受病未深而去之易是故或於人爲既往之陳跡或於我爲方來之大患要爲繕吾羣所有事則不可不并時而弛張之嗟夫所陟卑者其所覗不遠遊五都之市見美服而求之忘其身之未稱也又但以當前者爲至美近時志士舌敝唇枯惟企强中國以比歐美然而歐美强矣其民實困觀大同盟罷工與無政府黨社會黨之日熾社會革命其將不遠吾國縱能媲跡於歐美猶不能免於第二次之革命而況追逐於人已然之末軌者之終無成耶夫歐美社會之禍伏之數十年及今而後發見之又不能使之遽去吾國治民生主義者發達最先睹其禍害於未萌誠可舉政治革命社會革命畢其功於一役還視歐美彼且瞠乎後也翳我祖國以最大之民族聰明强力超絕等倫而沉夢不起萬事墮壞幸爲風潮所激醒其酣睡旦夕之間奮發振强勵精不已則半事倍功良非誇嫚惟夫一羣之中有少數最良之心理能策其羣而進之使最宜之治法適應於吾羣吾羣之進步適應於世界此先知先覺之天職而吾民報所爲作也抑非常革新之學說其理想輸灌於人心而化爲常識則其去實行也近吾於民報之出世覘之

与保皇党论战

孙中山与康、梁之间芥蒂早已有之，至1901年梁启超在檀以“名为保皇，实则革命”的幌子夺取兴中会在檀地盘，两派开始产生裂痕，紧接着在东京的大同学校，被保皇派窃夺并发生驱孙事件；横滨兴中会又为康党潜移默化，自会长冯镜如以下皆奉保皇之说。革命派原有的薄弱基础势将全盘丧失，孙中山才开始感觉必须反击“保皇毒焰”。于是，两派由组织之争进而发生文字宣传的舆论之战，交恶便日甚一日了。因此，两派之间的论战，肇始于组织上的纷争，原带有党派斗争、争取群众的色彩，而论战的演进，愈益加激组织上的对立，终至闹到水火不容、不共戴天的程度。

应该指出，交恶的起因即组织纷争，在当时对两派的存在和发展具有头等意义，因而舆论斗争的重要性质也就不言而喻。

保皇派攘窃地盘，除进行拉拢、游说外，主要方式是办报宣传。在20世纪最初几年里，保皇论之所以在海外风行，大有压倒革命、独占鳌头之势，一个重要原因在于他们一开始就注意了文字宣传、制造舆论、进行思想导向的重要性。在笔杆子问题上，孙中山为首的兴中会在1905年《民报》创刊前，没有创办出一份可资宣传的报纸，他手下很少有可以驰骋论坛、叱咤风云的秀才。其中，除陈少白算得上是个能文的才子外，几乎没有第二人可以肩起文字鼓吹的大旗。理论修养的不足，文章写作功底薄弱，是兴中会成员的普遍缺陷，与保皇派能文者众相比，表现得尤为明显。有了吃亏的教训，迫使孙中山也抓舆论工具。于是，双方通过报刊文字，竭力宣传自己一派的政治主张，攻讦对方的政见，这也成了两派争取群众、扩大影响、培植势力的主要斗争方式，战线与阵地也就因此形成。

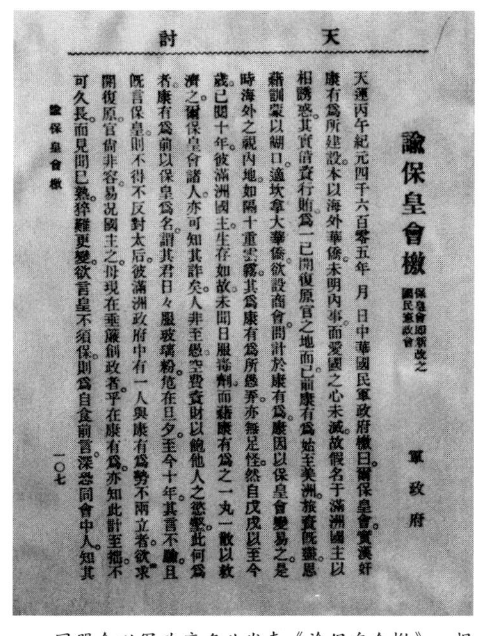

天討

諭保皇會檄（保皇會即新改之國民憲政會）　軍政府

天運丙午紀元四千六百零五年 月 日中華國民軍政府檄曰。爾保皇會實漢奸康有爲所建設。本以海外華僑未明內事。而愛國之心未滅。故假名于滿洲國主以相誘惑。其實借貲行賄爲一已開復原官之地而已。前康有爲姑至美洲。旅貲既盡。思藉訓蒙以糊口。適坎拿大華僑欲設商會。問計於康有爲。康因以保皇會變易之。是時海外之視內地。如隔十重雲霧。其爲康有爲所愚弄。亦無足怪。然自戊戌以至今歲。已閱十年。彼滿洲國主。生存如故。未聞日服毒劑。而藉康有爲之一丸一散以救濟之。爾保皇會諸人。亦可知其詐矣。人非至愚。空費貲財以飽他人之慾壑。此何爲者。康有爲前以保皇爲名。謂其君日々服玻璃粉。危在旦夕。至今十年。其言不驗。且既言保皇。則不得不反對太后。彼滿洲政府中有一人與康有爲勢不兩立者。欲求開復原官。尙非容易。況國主之母。現在垂簾聽政者乎。在康有爲。亦知此計至拙。不可久長。而見聞已熟。猝難更變。欲言皇不須保。則爲自食前言。深恐同會中人。知其

諭保皇會檄　一〇七

同盟会以军政府名义发表《谕保皇会檄》，揭露康、梁保皇派反对革命的面目。

随着中国同盟会的成立和《民报》的创刊，这场关系到两派争夺群众的论争，也就进到了一个新阶段，这就是1905—1907年的两派大论战。

孙中山作为中国同盟会的总理，自同盟会成立之日起，就担起了运筹帷幄的责任。与改良的立宪派进行要不要革命的大论战，就是在他指导下进行的一次文字宣传的大战役。

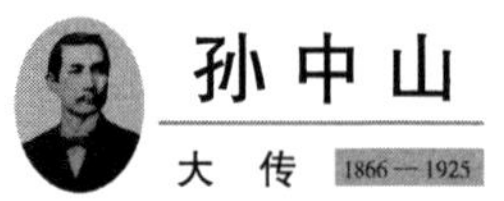

民報第三號號外

民報與新民叢報辨駁之綱領

近日新民叢報將本年開明專制論中論種族革命與政治革命之得失諸篇合刊爲中國存亡一大問題。本報以爲中國存亡誠一大問題。然使如新民叢報所云。則可以立亡中國。故自第四期以下分類辨駁。期與我國民解決此大問題。玆先將辨論之綱領。開列於下。以告讀者。

一 民報主共和。新民叢報主專制。

二 民報望國民以民權立憲。新民叢報望政府以開明專制

三 民報以政府惡劣。故望國民之革命。新民叢報以國民惡劣。故望政府以專制。

四 民報望國民以民權立憲。故鼓吹教育與革命。以求達其目的。新民叢報望政府以開明專制。不知如何方副其希望。

五 民報主張政治革命。同時主張種族革命。新民叢報主張政府開明專制。同時主張政治革命。

六 民報以爲國民革命。自顛覆專制而觀。則爲政治革命。自驅除異族而觀。則爲種族革命。新民叢報以爲種族革命與政治革命不能相容。

七 民報以爲政治革命。必須實力。新民叢報以爲政治革命祇須要求

八 民報以爲革命事業。專主實力。不取要求。新民叢報以爲要求不遂。繼以懲警

九 新民叢報以爲懲警之法。在不納租稅與暗殺。民報以爲不納租稅與暗殺。不過革命實力之一端。革命須有全副事業。

十 新民叢報詆毀革命。而鼓吹虛無黨。民報以爲凡虛無黨皆以革命爲宗旨。非僅以刺客爲事。

十一 民報以爲革命所以求共和。新民叢報以爲革命反以得專制。

十二 民報鑒於世界前途。知社會問題。必須解決。故提倡社會主義。新民叢報以爲社會主義。不過煽動乞丐流民之具。

以上十二條皆辨論之綱領。民報第四號刻日出版。其中數條曾已解決。五號以下。接連闢駁。請我國民平心公決之。

1907 年 4 月，《民报》出版临时增刊《天讨》，汇集革命派写的反清和驳斥保皇派文章。其第三号号外刊登了革命派与保皇派的论战提纲。

《民报》自 1905 年 11 月 26 日创刊以后，就在孙中山指导下，举起革命与批判的两大旗帜。它的发刊词明确揭载了孙中山提出的民族、民权、民生“三大主义”，成为近代中国比较完整意义上的资产阶级民主革命纲领。《民报》的出版结束了改良派在舆论宣传战线上占优势地位的时代。一大批经受西学训练、具有世界意识的留学生加入革命宣传的行列，使兴中会时期革命派缺少文人的困境得到根本改观，他们成了这条战线上冲锋陷阵的斗士。《民报》创刊号上刊登的朱执信《论满政府虽欲立宪而不能》、陈天华《论中国宜改创民主政体》等文章，对康、梁为首的保皇立宪论进行了尖锐的批判，从而宣告了革命派在理论战线上发动总攻击的到来。

从 1905 年《民报》创刊起，到 1907 年 8 月《新民丛报》停刊止，两派围绕着各自的政治纲领和进行方法展开了旷日持久的大论战。从政治纲领说，革命派奉行孙中山的三民主义，保皇派则主张光绪帝复辟，实行君主立宪。

这场大论战前后长达一年零九个月，但真正战得激烈的是 1906 年。这一年两派争论集中于革命还是立宪，革命会不会招致列强瓜分，要不要实行土地国有，怎样看待和解决“民智未开”等一系列根本性的问题。论战主要在《民报》和《新民丛报》上展开，双方的其他报刊虽在个别问题上亦有若干呼应，但未能形成互为对手的态势。所以这场论战是两派主要舆论阵地的对垒战，也可以说是两派主帅——孙中山和梁启超在理论问题上的战略决战。

《民报》方面，虽然孙中山没有亲自撰写过论战文章，但整个论争不仅由他挂帅，常加过问，而且革命派完全是以他所倡导的三民主义思想为立论基础。《民报》的发刊词是他写的，其中三大主义的提出，奠定了《民报》的性质和宣传方针；《民报》第 1 号、第 2 号上刊载的由汪精卫署名的《民族的国民》，第 6 号汪精卫所撰的《驳革命可以招瓜分说》，第 12 号由胡汉民署名的《告非难民生主义者》等重要论战文章，都是由孙中山口授而成的；论战最激烈的 1906 年，大部分时间孙中山都在日本。凡此种种，都说明了这场论战是在孙中山主持与指导之下进行的。

两派的大论战经过1906年的高潮之后，到1907年逐渐减弱。原因一是通过辩论，保皇派的主要观点已被驳斥，梁启超已经很难写出有分量的文章进行驳诘；二是保皇党在1907年正积极筹组帝国宪政会和政闻社，革命派则集中力量于武装起义，双方的注意中心都有所转移。加上同盟会内部开始形成一股反孙中山的派别势力，分裂趋向已显端倪，也使理论战线的斗争受到影响。同年8月，《新民丛报》停刊，标志着论战因一方失去阵地而宣告结束。

通过这场大论战，孙中山的三民主义得到了张扬，同盟会的政治纲领广泛传播，孙中山的名字，也在大众传播媒介效应下获得了国内外更多的知音。

两次“倒孙”风潮和光复会的倒退

1907年夏，当革命正需要一个坚强有力的、统一的司令部时，同盟会却陷于分崩离析的涣散状态，而对同盟会分裂具有决定意义的事件是孙中山接受日本政府赠款问题。

清政府镇压了萍、浏、醴起义之后，感到对革命力量不可忽视，追寻“祸本”，认为出于流亡在日本的孙中山，因此，通过驻日公使杨枢等出面交涉，要求日本政府逮捕并引渡孙中山。日本西园寺内阁对此采取了两面政策，即一面向清政府表示同意驱逐孙中山出境；一面又力争不得罪中国革命党人。日本政府通过内田良平、宫崎寅藏等对孙中山说，清朝要求日本把孙中山抓起来，日本政府考虑不抓，但孙中山必须迅速离日，否则不能保证安全。同时，日本政府并资助5000元，另一日本股票商人铃木久五郎也资助1万元，作为孙中山离日的经费。当时，孙中山因急需一笔款子去中国南方发动起义，以便趁热打铁，适应萍、浏、醴起义所带动的革命高涨形势，便接受了这两笔资助。

除赠款外，日本政府还通过内田良平出面为孙中山饯行。2月25日，内田良平在赤阪区三河屋设宴，应邀者有孙中山、章太炎、宋教仁、胡汉民、刘师培、汪东、宫崎寅藏、清藤幸七郎、和田三郎等人。3月4日，孙中山偕胡汉民及日人萱野长知等南下。事后数日，西园寺内阁才通知清政府，已经驱逐孙中山出境。清政府立即大肆宣扬，炫为外交上的胜利。

对日本政府的态度，孙中山是满意的。他觉得，“各国政策无论如何文明，其对于与国必重于对民党，但日本政府两方面皆存好意，庶几平等相待”“殷勤备至”。他完全没有想到，此事却在同盟会中激起了巨大的风波。

铃木久五郎资助万元一事章太炎是知道的，孙中山曾从中提取 2000 元交章太炎作为《民报》经费，章太炎嫌少，认为 1 万元应全部留下，但对日本政府资助 5000 元一事，章太炎等则一无所知。孙中山离日后，这一情况为参加同盟会的日本人平山周、北一辉、和田三郎等探悉，首先和中介人宫崎寅藏等吵了起来。接着张继、章太炎、刘师培、谭人凤、田桐等也得知了这一情况，并传闻孙中山临行时的宴会就是一去不复返的证据云云。张继等认为孙中山“受贿”“被收买”“有损同盟会的威信”，便闹了起来。张继破口大骂，声言“革命之前，必先革革命党之命”。章太炎把挂在《民报》社的孙中山照片撕下来，批上“卖《民报》之孙文应即撤去”等字。他以为孙中山在香港，便把照片和批语寄去，以羞辱孙中山。屋漏偏逢连夜雨。当东京的“倒孙风潮”正闹得沸沸扬扬的时候，又传来了黄冈、七女湖起义失败的消息。这是孙中山离日后领导的第一次军事行动，它的失败使同盟会的内部矛盾犹如火上浇油，反对孙中山的人日益增多。

在“倒孙风潮”中，黄兴的态度值得肯定，他在复刘揆一的信中称：“革命党员生死问题，而非个人名位问题。孙总理德高望重，诸君如求革命得有成功，乞勿误会而倾心拥护，且免陷兴于不义。”孙中山是当时中国革命民主派的一面旗帜，黄兴以其正确态度维护了孙中山的威信，也维护了同盟会的团结。但是，他也没有做更多的工作来消除矛盾。

由于黄兴拒绝出任同盟会总理，东京的“倒孙”风潮暂时平息下来了，但双方的对立情绪仍然存在。

自 1908 年下半年起，同盟会内部矛盾的焦点转为经费问题。章太炎等人在东京掀起的风潮严重地伤害了孙中山的感情，自此，他将全部心血和热情都倾注到了南洋方面。1907 年 8 月，孙中山积极支持同盟会新加坡分会创办《中兴日报》，使之成为宣传革命和与改良派论战的新阵地。他不仅亲自为该报撰稿，过问编辑、财务、招股等事，而且多次表示，《中兴日报》的文章议论“颇惬人心”，“于大局甚为有关”，维持《中兴日报》乃“吾党在南洋之极急务”，要求南洋各地同志积极支持。

与此同时，孙中山又积极整顿南洋各地同盟会，并酝酿将它改组为中华革命党。1908 年秋，他在新加坡建立同盟会南洋支部，订立分会总章 16 条及通信办法 3 条，委胡汉民为支部长，统一领导南洋各地同盟会分会，以期互相联络，“协力相扶，同心共济”。通信办法规定：各团体间至少每两个月互相通信一次，住址有移换时，须即时通知南洋支部，如有新团体成立，即由南洋支部发信通知。这样，南洋支部实际上成为一个与东京总部并峙的中心。和南洋相反，东京同盟会总部愈来愈涣散，《民报》的问题也愈来愈多。

《民报》在归章太炎编辑后，逐渐倾向于谈国粹，说佛理。孙中山、胡汉民离日后，原主要撰稿人朱执信、汪精卫等也陆续离日，《民报》谈佛理的文章逐渐增多。

为了维持《民报》出版，陶成章准备亲往南洋招股。对此，孙中山及东京部分革命党人均加劝阻，理由是“南洋同志甚少，且多非资本家”“必无效果”，建议在东京另筹。陶成章没有听取这一意见，于 1908 年 9 月南行。

陶成章南行的目的有二，除为《民报》募捐外，还要为筹备中的五省革命协会募集经费。到南洋后，陶成章向孙中山要求拨款 3000 元作为《民报》印刷费，并要求增加股款及维持费。对此，孙中山“推以近日南洋经济恐慌，自顾不暇，断难办到”。陶成章要求为他写介绍函去各地募捐，孙中山同意了。

“南洋经济恐慌”并非完全是孙中山的托词。自 1907 年黄冈之役起，至 1908 年 5 月河口之役止，孙中山共在南方边境发动了 6 次起义，用去近 20 万元，南洋华侨中有力捐款的同盟会员大都已成强弩之末；加上河口之役后，六七百名起义战士被法国殖民当局解除武装，强行押送至新加坡，又需要解决他们的生活出路问题，经济更形拮据。由于在经费上没有得到孙中山的积极支持，陶成章决计“独自经营”。他制定了章程，开始以江、浙、皖、赣、闽五省革命军决行团为名进行筹饷。

稍后，陶成章即积极联络在南洋的李燮和等人，印制会章、盟书，雕刻图印等物，计划发展会员，建立组织。

南洋是同盟会的根据地。从兴中会起，孙中山就在南洋活动，当地华侨对同盟会是熟悉的，光复会则还是一个陌生的名词。因此在一段时期内，陶成章还不得不仰仗孙中山和同盟会的威望。但是，陶成章的募捐活动却一直进行得很不顺利。

光复会的传统活动地点在江、浙，陶成章在南洋树旗活动明显地造成了和南洋支部争夺群众和影响的对垒局面。

在树旗活动后不久，陶成章又在错误的道路上迈出了一大步。还在1909年5月间，陶成章就在文岛等地散布流言，声称孙中山将各处同志捐款攫为己有，河口起义所用不过千余元等。9月，陶成章去到槟港，纠合李燮和、柳聘农、陈方度、胡国梁等七八人，以东京南渡分驻英、荷各属办事的川、广、湘、鄂、江、浙、闽七省同志的名义起草了一份《孙文罪状》。

在东京的"倒孙风潮"之后，孙中山即不大过问同盟会本部和《民报》的工作，这是事实，但是，《孙文罪状》大部分属于诬陷。它得到了少数江浙人的支持，却遭到了黄兴等的坚决拒绝。黄兴一面向陶成章做调停、劝说工作，一面和谭人凤、刘揆一联名发表长达千余言的致李燮和等公函逐条为孙中山申辩。但是黄兴的调停、劝说都没打动陶成章，相反陶成章等的行动迅速影响了章太炎。在公布《孙文罪状》的同时，章太炎也刊发《伪〈民报〉检举状》，再次参加了对孙中山的攻击。

《民报》于1908年10月遭日本政府封禁，1909年秋，黄兴在林文等帮助下筹备恢复。因为对章太炎主持时的《民报》不满，黄兴邀汪精卫到东京任编辑；又为避免日本政府干涉，托名以巴黎《新世纪》为发行所。

恢复《民报》本来是陶成章等在《孙文罪状》中提出来的"善后办法"，但是，他坚持不能替孙中山"虚张声势"，必须以革除其总理职务为先决条件。自然，这也遭到了黄兴的拒绝。因此，陶成章便支持章太炎出面反对。

章太炎由于多年困苦维持《民报》，一旦恢复却被排斥在外，因此大动肝火。他指责续刊《民报》为伪《民报》，在《检举状》中攻击孙中山“背本忘初，见危不振”，并主观武断地说：“夫孙文怀挟巨资，而用之公务者十不及一，《民报》所求补助，无过三四千金，亦竟不为筹画，其干没可知已。”没有任何根据，一个想当然的“可知已”就定了孙中山“干没”巨资的案！

章太炎对孙中山的公开诽谤为保皇派提供了炮弹。不久，《南洋总汇报》发表了《伪〈民报〉检举状》。其后，保皇派大规模地开展了对孙中山的攻击，各种秽词如水般泼来。

这样，又出现了第二次“倒孙风潮”。

经历种种挫折而革命之志不挠，这是孙中山作为一个伟大人物的突出优点，但是，因章太炎等少数人而迁怒及于同盟会，仍然是以感情代替了理智。在很长一段时期内，东京同盟会员处于群龙无首的状态，国内各地同盟会分会也无人领导，在这方面孙中山不无责任。

1910年2月，孙中山在旧金山建立同盟会分会，在誓词中将同盟会会员改称中华革命党党员，开始实现其酝蓄已久的打算。同年秋，抵达槟榔屿后，又通知南洋各地同盟会分会，一律照改。但由于同盟会已在群众中留下深刻的影响，事实上难以执行，不久也就作罢。

得道多助，失道寡助。陶成章对孙中山的攻击激起了革命党人的义愤。东京方面，黄兴等决定不和章太炎计较，只在即将续刊的《民报》上登一启事，宣布章为“神经症之人”。他要孙中山“海量涵之”，表示“陶等虽悍，弟当以身力拒”。为了给孙中山赴美活动扫除障碍，黄兴又函知美洲，指出有人从东京发函攻击孙中山，“用心险毒，殊为可愤”，要求美洲同志乘孙中山到美机会，同心协力，以谋团体之进步，致大业之成功。

安南方面，中国革命党人发表《河内公函》，详述发动云南、广西起义的情况，针对陶成章的诽谤，一一予以驳斥。

南洋方面，革命党人焚毁了陶成章散发的印刷品，派人调查，发现孙中山在九龙的家除几间旧房外，别无所有；孙中山的哥哥孙眉自己盖了草房子在那里种地。于是将实情公布，真相大白。

在第二次“倒孙风潮”中，思想分歧退居次要地位，但是，双方的关系则由彼此猜忌、怨憎发展为互相敌视和进行势不两立的攻击，分裂已经不可避免。

陶成章到东京时做了两手准备：一手是争取黄兴，开除孙中山，另推同盟会总理，掌握同盟会的领导权；另一手是取消对同盟会形式上的附属关系，公开分裂，重建光复会。

1910 年 2 月，光复会总部成立于日本东京，章太炎任会长，陶成章任副会长，章梓任庶务员，沈家康任书记员。由于基本群众在爪哇等地，因此，光复会在南洋设行总部，代行东京本部职权，以李燮和、沈钧业、魏兰为执行员，下辖各地分会，形成了所谓“以南部为根基，推东京为主干”的局面。

后期光复会收容了同盟会中包括原华兴会内对孙中山不满的分子，以同盟会的反对派面目出现，但是比起同盟会，它在不少方面都倒退了。

陶成章是后期光复会的组织者和实际领导人。这一时期，他的活动逐渐向改良主义方向靠近。由于分裂不得人心，光复会重建后不久即在各方面陷入困境。

革命需要团结，陶成章肆无忌惮的分裂行为使他陷入了四面楚歌中。在东京，他觉得“实在难以过日”；回南洋吧，当地同盟会员反对分裂的呼声很高，“风潮方作，来反遭忌”。一直踌躇到 1911 年 4 月，他才从东京回到南洋，当时已经是广州起义的前夜了。

在筹备广州起义过程中，黄兴电邀李燮和、王文庆、陈方度等参加，建议“捐除意见，同任艰巨”，主动向光复会伸出了合作之手。李燮和等积极响应。1910 年 10 月，李燮和受槟港同志委托，参加了孙中山在槟榔屿召集的发难会议。会后随即回槟港传达，动员华侨捐款。经过几个月的努力，筹得 1.7 万余元，由李燮和、陈方度带给了黄兴。不久，胡国梁、柳聘农也带着募得的 5000 元赶到香港，向统筹部报到，一起参加了震惊中外的广州起义。

与此同时，陶成章也应李燮和、王文庆电召，到达香港，表示出和同盟会合作的意向。这样，在经过了长期的分裂之后，同盟、光复矛盾重重的关系出现了转机。但不幸的是，这一转机很快就消失了。

武装起义　愈挫愈奋

孙中山从组织兴中会起，就一直致力反清武装起义，虽然皆以失败告终，但初衷不改。到了同盟会时期，和兴中会时期相比较，则“更是充满了武装起义的事迹”。他在 1907 年至 1911 年的 4 年中，连续不断组织了 8 次武装起义。同盟会成立一个多月，孙中山于 1905 年 10 月 7 日就离开日本前往越南、新加坡等地，发展同盟会组织，并筹划在中国的华南地区发动武装起义。

到辛亥武昌首义爆发之前，孙中山一共领导了 10 次武装起义，其概况如下：

武昌起义前孙中山领导的 10 次武装起义一览表

名称	起义时间	主要指挥者
广州起义	1895 年 10 月	孙中山
惠州三洲田起义	1900 年 10 月	郑士良
潮州黄冈起义	1907 年 5 月	陈涌波、余既成
惠州七女湖起义	1907 年 6 月	邓子瑜
钦廉防城起义	1907 年 9 月	王和顺
镇南关起义	1907 年 12 月	孙中山、黄明堂
钦廉上思起义	1908 年 3 月	黄　兴
河口起义	1908 年 4 月	黄明堂、王和顺
广州新军起义	1910 年 2 月	倪映典
黄花岗起义	1911 年 4 月	黄　兴

1906 年，孙中山与新加坡同盟会会员合影。前排左起：林幹廷、张永富、陈楚楠、孙中山、尢列、刘金声、林义顺；后排左起：吴悟叟、张华丹、张继、陈汝河、邓子瑜、黄耀廷、张秉庚。

1906 年 4 月，孙中山在新加坡成立同盟会分会。图为孙中山与新加坡分会正、副会长陈楚楠（右）、张永福（左）合影。

1907年3月，孙中山派许雪秋负责筹划潮州黄冈起义。图为孙中山在新加坡晚晴园与黄冈起义人员合影。左起：孙中山、张永福、萱野长知、陈涌波、林时塽、汤寿山。

1907年3月，孙中山自日本重抵新加坡，在晚晴园与同盟会会员合影。前排左起：张继、林镜秋、张永福；二排左起：林航伟、黄康衢、陈楚楠、黄耀廷、孙中山、尢列、张成忠、张华丹、刘金声。

1907 年镇南关（今友谊关）起义时的孙中山。

从 1907 年至 1908 年的两年中，孙中山在中国西南边境连续领导了 6 次武装起义，并与越南爱国志士建立了联系。图为 1908 年的孙中山。

孙中山在新加坡的寓所——晚晴园。

1908年3月初，孙中山与印尼华侨黄甲元等在新加坡晚晴园合影。

1907年3月，孙中山在越南河内设立指挥起义的领导机关，策划粤、桂、滇等省的反清起义。图为当时的孙中山。

1908年1月，孙中山与黄兴（右四）杨寿彭（右一）、何天炯（右五）等在越南河内合影。

远走欧美筹集革命经费

武装斗争屡遭失败后，与中国邻近的日本、越南以及港英当局，先后应清政府的要求，下令禁止孙中山入境。此时，“对于中国之活动地盘已完全失去矣。于是将国内一切计划委托于黄克强、胡汉民二人，而予（孙中山）乃再作漫游，专任筹款，以接济革命之进行”。

1909年5月19日，孙中山离开新加坡，途经法国巴黎、比利时布鲁塞尔，于8月7日抵英国伦敦。旅英留学生看他旅况窘迫，大家凑了些款，让他改善生活，但孙中山先生却用这些款全部买了书。

11月8日，孙中山到了美国纽约。在美国的纽约、波士顿、旧金山、芝加哥、洛杉矶等地华侨中宣传革命和筹款，先后在这些城市中成立了同盟会支部。

当年在芝加哥为孙中山带路的梅斌林后来撰文回忆：

> 1910年间，芝加哥华侨大约有3000多人，其中有1000多人姓梅，他们全都是台山人，其余为陈姓、李姓和余姓等。这些人在芝加哥市区开有几十家杂货店、几十间酒楼和数百间洗衣馆。
>
> 由于保皇党的活动，孙中山先生在芝城的工作受到很大的影响。首先是芝城的华侨上层人物，不但不肯拿出一文钱，而且还攻击孙中山所宣传的革命道理是“车大炮”（粤语：吹牛）。华侨中层人物有些对孙中山之来，也很冷淡。他们对孙中山驱除鞑虏，建立民国的道理，虽不表示反对，但思想上有顾虑，不敢出来支持，觉得清朝腐败虽然应该打倒，但推翻清朝这件事总是大逆不道，是“造反”，要是清朝打不倒，将来回到祖国，难免有生命之忧。能够接受孙中山的革命道理，支持孙中山的只有华侨下层群众。但是他们一天到晚忙于找生活，不能在经济上给孙中山以很大支持。孙中山对这些情况，并没有感到意外。他每天都出去，几乎是挨家挨户去找人谈革命道理。孙中山在芝加哥的生活如何呢？他的生活非常朴素。他在这里的一切费用都由我们负担。当他在我们上海酒楼住了两天后，觉得不大方便，想到外

孙中山于1909年5月赴欧洲筹款。图为6月抵巴黎后留影。

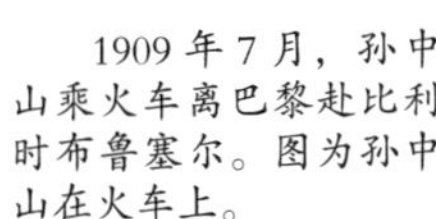

1909年7月，孙中山乘火车离巴黎赴比利时布鲁塞尔。图为孙中山在火车上。

孙中山抵布鲁塞尔，与前往迎接他的马君武（前排右一）等合影。

1909 年 8 月孙中山自布鲁塞尔抵达英国伦敦后留影。

1909 年 8 月，孙中山在伦敦与吴稚晖父子合影。

孙中山在欧美筹款期间与各国朝野人士广泛接触。图为 1909 年 11 月孙中山自英国抵美国纽约后，与美国友人在汽车上留影。

1910年春，孙中山在美国底特律市成立同盟会分会时与分会部分会员合影。前排左起：林槐燊、梅义荣、梅文杰、方神长；中排左起：朱卓文、孙中山、汤介眉；后排左起：林光汉、余栋、梁贺、梅天宇、梅光培、李群盛、余逵。

1910年3月，孙中山抵檀香山，改组兴中会为同盟会檀香山分会。图为1910年5月孙中山与孙科在檀香山合影。

1910年5月孙中山在檀香山与《自由新报》主编卢信（右）及孙科（左）合影。

面去住，于是我们就给他介绍一间大的旅店，他谢绝了，认为太浪费。他多数在上海酒楼用膳，饮食不大讲究。我们有时候搞一两样好菜给他吃，他总是说不用这么好的菜，随便有点菜就可以了。他天天出去都是穿西装，打领带，我们华侨当中有些是穿唐装的。有一次他对我们说："我穿西装是不得已的。美国这个地方，不穿西装，就给人瞧不起，办事、找人都不方便。"

保皇党在芝加哥的活动虽给孙中山的革命工作以很大阻碍，但仍会有许多华侨投向革命事业，捐款支持，有些则加入同盟会。

当时孙中山和上海酒楼的侨胞来往最多，所以上海酒楼的侨胞受孙中山的革命影响最大，好多人都表示愿意参加同盟会。孙中山根据这个情况，就决定于正月十五日举行同盟会会员加盟仪式，正式成立同盟会芝加哥分会。举行仪式的地址在上海酒楼二楼一间房内。第一批参加同盟会的有上海酒楼的老板梅耀富、梅旭耀，经理梅光培，股东兼泰和杂货店负责人李柏、梅寿，上海酒楼洗盘碗的梅长就，招待员梅才、梅天宇，住居在上海酒楼在芝加哥半工半读的梅斌林（即梅文杰）等，共 10 多位。

同盟会芝加哥分会成立后，主要的活动就是筹款支援革命事业，其他的活动很少，对保皇党也没有展开斗争。

到冬天，孙中山先生又到底特律来。他来的目的还是筹款和宣传组织同盟会。最后在底特律成立同盟会。第一批加盟的有汤介肩、朱卓文、林光汉、余逵、余栋、梁贺、梅义荣、林槐燊和方神长等 20 多人，其中除汤介眉等数人外，其他均为中国酒楼的职工。举行加盟和成立同盟会分会的地址也是在中国酒楼，介绍和主盟的人也都是孙中山先生。底特律同盟会分会成立以后，孙中山和部分盟员合拍了一张相片，孙中山坐在正中，朱卓文和汤介眉分坐两旁，我蹲在前排。

孙中山先生第一次在芝加哥活动的时间约 3 个星期，而他第一次在底特律活动的时间要短些，一共只有 10 天左右。

孙中山除了在芝加哥和底律建立了同盟会分会之外，还到檀香山进行革命宣传活动。据旧金山土生华侨温雄飞（中国同盟会会员，曾任旧金山《美洲少年》、檀香山《自由新报》等革命报刊主笔）后来撰文回忆说：

孙中山先生是在1910年3月间，由金山大埠到檀香山来的。他来时，先有电报到《自由新报》给卢信。卢得电后，即和我们一起筹备欢迎。

孙先生来檀香山以后，我们的事情就多起来了，欢迎啦，陪去演讲啦，发展会员啦，相当忙。檀香山郊区有个叫“山坝”的地方，是农场工人和工厂工人的集居点，常常派人到《自由新报》来欢迎孙先生去演讲。这是开展宣传发展工作的好机会，我们当然要请孙先生去。

孙先生去山坝演讲，都是我陪同前往。知道了地点，我就去找一部汽车，带些印好的盟书，请孙先生上车起程。到达时，多是人已集中，一般都是我先做开场白，然后请孙先生演讲。

由于孙先生来檀香山，到处演讲宣传，又简化了加盟手续，就发展了很多会员。

孙先生在檀香山住了两个多月，其后就转回日本再到南洋去。那时孙先生已被当地统治者所注意，行动已不如从前那样不受拘束，在檀香山的住址就不怎样公开，回东京的行期也不得不保守秘密，并且还得化名上船。这些情况，是事后卢信才告诉我的。据说，在孙先生要去日本时，曾与日本领事接洽，原先不许，几经交涉，才默认他可用日人名字上船，但不许张扬。于是孙先生即用“中山樵”的名字购船票到日本去，以后我们按址写信给他，都称他中山樵先生的别号就是那个时候用起的。

再赴欧美筹款

1910年3月至5月间，孙中山在美国与在日本的黄兴不断书信往返，商议下一次的行动计划。他们约定要在日本横滨进行一次面商。因之，孙中山于5月30日离开檀香山，于6月10日到了横滨。

3年前，孙中山是被日本政府下逐客令出境的。这次赴日他事先写信给东京的日本志士，请他们向日本政府交涉取消驱逐令，结果日本政府表示："改名亦可通融。"

轮船到达横滨的前一天，6月9日，化名 Dokans 的孙中山在船上给日本友人池亨吉拍发电报："明十日请偕宫崎同来横滨'蒙古'船上一晤。"

翌日，孙中山乘坐的美国轮船刚刚靠岸，正被日本警方搜捕的黄兴就跳了上去。久别重逢，孙中山、黄兴都十分兴奋，但他们来不及寒暄，就立即转入实质问题的讨论。随后到了日本志士为孙中山安排的旅馆，他们两人又交谈了两个小时，对今后的若干方针大计取得了一致的看法。

孙中山秘密赴日的事，还是被清政府的耳目探听到了。清政府要出种种手段与日本政府交涉，非要将孙中山驱离日本不可。6月25日，孙中山又被迫离开东京，前往南洋。7月11日，他到了新加坡，19日转到马来半岛的槟榔屿。这一天，他的母亲杨氏在香港九龙牛池湾病逝。孙中山闻噩耗十分悲痛。当时孙眉经济拮据，无以下葬，孙中山只好急筹港币1000元汇去。夫人卢慕贞知孙中山由日本抵槟榔屿，带着两个女儿孙娫、孙婉，由九龙到槟城团聚。之后，他与同盟会上层干部黄兴、胡汉民、黎仲实等，又约集南洋各埠同盟会派代表到槟榔屿，举行了一次重要的会议。

会议之后，孙中山因受殖民统治的香港及各地殖民当局禁止入境，只得在槟榔屿以信函方式筹款。

同年12月6日，南洋殖民当局以"妨碍地方治安"为名，勒令孙中山出境。孙中山在日本、中国香港、越南、缅甸、南洋各地已无一寸立足之处，只得又远赴欧美筹款。孙中山于当日离槟榔屿赴欧洲。夫人卢慕贞及两个女儿留槟榔屿居住。母女三人生活费用由南洋华侨革命党人供给，每月100元。孙中山于12月28日抵巴黎。诚如康德黎博士在追述他的高足奔走革命的处境时所说："他曾是一个被弃者，远离家园，时而避于甲国，时而避于乙国，全世界似乎没有他的立足地……因为在任何国旗之下，他得不着安定，虽至天涯海角。将二十年间，他无时不感到一种残酷、死亡迫在眉睫。他曾是个书生，无钱无势，多年如一日，在海外饱尝千辛万苦，历经艰险而百折不回，用生命作赌注，奋不顾身，勇往直前。"

孙中山于1911年1月19日抵纽约，31日抵旧金山，2月6日自旧金

1911 年孙中山在温哥华与致公堂部分成员合影。

1911 年孙中山与冯自由（后排左三）及致公堂成员在温哥华合影。

山到加拿大温哥华。各埠致公堂派华侨代表到车站欢迎的有1000多人。孙中山以“大哥”（洪门会称起兵反清的首领为大哥）身份，受到当地洪门会的热情接待。次日，在华人戏院召集会员大会，讲述洪门会最初反清宗旨和革命道理，连续4天座无虚席，听者达2000多人。虽大雨淋漓，听者仍极为踊跃。

孙中山见加拿大华侨热情高涨，便向致公堂建议组织洪门筹饷局，以接济国内起义。致公堂首领们都欣然赞同，并推刘儒堃为筹饷局总理，岑发深为司库，陈榛如为中文书记，黄希纯为英文书记，黄纪杰为交际干事。他们以革命军政府名义发行金币债券，分10元、100元、1000元三种。革命成功后，加倍偿还。由筹饷局发给临时收据，俟在美国印制的金币券寄到，凭收据换取金币券。温哥华致公堂带头捐港币1万元，许多工人将整月工资都捐了出来。

这时香港统筹部黄兴、赵声因广州起义将近，屡电催款。冯自由建议，因洪门会员多属劳工，凭个人捐助不足应急，各埠致公堂都置有堂地房产，如变卖助饷可事半功倍。于是，孙中山到加拿大致公堂所在地维多利埠动员。但考虑到自己身为外客，不便直接倡议，就授意热心革命的青年华侨相机进言。在维多利埠致公堂的欢迎宴席上，果有会员说：“孙大哥现接香港急电，广东起义在即，急需军饷，本堂有楼房，可抵押现款汇寄香港济急。”次日，致公堂召集会议研究，大家一致赞成将会所楼房抵押，得港币3万元，寄至香港。当地有华侨林礼斌、朱文伯、黄宣霖等自动汇饷4000元。胡朗度、曼地可两埠致公堂也效维多利埠，将会所变卖汇款至香港。之后，孙中山沿太平洋铁路继续到加拿大各埠募款。为准备广州黄花岗起义，从各地共筹饷15万元。其中加拿大最多，筹款7万余元。4月19日，孙中山由加拿大抵纽约，继续为革命筹款。

黄花岗起义

同盟会领导的历次武装起义中，最重要、影响最大的，自然是1911年4月27日（农历三月二十九日）的广州起义，也就是通常所说的“黄花岗起义”。孙中山说过：“是役也，集各省革命党之精英，与彼虏为最后之一搏。事虽不成，而黄花岗七十二烈士轰轰烈烈之概已震动全球，而国内革命之时势实以之造成矣。”

这次起义，某种程度上可以说是 1910 年广州新军起义的继续。

11 月 13 日，孙中山到了槟榔屿，约集黄兴、赵声、胡汉民等举行会议，商量卷土重来的计划。当时不少人因新败之余，心情沮丧。加上新军亡命南来的很多，招待安插已弄得焦头烂额，进一步行动的费用又难以为继。这些严重的困扰更使他们陷于灰心丧气之中。孙中山却仍然从容镇定，满怀信心。他热情地鼓励大家：“一败何足馁？吾曩之失败，几为举世所弃，比之今日，其困难实百倍。”并且指出：“国内革命风潮已盛，华侨之思想已开，吾辈有计划、有勇气，则事无不成。”孙中山的信念强烈地感染和鼓舞了大家。黄兴、赵声等都积极支持孙中山的主张。

再度发难的地点选择哪里？这次会议前曾经过反复的斟酌，最后确定在广州。

1911 年 4 月 8 日（农历三月初十），各项准备接近就绪。在黄兴主持下，召开了统筹部的发难会议，制订了十路进攻计划。确定由赵声为总司令，黄兴为副司令，这是因为赵声曾任新军标统，有着更丰富的军事学识和指挥经验。据曹亚伯记载：

> 辛亥三月十日开发难会议于总机关部，列席者数十人，议决十路进攻。计划于下：一、黄兴率南洋及闽省同志百人攻总督署。二、赵声率苏皖同志百人攻水师行台。三、徐维扬、莫纪彭率北江同志百人攻督练公所。四、陈炯明、胡毅生率民军及东江同志百余人防截旗满界及占领归德、大北两城楼。五、黄侠毅、梁起率东莞同志百人攻警察署、广中协署，兼守大南门。六、姚雨平率所部百人占领飞来庙，攻小北门，延新军入。七、李文甫率五十人攻旗界石马槽军械局。八、张六村率五十人占龙王庙。九、洪承点率五十人破西槐二巷炮营。十、罗仲霍率五十人破坏电信局。此外，加设放火委员，入旗界租界九处，以备临时放火，扰其军心。其总司令则为赵声，副之者黄兴。

发难日期原定在4月13日。但后来发生了两个情况：一个是美洲和荷属的大宗款项尚未到齐，从日本、越南购运的军械也大部未到；另一个是8日突然发生了同盟会会员温生才自发地刺杀广州将军孚琦的事件，使清方严密设防。因此又将发动起义的计划推迟到26日。

同盟会吸取了上一年广州新军起义时临事无人在现场指挥的教训，而赵声在广州认识的人又很多，不便过早露面，于是决定由黄兴在23日先进入广州。黄兴到达广州，在越华街小东营5号设立起义总指挥部。

黄兴到达广州后，将起义时间改定为27日（农历三月二十九日）。确定这个日期的原因是："预计日本、安南之械此日方能运到分配，不能不暂缓一日。其次则各路选锋齐集广州，若过迟延，非特四月初有新军二标退伍之讯，即机关秘密亦恐难保；经费支持，亦恐不继。此间既不能速、又不能迟之间，消息至微，所以决定3月29日也。"

黄兴一到，广州起义机关中的空气顿时更加紧张起来：大家都明白，起义即将在这几天之内了。这时，党人对起义的胜利还抱着热切的期望，十分兴奋，行动也更加缜密。但就在这时，整个环境却突然出人意外地恶化了。

24、25日，像晴天霹雳一样，从新军驻地突然传来消息：清方下令将新军的枪机全部缴去。军中本来就有枪少弹，现在连枪机也没有了，枪支就成了废铁。同时天字码头等处连续驶来的长头蓝布篷船中，都载着陆续调来省城的陆路提督秦炳直所部清兵。传来的消息越来越坏。很明显，起义的打算已被泄露，敌人已经做了严密的戒备。

这时，起义领导机关陷于进退两难的困境。起义的一切准备本已如箭在弦上，难以住手。现在敌人显然有备，已经张开罗网，等候革命党人投入。原定的计划一下子全被打乱了。不少人认为，如果冒昧发动，无异于自投罗网，已难取得预期的胜利。而这一切又都来得那样突然。

正是在这种极端危急的情况下，黄兴被迫在4月26日晨决定改期再举，"令各部即速解散，以免搜捕之祸。"随即致电香港总部："省城疫发，儿女勿回家。"暗示速即停止将在香港集合待命的大批党人继续派来广州。当天，城中数十秘密机关陆续收束，已经到达广州的选锋也开始分批撤回香港。但是，黄兴的内心是异常矛盾、异常痛苦的。为了准备这次起义，动员人这样多，牵涉面这样广，大量军械弹药都已运入城内。所谓改期，其实何异于取消？原先一切努力，至此全部付诸东流。特别是在黄兴看来，以往起义的多次失败已使革命党人在海外募款的信用日益不佳。这次起义前后用款达十数万元。如果一无成效就自行解散，以后还有何面目去对这些资助革命的海外华侨？“人将疑其诳骗，是绝后来筹款之路也。”因此，他决心拼个人的一死，来酬答一切。这便是最后又决定仍然起义的实际情况。

4 月 27 日（农历三月二十九日）举义的日期一定，黄兴一面电港促党人进省，一面因留在广州的人数已大减，只得将原定十路进攻的计划改为四路：黄兴攻两广总督署；姚雨平攻小北门，占飞业庙，迎新军与防营入城；陈炯明攻巡警教练所；胡毅生以 20 余人守大南门。但香港总部得电，已来不及在举义前率众赶到；姚雨平、陈炯明、胡毅生三路又都没有动，结果只剩下了黄兴一路孤军奋战。

黄兴担任进攻督署，所部主要是四川、福建、广东花县和华侨党人。是日发难时队员以白布缠臂为标志，足着黑面树胶鞋，以吹螺角为号。下午 4 时多，黄兴集众动员，随即发给每人大饼 1 个、毛巾 1 方和枪械炸弹，装束起来。朱执信本来有其他任务，正好来到，就剪去长衫下半截参加。谭人凤从香港到广州，见到黄兴装束已定，正在分发子弹。他立刻告诉黄兴：香港党人来不及赶到，要求他缓期发动。黄兴顿足说：“老先生毋乱军心。我不击人，人将击我矣！”谭人凤记述当时情形说：“余乃整装向克强索枪。克强忽平心静气曰：‘先生年老，后事尚须人办。此是决死队，愿毋往。’余曰：‘君等敢死，余独怕死耶？’克强知余志不易夺，乃以两枪与之。误触机子，发一响。克强将枪夺去，连声曰：‘先生不行，先生不行！’即派人送余返竞存（陈炯明）家。余时惭愧已极，盖恐事由我败也。”

下午 5 时 30 分，黄兴率队从小东门指挥部出发，直攻两广总督衙门。林文等手执螺角司号，“一时呜呜声动，风起云涌，直扑而前”。

当黄兴亲率选锋 100 多人扑入两广总督衙门时，等待着他们的只是一座早经有备、撤退一空的房屋。黄兴原来把最大的希望寄托在城外的新军身上，万万没有想到，新军中的革命党人根本就没有接到何时起义的通知，根本没有做响应起义的行动准备。

黄花岗之役失败后，孙中山于1911年5月3日在美国芝加哥召集会议，商讨起义善后及再图大举等问题。图为孙中山和与会同志合影。

1911年孙中山与美洲同志合影。

1911 年 7 月，孙中山在旧金山建议同盟会美洲分会与致公堂实行联合。图为孙中山在旧金山与同盟会、致公堂同志合影。

1911 年 7 月，孙中山在美国委陌林埠（今威廉斯堡）筹款时与朱会文（左一）、黄芸苏（左三）等合影。

1911年7月，孙中山与“洪门筹饷局”成员合影。前排左起：伍平一、赵煜；二排左起：张蔼蕴、黄伯耀、孙中山、李是男、黄芸苏；三排左起：刘鞠可、唐琼昌、黄卫廷、朱三进、黄三德、罗敦怡；四排左起：黄杰亭、黄任贤、郑超群、李务明、司徒文焜。

1911年7月孙中山在美国委陌林埠与黄芸苏（右）、廖菁田（左）合影。

结果，就成了100多个选锋在城里左冲右突，孤军奋斗。许多人临事表现得十分英勇。

黄兴冲出督署时，右手两个手指被敌人击断，仍领着队伍奋勇杀敌，且战且走，后在激战中同大队相失，回顾已不见一人，才避入一家小店，换了衣服，避至广州河南女同志徐宗汉所在的秘密机关。“其他队尚有五六十人成一队，熊克武、但懋辛、喻培伦、林尹民、林觉民等均在焉。比拟攻督练公所，未觅得其处，转攻观音山，三次扑上，终以人数太少而退。由是三五分离，彻夜巷战，或饮弹，或被擒，存者遂寥寥无几。”

香港总部接到黄兴仍决定发动的来电后，立刻由赵声、胡汉民率领在港党人200余人乘夜轮赶去。28日早晨到达广州，分头上岸，才知道起义已在上一夜失败，广州的城门也已紧闭，无法再入城内，只得分别折回。赵声迷路，摸到河南的秘密机关，同黄兴相见。这次起义失败时被捕的党人，已知的有31人。其中有林觉民、喻培伦、宋玉琳、陈可均、李文甫等。他们在敌人审讯时，都表现得十分英勇，不屈就义。这次起义由于敌我力量的对比过于悬殊而失败了，但烈士的鲜血没有白流，他们所表现的崇高思想和英雄事迹迅速传遍全国。

就在这次起义的下一个月，武汉的两个重要革命团体文学社和共进会就着手进行联合，积极准备武装起义。同月，四川保路运动开始，不到半年，武昌起义就爆发了。

四川保路运动

广州黄花岗起义失败后，国内的政治局势表面上似乎显得有些沉寂，同盟会有些领导人甚至因这次失败而意气消沉，但这只是暴风雨到来前的短暂的沉寂。中国社会内部的各种矛盾已经积累到一触即发的地步，只要有一个引发，大雪崩很快就会开始。四川保路运动，便成为这场大革命到来的导火线。

四川保路运动是1911年5月爆发的。一个经历了这个事件的人写道：“辛亥革命之起由于川变，川变由铁路收归国有。”这个描写是符合实际的。这年5月9日，离广州黄花岗起义只有20天，清政府悍然宣布全国铁路干线的国有政策。这个政策一宣布，四川和两湖地区的保路运动随之而起，整个局面就开始无法收拾了。

1911年5月8日，清政府授庆亲王奕劻为内阁总理大臣。内阁成员13人中满人共有9人，皇族又占5人，一时被称为“皇族内阁”。第二天，就宣布铁路收归国有。所谓“国有”，其实只是便于转手使它成为帝国主义列强的所有品。这道上谕一出来，就把清政府历年来在铁路问题上对全国商民做过的一切承诺顿时撕得粉碎。这种赤裸裸的强盗式的掠夺，就像用一根火柴去点燃遍布四处的干柴，立刻就燃起熊熊的燎原烈火。

四川保路运动有一个发展过程，大体上分为4个阶段。

第一阶段：从清政府宣布铁路国有到保路同志会成立，也就是5月9日至6月17日。

第二阶段：从保路同志会成立到成都罢市，也就是6月17日到8月24日，中间有两个多月。

第三阶段：从成都罢市到“七一五”血案，也就是8月24到9月7日。

第四阶段：9月7日以后，也就是武装斗争阶段。

四川保路运动发展到大规模武装起义的地步，对全国震动是巨大的。使国内原本十分紧张的政治空气陡然升温，直接成为武昌起义的导火索。

武昌首义

武昌起义是以士兵为主体的湖北新军的起义。平日被人轻视或忽视的小人物——新军士兵们，在历史的关键时刻，却挺身而出，演出了这样一场改变历史面貌的威武雄壮的大戏。这是许多人原来没有预计到的。

担当发难任务的是工程第八营（比他们稍早行动的还有城外的第二十一营辎重队，但没有产生多大影响）。工程第八营有几个其他部队难以相比的重要条件：第一，楚望台军械库是由工程八营左队防守的。新军要行动，如果没有足够的弹药接济，手中的枪支就无异于废铁，难以取得成功。过去在这方面有过惨痛的教训。当时，清方已对新军严加防范，“各军队除旗籍兵丁外，所有枪弹悉予没收库存”。清方控制的军队在城内还有一定实力。如果不首先拿下楚望台军械库，取得弹药补充，起义军就无力发动进攻，这是决定当夜起义成败的关键。第二，工程八营驻在武昌城内，不像广州等地新军驻在城外，要夺门而入需要经过艰苦的战斗。他们又有着单独的营房，行动时不受其他部队的牵制。工程营驻地紫阳桥距离武昌城南的中和门很近。起义后，可以很快控制中和门，开门迎接驻在南湖的第八标等入城。炮兵需要靠步兵掩护，才能行动自如。如果工程八营不先发动，炮八标能否顺利入城炮击督署，是很难说的。第三，工程八营在湖北新军中成立最早，训练最久，战斗力较强，当时又全营留在武昌。革命党人在工程八营活动的历史也比较长，科学补习所的活动就是从这里开始的。这时，营内革命党人已有 200 多人，占全部人员的十分之四，还有许多同情革命的人。所以，他们在起义后能以比较完整的建制投入军事行动，成为起义军的重要主力。

1911 年 10 月 10 日晚上，准备发难的气氛紧张到极点。革命党人金兆龙正在擦枪，被巡查的二排长发现。于是就上前扭住金兆龙，在一旁的其他士兵就向二排长开枪射击。代理工程八营管带的督队长和右队队官闻声赶来阻挡，被士兵击毙。营内人声嘈杂，官长纷纷逃避。熊秉坤率一部分士兵出营。楚望台离工程营驻地只有 1000 多米，声息相通。这时，左队

1911 年 10 月 10 日晚，湖北革命党人发动武昌起义，占领了楚望台军械库。

的马荣、罗炳顺等送来消息：楚望台革命党人听到工程营驻地的枪声后立刻起来响应，军械库已经得手。于是局面急转直下。

熊秉坤率领一部分起义士兵进驻楚望台后，就在晚上8时20分以总代表兼大队长的名义发布命令，规定起义部队称湖北革命军，以湖广总督督署为最大作战目标。但这时一个新的问题却产生了：军营中秩序渐趋混乱，指挥难以统一，使熊秉坤极感为难。这种状况的出现并非偶然，中国的军队本来靠封建式的森严的等级制来维系。熊秉坤在军中本来是个正目，也就是班长。“中国久处专制压迫下，社会封建思想固甚深厚，军队尤为典型。熊秉坤虽为一营总代表，而其地位阶级与众无殊，其势指挥不能如意。”发难时一呼而起，可以造成巨大的声势。到要正式指挥作战，许多人就不那么愿意听从了。于是推工程八营左队队官吴兆麟（队官相当于后来的连长）为革命军临时总指挥，吴不是革命党人，但早年参加过日知会的活动，同进步人士素有交往。

起义军进攻的主要目标是湖广总督衙门。“因为参加革命的同志都知道，若不攻克督署都要杀头的，所以革命党人那时候只想要胜利”，并且一定要在天明前把总督衙门打下来。他们最初以工程营为主力，分两路向督署进攻。但督署正面是一条狭窄的巷道，守军以机枪扫射，起义军进攻兵力难以展开，火力也不足，所以屡攻不克。炮八标入城后，立刻分据城门和蛇山等阵地，向督署发炮轰击。督署被排炮轰成一片废墟。湖广总署瑞澂逃往停泊江面的“楚豫”号军舰，第八镇统制张彪率辎重营残部渡江退守。经过一夜激战，起义军完全控制了局势。第二天，“武昌已别成一世界。满城兵士皆袖缠白巾，威风抖擞”。

武昌起义的第二天，同武昌隔江相对的汉阳和汉口随即光复。

如果单有武装起义的胜利而没有建立起牢牢掌握在革命党人手中的革命政权，革命胜利了也是不巩固的。湖北的革命党人当时并没有这样的认识。在准备起义过程中，湖北革命党的主要负责人是蒋翊武和孙武，蒋在9日晚因小朝街机关遭破坏而逃亡在外，孙因炸药燃烧受伤住院，起义队伍中一时群龙无首，而且他们两人的威望和能力也不足以在起义胜利后领袖群伦。熊秉坤在领导工程营发难后，到楚望台已觉得难以指挥全军，只

1911 年 10 月 11 日，革命党人在武昌成立湖北军政府。

得临时推出一个同情革命的队官吴兆麟来当临时总指挥。等到武昌全城底定、湖北军政府准备成立、需要推举都督时，吴兆麟显然也不足以号召了。那时，革命党人在认识上是比较幼稚的，所要推翻的只是那个清朝政府，只要把它推翻，凡是表示赞成民国的汉人似乎都是一家人了。由于建立的是军政府，他们认为："中国人心理重视偶像，军人尤其重视军阶地位，倘不以一有名望的人出来号召，则不易成功。"正是利用革命党人心理上的这种弱点，当第二天上午革命党人到谘议局商议建立军政机构时，一些谘议局议员和旧军官就提出推举新军第 21 混成协协统（相当于旅长）黎元洪来当都督，并且得到多数人的同意。

随着革命形势在全国的迅速发展，初时不愿出任都督的黎元洪的态度也有了变化，对充当湖北军政府都督越来越起劲了。后来他利用扩军的机会，大量起用旧军官，逐步排挤革命党人，又挑拨和扩大革命党人的内部矛盾，用共进会打击文学社，用孙武逐走蒋翊武、刺杀张廷辅，又利用共进会内部的黄申芗逐走孙武，把湖北军政府的权力逐步集中到他自己手里，武昌起义在湖北取得的成果终于被断送掉了，这是十分惨痛的教训。但那是稍后一些时间的事情。

在武昌起义后的绝大多数省份中，不管发起冲击的力量是大是小，都能导致统治机构的迅速解体。可是新的代替它的社会力量却远没有成熟。各省的独立更多地表现为政权的更迭，并没有出现一场更深刻的社会大变动，特别是缺乏一场农村的大变动。革命的深度是十分有限的。

孙中山和辛亥革命在中国历史上的地位和作用，不少史书已做出充分的肯定，而从世界历史的角度去评论孙中山和辛亥革命，却大多语焉不详。为此，吴相湘教授在其所著的《孙逸仙先生传》中，特别强调孙中山及其事业的世界意义，并且引证现代西方学者的话，说明孙中山是“世界的伟人”和“世界的公民”。他们还强调：孙中山的思想和功业是“整个人类遗产的一部分”，并已“成为第三世界可资借镜的典范而盛行于非洲、亚洲及中南美洲”。这是符合历史真实的、很有见地的评论。

武昌起义的当天，孙中山正在美国从西海岸乘火车前往中部、东部各地向华侨募捐的旅途中。10 月 11 日他抵达科罗拉多（Colorado）州的典华（Denver，今译丹佛）城。由于旅途疲倦，他睡到第二天 11 时才起床到食堂用餐。道经回廊报摊时，买了一份报纸到餐厅阅看，才得知武昌已被革命党占领这一意外消息。但是，他并没有立即起程回国，而是认为自己“当尽力于革命事业者，不在疆场之上，而在樽俎之间，所得效力为更大也。故决意先从外交方面致力，俟此问题解决而后回国”。

孙中山把外交重点放在英国，同时也努力争取其他列强对中国革命的支持。10 月中旬，孙中山在美国中部城市芝加哥参加了当地同盟会举行的预祝中华民国成立的大会后，就和同盟会会员朱卓文（孙中山的表弟，原侨居芝加哥）乘车前往华盛顿，并在 18 日写信给美国国务卿诺克斯（Philander C. Knox），要求秘密会晤，希望能获得美国对中国革命的道义支持与物质援助，尤其是坚守中立，但他没有受到诺克斯的接见。10 月 26 日，孙中山到纽约又会见了秘密来访的日本驻纽约总领事水野幸吉的代表鹤冈永太郎，表示愿以公开的身份访问日本，并说，为此他曾致电宫崎寅藏，探询日本政府的意向。24 日接到萱野的复电：如果他肯改名，登陆或停留都可以。孙中山表示，如果日本政府能同意他不更改姓名而登陆，对中国革命示以同情的态度，他愿意改变原定的到欧洲后经印度洋返国的计划，再度取道美国，经西雅图前往日本。他认为，这样既可以鼓舞革命军的士气，又可消除外界认为日本国政府暗中庇护北京政府的疑虑，对双方都有利。这表明他正极力争取日本政府不干涉中国的革命。

孙中山在华盛顿和纽约的外交活动，并没有取得实际的结果。当时美国的一些报纸对他及其领导的中国革命采取了敌视的态度。如 1911 年 10 月 10 日《纽约时报》社论即认为："孙的募捐工作不会成功。"翌日，这一报纸又有社论认定："只有袁世凯是惟一能将和平与秩序给予中国的人。"

11 月 2 日，孙中山只得离开纽约赴伦敦。行前，他在 10 月 31 日发给已在伦敦的美国友人咸马里的电报中，表示对回国领导革命有坚强的信心。

孙中山到英国进行外交活动的目的，除取得英国对中国革命的谅解、向英国争取贷款以便回国供革命之需外，还想阻止四国银行团贷款给清政府，以免清政府得到贷款后继续对革命进行顽抗。

1911 年 12 月 21 日，孙中山与山田纯三郎在船上合影。

孙中山在伦敦进行外交活动后，在 11 月 21 日由伦敦到巴黎，24 日由马赛乘船归国。他在巴黎一共住了 3 天，进行繁忙而紧张的外交活动。

但孙中山的一系列外交活动没有收到实效，于是在国内革命党人催促下踏上回国之路。

孙中山归国途中，经过槟榔屿（庇能）、新加坡等地，在 1911 年 12 月 21 日到达香港。胡汉民、廖仲恺等乘兵舰到香港迎接。孙中山与胡、廖等人就当

孙中山在船上与欢迎者合影。前排左起：咸马里、山田纯三郎、胡汉民、孙中山、陈少白、何天炯，右三廖仲恺；后排左六宫崎寅藏。

时国内形势与应采取的方针，从晨至晚地进行了热烈的讨论。胡汉民认为，清政府已人心尽去，所依赖的不过袁世凯的数万兵力；袁世凯“实叵测，持两端”，不可信。他主张孙中山先到广州，以广东为根据地，整训军队，然后举兵北伐。孙中山不同意胡汉民要他留在广州的建议，他认为“目前的大患即在无政府”，当时关键的问题是尽快建立起全国的统一革命政府，坚持要前往沪、宁，主持内外大计。

在孙中山的坚持下，胡汉民放弃了原来的主张，委陈炯明代理广东都督，并让廖仲恺返广州布置一切，然后随孙中山同船赴沪。行前，孙中山对组织中央政府流露出过于乐观的情绪，即将面临的现实，却完全不像他所期望的那样。

第三章
创建民国　辞让总统

凯旋回国

1911年12月25日，孙中山在经历了16年的海外流亡生活后回到上海，受到黄兴、陈其美、黄宗仰、汪精卫等人和各界代表的热烈欢迎。

可能由于革命党人为壮大革命声势以威吓清政府的需要，早在孙中山归国前，有些报纸就宣传他带有大批款项并购买了军舰回国。如1911年10月23日，上海的《申报》就刊载广州的专电说："闻孙文向欧洲某国购定战舰18艘，暂不付价，已将契约订妥。"11月2日，该报又刊载广州的专电说："闻孙文有书寄黎元洪，嘱其千万不可议和。孙文不日启行至沪，带回大兵舰3艘，其驾驶皆为留英学生。"因此，孙中山甫经上岸，许多记者就纷纷询问他："您这次带了多少钱来？"孙中山回答说："予不名一文也，所带者革命之精神耳！革命之目的不达，无和议之可言也。"

孙中山到上海的消息传出后，已独立的许多省纷纷来电表示欢迎，有的省还派代表专程到沪欢迎。

孙中山从海外归来，使革命派的声势大振。可是，这时的形势实际上对革命已很不利。同盟会这时已趋解体，不能对革命实行有力的领导了。而这时许多挤入了革命行列的旧官僚和立宪派分子又利用一些革命党人在起义成功后迅速膨胀起来的争夺权力地位的思想进行拉拢和分化，促使原来的各派系、集团间的矛盾更日趋尖锐。

孙中山到上海后的第二天，12月26日，即与同盟会在上海的领导人黄兴、陈其美、宋教仁等密商组织统一的中央革命政府问题，力图建立起以革命党人为主体的新政府，会上决定举孙中山为大总统，"分途向代表示意"，并由"马君武言于《民立报》，唤起舆论"。晚间，又在孙中山的住所专门研究组织方案。由于这时同盟会最高领导层内已存在上述矛盾，在讨论政府的组织形式时，就发生了一场究竟采用总统制还是内阁制的激烈争论。宋教仁坚持主张实行内阁制，孙中山表示反对。他说："内阁制乃平时不使元首当政治之冲，断非此非常时代所宜。吾人不能对于惟一置信之人，而复设防制之法度。余亦不肯徇诸人之意见，自居于神圣之赘疣，以误革命之大计。"当时参加这次会议的除孙、宋之外，还有黄兴、胡汉民、

1911年11月29日，17省代表在南京前清江苏谘议局开会选举中华民国临时大总统，孙中山以16票当选，为开国完成了最重要的准备工作。前排右九为王宠惠，二排右四为赵士北，右十为林森；三排右一为王正廷，右二为胡瑛，右十为居正。

汪精卫、陈其美、张静江、马君武、居正等。孙中山的意见，首先得到张静江的支持，其他参加会议的人，除宋教仁外，也都同意孙中山的意见，于是就决定采用总统制。但宋教仁仍坚持自己的意见。黄兴从中调解说，待到南京后与各省代表商酌后再行决定，宋教仁才不再坚持。会后，宋教仁乘夜车去南京。27 日黄兴乘专车去南京，当晚在江苏谘议局召开各省代表会议，提出三项议案：一、改用阳历；二、起义时用黄帝纪元，今应改为中华民国纪元；三、政府组织形式采用总统制。经过讨论，对第一、二项，全体赞成，但因民间习惯已久，在阳历下仍注阴历节候。至于总统制、内阁制问题，在讨论时，宋教仁仍主张内阁制。讨论结果多数赞成总统制，于是照案通过，并决定实施临时政府组织大纲及隔日选举临时大总统。

12 月 29 日（农历十月初一），各省代表开会正式选举临时大总统，到会者共 17 省 45 人。由浙江省代表汤尔和为正主席，广东省代表王宠惠为副主席，江苏省代表袁希洛为书记。会议首先将头天晚上预备投票结果揭晓，有候选资格的为孙中山、黄兴、黎元洪三人。选举以每省一票为原则，

1911 年 12 月 30 日，孙中山出席广东旅沪各团体庆贺他当选临时大总统的宴会后合影。前排右四起：伍廷芳、胡汉民、孙中山、汪精卫。

共 17 票。按临时政府组织大纲第一条规定，满投票人数三分之二以上的当选。选举结果，孙中山得 16 票，黄兴得 1 票。孙中山以超过投票总数的三分之二以上，当选为中华民国临时大总统。在这次参加投票的 45 人中，立宪派人占多数。孙中山的当选，表明立宪派人面对事实也不得不承认辛亥革命是由中国同盟会领导的。

各省代表会选出临时大总统后，立即决议，由各省代表特派汤尔和、王宠惠、陈陶怡三人去上海欢迎孙中山到南京就职。孙中山得知当选的消息后，即电各省代表会表示接受。

就任临时大总统

1912 年 1 月 1 日上午 10 时，新从海外归来的孙中山乘坐专车离开上海，前往南京就任中华民国第一任临时大总统。事前，孙中山嘱咐陈其美准备一切，并告诉他："我辈革命党，全不采仪式，只一车足矣。"陈预备了专车并且亲自护送。同行的有各省代表会临时议长汤尔和、副议长王宠惠和孙中山的军事顾问咸马里等数十人。上海 1 万多人到车站送行。当天下午，车抵南京下关，受到各省代表和广大群众热烈欢迎，礼炮齐鸣，共和万岁

1912 年 1 月 1 日，上海各界人士在车站欢送孙中山赴南京就任中华民国临时大总统。

之声响彻云霄。专车随即由下关入城。城内万人空巷，欢声雷动。“人们为欢迎他而做了许多准备，部队排列在自火车站至总督衙门全程为 6 英里的道路两旁。但新总统没有下火车改乘汽车，而是把他的车厢调到通往城内的铁轨上，坐火车前往总督衙门。”下午 6 时 15 分专车到达总督衙门车站，孙中山等下车后就前往设在前两江总督衙门，也即曾是太平天国天王府的临时大总统府，由黄兴、陈其美和海军代表护送孙中山入府。

当晚，举行庄严而朴素的大总统就职典礼，由徐绍桢担任司仪员。典礼开始时，鸣礼炮 21 响。代表会公推景耀月致颂词，孙中山亲自宣读临时大总统誓词：

> 倾覆满洲专制政府，巩固中华民国，图谋民生幸福，此国民之公意，文实遵之，以忠于国，为众服务。至专制政府既倒，国内无变乱，民国卓立于世界，为列邦公认，斯时文当解大总统之职。谨以此誓于国民。

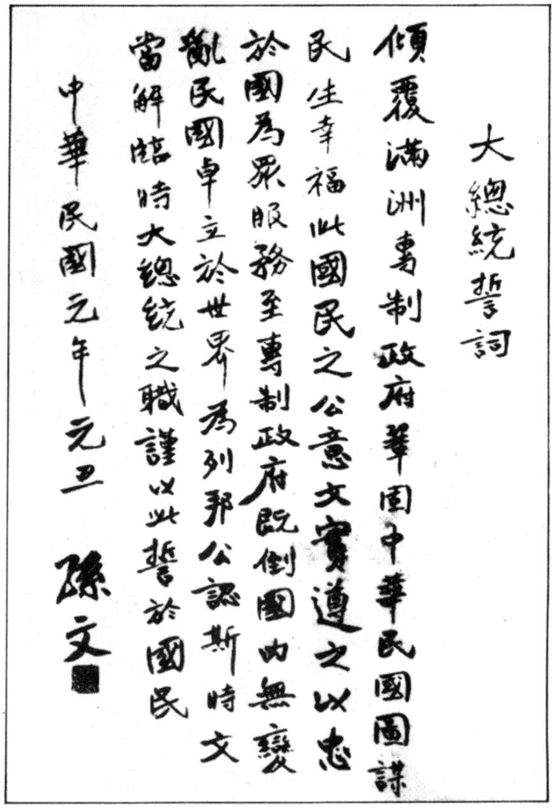

大總統誓詞

傾覆滿洲專制政府鞏固中華民國圖謀民生幸福此國民之公意文實遵之以忠於國為眾服務至專制政府既倒國內無變亂民國卓立於世界為列邦公認斯時文當解臨時大總統之職謹以此誓於國民

中華民國元年元旦　孫文

孙中山就任中华民国临时大总统誓词。

孙中山正式就任临时大总统的当天，就发布《临时大总统就职宣言》和《通告海陆军士文》。

宣言发布后，孙中山下令定国号为“中华民国”，并在 1 月 2 日发布《改历改元通电》，规定：“中华民国改用阳历，以黄帝纪元四千六百九年即辛亥

1912年（民国元年）1月1日夜10时，在南京总统府举行中华民国临时大总统就职典礼。图为就任中华民国临时大总统时的孙中山。

十一月十三日，为中华民国元年元旦。”

孙中山任临时大总统后立即开展组织政府的工作。但原来《中华民国临时政府组织大纲》中只规定设大总统，而没有副总统；行政部门只设外交、内务、财政、军务、交通五部，不能适应客观形势的要求。于是又根据宋教仁的提议于1月2日修正《中华民国临时政府组织大纲》，在大总统以外加设副总统，而对行政各部不加限制。

1912年1月5日，孙中山召开首次国务会议。右起：海军总长黄钟瑛、教育次长景耀月、教育总长蔡元培、财政总长陈锦涛；左起：财政次长王鸿猷、外交总长王宠惠、陆军总长黄兴。

成立政府需要设立参议院作为立法机关。因此，通电各省根据临时政府组织大纲第八条“参议院以各省都督府所派之参议员组织之”和第九条“参议员每省以三人为限，其派遣方法，由各省都督自定之”的规定，抓紧成立参议院。同时，根据临时政府组织大纲第十七条“参议院未成立以前，暂由各省都督代表代行职权”的规定，选举赵士北、马君武为临时正、副议长。1月3日，由各省都督代表组成的临时参议院举行副总统选举会，黎元洪以全票当选。孙中山出席了这次会议，并提出中央行政设立各部及其权限案，在获得通过后立即提出国务员9人的名单由会议审查。孙中山最初所提9人的名单是：

陆军总长	黄　兴	海军总长	黄钟瑛
外交总长	王宠惠	司法总长	伍廷芳
财政总长	陈锦涛	内务总长	宋教仁
教育总长	章炳麟	实业总长	张　謇
交通总长	程德全		

这个名单中，虽然重要各部都由同盟会会员担任，但立宪派人和旧官僚也占有不少席位。名单提出后，一部分代表反对宋教仁、王宠惠、章炳麟，也有人主张改任伍廷芳为外交总长的。根据讨论情况，黄兴与孙中山相商，“以钝初（宋教仁）主张初组政府，须全用革命党，不用旧官僚，理由甚充足。但在今日情势下，新旧交替，而代表会又坚持反对钝初掌内务，计不如部长取名，次长取实，改为程德全长内务，蔡元培掌教育，秩庸（伍廷芳）与亮畴（王宠惠）对调”。孙中山不完全同意黄兴的意见，说：“内政、教育两部依兄议，外交问题，我欲直接，秩老（伍廷芳）长者，诸多不便，故用亮畴（王宠惠），可以随时指示，我意甚决。”黄兴根据孙中山的意见再同代表会商，得代表会的一致同意票。接着，又任命胡汉民为总统府秘书长，黄兴兼参谋总长，并委任了各部次长。这样，内阁的最后名单就确定了下来：

陆军总长	黄　兴	次长	蒋作宾
海军总长	黄钟瑛	次长	汤芗铭
外交总长	王宠惠	次长	魏宸组
内务总长	程德全	次长	居　正
财政总长	陈锦涛	次长	王鸿猷
司法总长	伍廷芳	次长	吕志伊
教育总长	蔡元培	次长	景耀月
实业总长	张　謇	次长	马君武
交通总长	汤寿潜	次长	于右任

从这份名单看，南京临时政府是一个由革命派居于主导地位的资产阶级民主共和政府。

孙中山在就任临时大总统后，为了捍卫革命的胜利果实，建立一个牢固的资产阶级共和国，夜以继日，忘我工作。在短短 3 个月时间里，他领导南京临时政府拟订和宣布了一系列政策法令，努力清除封建余毒，保障民主政权，维护人民权利，促进社会生产和发展资本主义。应该提到的有这样几个方面：

图为1912年1月9日孙中山与陆军部人员合影。孙中山座左为陆军总长黄兴，右为陆军次长蒋作宾。

一是整饬武装力量。整饬军队是南京临时政府成立后一项急不可缓的任务。当时云集南京的部队，不仅有浙军、沪军、光复军、苏军、粤军、海军陆战队，而且有革命党人组织的各种名目的敢死队、义勇队，如范光启的铁血军、林宗云的女子国民军等，人数不下30万众。要整编这样一支庞杂的军队，绝非易事。但是，黄兴领导下的陆军部克服了种种困难，终于把这只庞杂军队整编成为“悉符章制”的21个师。

二是建立参议院。参议院为立法机关，在南京临时政府中占有极重要的地位。南京临时政府成立后，立即着手临时参议院的建立。在各省代表会选出临时大总统后，即致电各省都督府说：“临时政府依次成立，代表责任已毕，立须组织参议院。据《临时政府组织大纲》，参议院由每省都督派遣参议员 3 人组织之，即请从速派参议员 3 人，付与正式委任状，克日来宁。参议员未至之前，每省暂留代表 1 人以至 3 人，驻宁代理其职权。”

可是，事实上各省派遣的参议员，由于道路睽隔，并不能如期到宁。“而会议事件，不容延搁，乃先由各省代表员暂行代理。除星期停议及特别开议外，每日会议两小时。其后各省所派参议员陆续抵宁，乃于正月二十八日正式成立开会。次日选举林森为正议长，陈陶怡为副议长。然仍有数省未到者。计已到者为广东、湖北、湖南、浙江、江苏、安徽、江西、山西、福建、广西 10 省，共参议员 30 人。未到会以代表员代理者，为贵州、云南、陕西、四川、奉天、直隶、河南七省，共代理 12 人。”根据有关材料统计，各省参议员共 44 人，名单如下：

广东：赵士北　钱树芬　丘逢甲
湖北：时功玖　张伯烈　刘成禺
湖南：欧阳振声　彭允彝　刘　彦
浙江：王正廷　陈毓川　殷汝骊
江苏：陈陶怡　杨廷栋　凌文渊
安徽：常恒芳　凌　毅　荡光启
江西：汤　漪　王有兰　文　群
山西：李　素　景耀月　刘懋赏
福建：潘祖彝　林　森　陈承泽
广西：曾　彦　邓家彦　朱文邵
贵州：平　刚　文崇高
云南：段宇清　张耀曾　席聘臣
陕西：张蔚森　赵世钰　马步云
四川：张懋隆　吴永珊　周代本（后改为熊斐然　李肇甫　黄树中）
奉天：吴景濂
直隶：谷钟秀
河南：李　槃

1912年1月28日，中华民国临时参议院在南京成立。图为孙中山出席成立典礼时与参议员合影。前排左起：蔡元培、黄兴、孙中山、赵士北、魏宸组、胡汉民。

以上所列44名临时参议院议员名单，在1月28日临时参议院正式成立之前，历次会议出席会议的人数最多时亦不过22人。临时参议院正式成立时，议员到会的计17省38人。在40多名参议员中，同盟会籍的参议员占30余人，即占四分之三以上。临时参议院的正式成立，加强了南京临时政府的立法机构，它对于临时政府立法建制工作起了积极作用。不过，由于同盟会本身的解体，尽管同盟会籍参议员在临时参议院占绝对多数，可是他们其中不少人不但没能起到议会党团作用，反而在许多问题上同孙中山为首的南京临时政府作难。

临时参议院正式成立时，孙中山亲率各行政官员莅会，并致祝词，说明了他对临时参议院的期望。

三是改革旧的并建立新的司法制度。这是孙中山领导的南京临时政府立法建制中的一项重要任务。3月初，孙中山命令内务、司法两部通饬所属禁止刑讯。据孙中山的命令，内务部除令京内所属官厅照办外，即咨请司法务速令各审判厅一律遵令办理。要求："无论行政司法，一律停止刑讯，以重人权，以免冤獗。"接着司法部也咨各省都督停止一切刑讯，传达孙中山命令，要求“转饬所属府厅州县行政、司法各官吏，嗣后不论何案件，一概不准刑讯”。

四是发布法令保护人民权利和革除社会恶习。孙中山在就任临时大总统后，根据资产阶级“自由、平等、博爱”和“天赋人权”的原则，发布了许多法令，力图使人民能够从封建旧制度的桎梏下解脱出来。如在除旧布新方面，南京临时政府发布了许多改革社会恶习的政令。这些政令有：

严禁鸦片；改变称呼；限期剪辫；禁止赌博；禁止缠足；废止跪拜；树立新风等。

在孙中山的倡导下，临时政府上至大总统下至一般职员，都实行低薪制，每人只领军用券30元。食宿全由政府提供，“亦一律齐等，满清官僚习气，扫荡无遗”。

五是制定和颁布《中华民国临时约法》（以下简称《临时约法》）。这是南京临时政府在立法建制方面最重要的成就。它在中国宪政史上具有划时代的意义。

《临时约法》由参议院主持制定，自1912年2月7日至3月8日，经过一个多月的紧张讨论，通过二读、三读手续，最后通过，由孙中山以临时大总统的名义于3月11日正式颁布。

《临时约法》共7章56条。从其各章各项的规定，可以明显地看出它是根据美国、法国等西方国家立法、行政、司法“三权分立”，“代议政治”等原则而订立的。《临时约法》是以孙中山为首的革命党人心中的一面旗帜。以后围绕着对《临时约法》的实行还是废除这一根本问题，孙中山为首的革命党人同袁世凯及其后继者，开展了长达多年的斗争。

南京临时政府仅仅存在了3个月，这在历史的长河中不过是短暂的一瞬。然而就在这处境极为困难的短短的3个月里，孙中山领导下的南京临时政府却做了许多前人所没有做过的事，这是很值得称赞的。尽管南京临时政府采取的这些政策大多未能贯彻实行，但它仍有重要的历史意义和借鉴作用。

辞让临时大总统

孙中山担任临时大总统后，面临的斗争任务非常艰巨。其中解决临时政府的财政危机，是很紧迫的问题。而比财政危机更使孙中山难以招架的，是来自各方面的要他把总统职位让给袁世凯的强大压力。

在袁世凯软硬兼施的进攻面前，加上立宪派和一部分旧官僚的鼓动，有些革命党人堕入了迷雾。他们错误地把袁世凯看作可以争取的力量，同意如果袁世凯帮助推翻清王朝，就推举他担任共和国大总统，以求尽快结束战争，换取革命的早日“成功”，并在1911年11月30日至12月3日在汉口举行的独立各省代表会议上，通过了相应的正式决议。紧接着，又在上海开始了南北和议。这样，当孙中山从欧洲回到国内，就发现自己被置于一个十分被动的境地，一方面他被各省代表推举为南京临时政府的领袖；另一方面又被作为过渡阶段的政府首脑看待。各省代表原先通过的正式决议依然有效，孙中山只是暂时“虚位以待”，只要袁世凯反戈倒清，总统职位仍将由袁世凯担任。

当时的形势，孙中山除了同意向袁世凯妥协，其他选择的余地确实很小，况且孙中山本人也在一定程度上存在着害怕帝国主义干涉的恐惧心理。他在美国听到武昌起义的消息后，不是立即回国领导革命，而是先赴欧洲从事外交活动，认为对英国外交的成败，将决定革命的存亡，一个重要原因就是他担心中国革命会因帝国主义的干涉而遭受太平天国那样的失败。回国以后，他的这种担心并未解除。与此同时，孙中山对袁世凯的反革命的真实面目当时还缺乏足够的认识。这样，他终于敌不住来自各方面的压力，被迫同意如果清王室退位和宣布共和，他将把总统职位让给袁世凯。

1912年2月12日，迫于革命形势和袁世凯的催逼，清政府颁布了退位诏书，宣告了这个统治中国260多年的封建王朝的覆灭。接着，袁世凯向南京临时政府虚伪地宣布，他承认共和制度，保证“永不使君主政体再行于中国”。14日，孙中山履行自己的诺言，向临时参议院提出辞职。

1912 年 1 月孙中山在总统府办公室前留影。

孙中山虽然被迫同意将总统职位让给袁世凯，但他仍抱有戒心。为了防备袁世凯撕毁协议，破坏共和，他在提出辞职的同时，附加了三项条件：第一，中央政府仍设在南京；第二，等袁世凯到南京就任后，自己才卸职；第三，袁世凯必须遵守《临时约法》的各项条文。孙中山是想通过这些条件，把袁世凯调离经营多年的京津老巢，迫使他到革命力量相对集中的南京就任，并用《临时约法》来加以约束，以防止袁世凯上台后推翻民主共和，实行专制独裁。

奸诈的袁世凯当然知道孙中山的用意，他一面推三托四，迟迟不肯南下，一面暗中指使亲信在北京制造兵变，乘机散布自己一旦南下，北方必定发生大乱的论调，作为他不去南京就职的借口。帝国主义也再次公开出场支持袁世凯，纷纷以保护使馆为名，调兵入京，故意制造紧张氛围，对孙中山施加压力。许多立宪派人和旧官僚也都为袁世凯帮腔，连一些革命党人也随声附和，主张允许袁世凯在北京就职。孙中山又一次陷于孤立被动境地，不得不再次让步。3 月 10 日，袁世凯在北京宣誓就任临时大总统。4 月 1 日，孙中山正式辞去临时大总统职务。第二天，临时参议院又通过了将临时政府迁往北京的决议。这样，辛亥革命的胜利成果——南京临时政府，仅仅存在了 3 个月就告夭折。

袁世凯就任总统

1912 年 2 月 12 日，清帝宣布退位，清朝灭亡，延续两千多年的封建帝制覆灭了。辛亥革命取得了伟大的胜利，庆祝共和胜利的游行、集会，遍及全国各地。然而，这场革命并不完全是通过血战而取得彻底胜利的。武昌起义之后，在袁世凯指挥的北洋军队的压力下，革命很快就趋于停顿，开始了南北议和。革命党人是以选举袁世凯为民国大总统为代价，策动袁世凯“反正”，逼迫清帝退位，才达到了推翻清朝的革命目的。革命赢得的是一个廉价的胜利。

按照南京临时政府与袁世凯方面达成的协议，在清帝宣布退位之后，孙中山向在南京的临时参议院咨请辞职，并推荐袁世凯继任。临时参议院遂于 2 月 15 日选举袁继任临时大总统。鉴于革命党人行将交出中央政权，孙中山主持制定了《中华民国临时约法》，经参议院讨论通过，于 3 月 11 日公布，使共和的政治体制有了法律的保证，也是作为新总统必须遵守的施政规范。

为了促使新总统摆脱封建腐朽势力的包围，置身于革命的势力的氛围之中，孙中山坚持定都南京，经参议院通过后，一再电催袁世凯南下就职。袁世凯当然不愿离开他的北洋巢穴，故迟迟不肯南行。孙中山遂派蔡元培为迎袁专使，偕唐绍仪同行，率使团北上。待蔡元培一行于 2 月 27 日抵达北京后，袁世凯遂于 2 月 29 日晚精心策动了北京兵变。参与兵变的士兵在京烧杀抢掠，并且向天津、保定发展，发生连锁兵变。于是，袁世凯就以北方军队不稳，局势动荡为借口，拒绝南下，并迫使革命党人做出让步，改都北京。3 月 10 日，袁世凯称心如意地于北京宣誓就职。誓言是很庄严的“发扬共和之精神，涤荡专制之瑕秽，谨守宪法”。尽管仍有一部分人对于袁世凯出任总统感到不安，但孙中山安慰他们说：“总统不过国民公仆，当守宪法，从舆论。文前兹所誓忠于国民者，项城亦不能改。”

孙中山与部分内阁成员合影。左起：吕志伊、于右任、居正、王宠惠、孙中山、黄钟瑛、蔡元培、海军代表、马君武、王鸿猷。

1912年2月15日，孙中山祭明孝陵时向文武官员讲话。

孙中山祭明孝陵后率文武官员列队回城。

1912 年 3 月 5 日，孙中山在南京出席“追悼粤中倡义死难诸烈士大会”时合影。

接任临时大总统职的袁世凯任命唐绍仪为内阁总理。唐绍仪于 1912 年 3 月 25 日抵南京组织新内阁。图为孙中山与唐绍仪在总统府前合影。

1912 年 3 月 29 日，孙中山出席临时政府各部总次长、卫戍总督、各军师旅司令官举行的饯别宴会。图为宴会后留影。前排左起：胡汉民、唐绍仪、孙中山、黄兴、汪精卫；二排左起：景耀月、蒋作宾、徐绍桢、钮永建、居正；三排左起：魏宸组、蔡元培、吕志伊、但焘、朱卓文；四排右一黄复生、右二王鸿猷。

孙中山携随行人员在紫金山狩猎。左起六孙中山、九胡汉民、十二孙娗。

1912 年 3 月 20 日孙中山出席苏、皖倡义烈士（赵声、吴樾、熊成基、倪映典等）追悼大会时的情景。

1912 年 3 月，孙中山与总统府秘书处同人合影。

袁世凯在清朝末年，继承了李鸿章的衣钵，在小站练兵时开始建立新式陆军，后来出任北洋大臣，又着意于开办新式工业。因此，他手中集中了相当强的政治、军事和经济力量。袁世凯作为提倡新式企业的官僚资产阶级的政治代表，在当时的历史条件下，较之腐朽无能的清朝贵族，尚有一定的活力。他既能得到列强的赏识和支持，又能在立宪派人士中间赢得声誉。武昌起义后，清政府不得不起用袁世凯出任内阁总理，掌握军政全权，以求挽救危局。然而，袁世凯在列强和立宪派的支持下，迫使革命党人议和。在南北和议的过程中，他运用军事压力和政治欺骗两种手段，既迫使清帝退位，又迫使革命党人让出中央政权，攫得了总统的宝座。不过，他对时局是十分清楚的。他取得了总统的宝座，并不等于赢得了统治全国的实权；孙中山让出了总统的宝座，也不等于革命势力的消灭。他自己羽翼未丰，不能不和革命党人有所妥协，因此，袁世凯毫不懈怠地精心培植和扩张自己的势力。

革命党人鉴于袁世凯拒绝南下，曾企图打乱袁的兵力部署，在袁的腹心地区插进一把尖刀。他们很天真地想用和平的手段达到他们在战场上没有得到的成果。迎袁专使蔡元培在北京兵变后就向袁世凯建议，派遣南方军队开赴北京维持秩序，弹压兵变。唐绍仪支持蔡的主张。袁当面表现出好商量的姿态，竟在口头上表示同意。同时，南方鉴于北方兵变，也在酝酿由孙中山率兵亲征，北上“援助”袁世凯。迎袁使团成员宋教仁回到南京后，革命党人聚集总统府开会讨论局势。许多人主张以迎袁为名，由陆军总长黄兴统兵北上，乘机扫荡北洋军队。宋教仁则表示反对，他担心南军北上与北洋军队会发生冲突，惹起战争。脾气暴躁的马君武闻言大怒，指责宋教仁在为袁世凯做说客，出卖南京。黄兴急忙劝开，宋教仁的意见也就搁置了。3月11日，黄兴致电袁世凯以保卫治安为由主张“南军调北”，“移南方业经编成之军，镇扎北省”。但遭到袁世凯的强烈反对。与此同时，革命党人为了向革命势力薄弱的北方渗透，参议院曾于2月16日通过了《接受北方统治权案》，规定东北三省，直、鲁、豫、甘、新诸省之咨议局改为临时省议会，“限一月以内，召集临时大会，公选都督”。唐绍仪在南方和谈期间也曾和革命党人商定，以在南京的第三军军长王芝祥为直隶都督，以第一军军长柏文蔚为山东都督，再以另一革命党人担任河南都督，作为革命党人让出总统一席的平衡措施。

然而，袁世凯对于参议院的决议和唐绍仪与革命党人的约定，完全置之不顾。他为了稳固自己的统治，强化对腹心地区的控制，在出任总统后，即着手调整各省都督人选。3月15日，袁任命张锡銮署理直隶都督，替换了张镇芳。3月19日，又任命周自齐为山东都督。山东都督原为张广建，与烟台都督、革命党人胡瑛屡起摩擦。袁遂接受黎元洪的建议，调出张氏，代以周氏。同时，袁发布命令调胡瑛为陕甘经略使，复远调为新疆、青海屯垦使，由袁系全盘掌握山东。3月24日，袁复任张镇芳署理河南都督（后转实任）代替齐耀琳。于是，北洋系牢牢控制着直、鲁、豫地盘。

当时，东北三省虽然不在袁的亲信手里，但东北三省的革命势力遭到前清东三省总督赵尔巽的摧残，力量微弱。清帝退位后，赵尔巽也改变了效忠清室的立场，于2月19日致电袁世凯，向袁表示："尔巽等征求东三省官绅民意见，公举公为临时大总统。"赵不是表示承认南京参议院的选举，而以东三省的名义作举，明显地与革命对立，这自然使袁世凯解除了后顾之忧。山西系革命省份，居于北京的侧背。袁世凯在南北议和期间，用兵打败了山西革命党人。他出任总统后，于3月15日，复任同盟会会员阎锡山为山西都督。同时任命前清山西巡抚李盛铎为民政长（旋由周渤继任），以自己的政治和军事势力钳制阎锡山，并且加意笼络，使阎脱离革命，从而解除山西对其侧背的威胁。

袁世凯无视参议院决议的专权行为，引起了革命党人的强烈抗议，也引起了希望竞争地方政权的原立宪派人士的不满。一时函电交驰，争论不绝。为了对付袁世凯，参议员、统一共和党员、原直隶立宪派人士谷钟秀等遂和同盟会合作，运动原直隶咨议局，于3月17日开会选举王芝祥为直隶都督，并要求袁世凯予以任命，但遭到袁的拒绝。王为直隶北通州人（今北京通州区），前清广西按察使，曾保护过革命党人，辛亥事起，率广西军队北伐，到达南京，并加入了同盟会。王为人聪明圆滑，为黄兴所信任，任为第三军军长。由于王的双重身份，因此能得到直隶士绅与同盟会的支持。

唐绍仪于3月底南下组阁期间，再次对革命党人的上述要求表示谅解。

他曾和孙中山、黄兴联名要求袁世凯任命王芝祥为直隶都督，自己也曾单独敦请袁予以任命。同时，他再次以安全为理由，要求袁世凯同意由王芝祥率一师兵力护送国务员北上。袁世凯对于这些生死攸关的问题毫不含糊。他连续致电唐绍仪，用严厉的措辞表示强烈反对。他指责唐绍仪说："兄之愚忱，弟尚不谅，何望国人。惟有痛哭而已。"袁世凯的态度如此强硬，迫使革命党人不得不再次让步，放弃向北方插进一把刀子的企图。不过袁在口头上也松了一口气，答应王如不带兵北上，直督一席可以予以任命，为以后的风波埋下了伏笔。

由于袁世凯的严密防范，革命党人根本无法向袁的腹心之地渗透。其实，袁世凯对直、鲁、豫地区已经做了精心的布置。他在南北和议成立后，把北洋六镇收缩在三省之中，从而强化了腹心地区的军力。为了对付南方革命党人，他任李纯为豫南镇守使，率北洋第六镇（后改称师）屯扎河南信阳，以倪嗣冲率武卫右军左翼（后改称武卫右军）屯兵安徽颍州（今阜阳），以张勋率江防军（后改称武卫左军）屯兵山东兖州。李纯参加过镇压武昌起义的战役，倪、张均极端仇视革命，袁世凯把他们部署在第一线，构成了一道横亘南北的防线。同时，袁世凯又以剿匪为名，于2月21日任命雷震春为护军使，在河南带募兵八营，屯扎郑州，以加强战略后备兵力。雷部护军，连同袁出山时招募的武卫右军右翼二十五营（后改拱卫军），使这支战略后备队性质的军队，增加到相当于一个加强师又一个独立旅的实力。这样袁世凯在北方站稳了脚跟，随时准备整补扩充，以应付未来的事变。

袁世凯宣誓就任临时大总统之后，即着手筹组南北统一的政府。按照临时约法的规定，民国的政治制度采用责任内阁制。国务总理及各部总长均称国务员，由总统任命，但须得参议院同意。革命党人占优势的参议院，在制定临时约法的时候，改变了《中华民国临时政府组织大纲》规定的总统制。按照大纲，总统掌握行政大权，而按照临时约法，国务员直接对参议院负责，担当起实际的行政责任。由于各部总长的任命均要经参议院的同意，内阁被置于参议院的严密监督之下。参议院通过这样的政治体制，其目的就是限制袁世凯的权力。

1912年辞去临时大总统后的孙中山。

不过，袁世凯对《临时约法》并不十分在意，没有在约法问题上与革命党人发生争执，而是听任革命党人在纸面上做文章。他自己更重视实际的东西，把目光放在如何驾驭内阁上。

当时，革命党人方面认为，袁世凯既已出任总统，总理一职自应属于同盟会。这一主张立刻就遭到从革命党分裂出去的政治反对派章太炎的批评。他写信给孙中山，指责黄兴“为求总理而变乱大计”。其实，当时孙中山和黄兴在政治活动方面都很消极。孙中山担任临时大总统的时候，因为革命党人多不赞成实施他所预定的革命方略，“忝为总统，乃同木偶”。黄兴在任陆军总长期间，“无主兵，命令难行”，无法指挥庞杂的军队，南北和议既成，也急于“功成身退”。孙中山在复信中为黄兴做了解释。时赵凤昌提出了一个妥协办法，他说：“我认为新总统的第一任内阁，是新旧总统交替的一个桥梁，所以这国务总理必须是孙文、袁世凯两位新旧总统共同信任的人物。我以为只有少川先生最为适当，只要孙、黄两先生不反对，我很想劝少川先生加入同盟会为会员，这就是双方兼顾的办法。”赵的主意受到孙、黄的欢迎。3 月 30 日，唐绍仪经孙、黄介绍加入了同盟会。

1912 年 4 月 1 日，孙中山辞去了临时大总统职务，拱手把政权让给代表大买办、大地主利益的袁世凯，由袁就任临时大总统。当时，孙中山并没有意识到革命已经遭到失败。就在辞职的同一天，在南京同盟会员为他举行的饯别会上发表演说时，孙中山又向同盟会员们明确表示：他的“解职不是不理事”，而是致力于“比政治紧要的”“民生主义”事业，并提出了今后准备全力以赴的奋斗目标。

正是为了这一目的，孙中山从解职总统后第三天，即 4 月 3 日，就兴致勃勃地开始周游各省，进行有关民生主义和“社会主义”的宣传活动。他率领胡汉民等人，从南京先赴上海，继往武汉，再至福州、广州，最后又去华北各地，走遍半个中国，进行调查访问和参观。走到哪里都反复宣传他的民生主义和“社会革命”的主张，以及建设国家的设想，阐述“平均地权”和兴办实业、发展铁路及引进外资等政策问题，并提出一些在中国实现经济大发展和资本主义现代化的具体主张，希望中国能够富强起来，

1912年3月31日，南京同盟会会员为孙中山辞职举行饯别会。孙中山在这次会上发表了《关于民生主义与社会革命》的演说。图为孙中山同与会者合影。

1912年4月1日，孙中山与内阁阁员赴临时参议院举行正式解职礼时的合影。前排左二起：居正、黄钟瑛、黄兴、唐绍仪、孙中山、王宠惠、蔡元培；二排左二胡汉民、左五林森、左六徐绍桢。

1912年4月1日，孙中山出席南京基督教青年会成立典礼时留影。

1912年4月3日，孙中山由宁乘专车赴沪。图为在南京与黄兴等辞别时的合影。

1912年4月3日，孙中山乘车离开总统府时的情景。

1912年4月6日，孙中山和亲友合影。二排左起：孙娫、孙婉、秘书宋霭龄。

1912年4月6日，孙中山赴上海哈同花园出席统一党欢迎会。前排左起：曹亚伯、汪精卫、张謇、蔡元培、谭人凤、程德全、孙中山、唐绍仪、陈其美、熊希龄、黄郛、于右任、胡汉民；后排左四张继、左五马君武。

1912年4月6日晚，孙中山出席宫崎寅藏在上海六三亭举行的欢迎宴会。

1912年4月9日，孙中山应鄂军都督黎元洪之邀抵武汉。图为孙中山在湖北都督府与欢迎人员合影。前排左二起：孙科、汪精卫、黎元洪、孙中山、胡汉民、李晓生；二排左五起：孙婉、宋霭龄、孙娫；三排右四廖仲恺。

1912年孙中山在武昌与黎元洪合影。

1912年4月14日，孙中山自武汉抵上海。图为17日他在上海出席基督教青年会欢迎会时的合影。

1912年4月中旬，孙中山在上海出席两广同乡会欢迎会。图中的旗帜系当时的中华民国国旗——五色旗。

1912年4月20日，孙中山赴粤，途经福州。图为孙中山与福州各界人士合影。

孙中山与福建都督孙道仁合影。

1912 年 4 月 20 日，孙中山与同盟会福建支部同志座谈，慰问黄花岗烈士遗属。图为座谈后合影。

1912 年 4 月 25 日，孙中山抵广州。图为孙中山 26 日出席陆军司令部欢迎会时合影。

1912 年 5 月 4 日，孙中山在广州报界欢迎会上发表平均地权演说。图为会后合影。

1912年5月11日，孙中山在广东出席孙氏宗族恳亲会时合影。

1912年5月12日，孙中山与日本友人在广州合影。二排右起：廖仲恺、孙婉、孙中山、宋霭龄。

1912年5月中旬，孙中山与夫人卢慕贞及子女在广州六榕寺出席广东佛教总会欢迎会。

1912年5月17日，孙中山在广州出席粤路公司欢迎会。前排右一为铁路工程师詹天佑。

1912 年 5 月 24 日，孙中山访问澳门镜湖医院时与欢迎者合影。

1912 年 5 月 25 日，孙中山在澳门卢园春草堂与镜湖医院值理等合影。右一为卢园主人卢廉若。

1912 年 5 月 27 日，孙中山抵翠亨村，在住宅门前与家人合影。

1912 年 5 月 28 日，孙中山在香山县左头埗村孙氏祠堂前与亲友合影。

1912年5月，孙中山全家及秘书宋霭龄在广州合影。前排左起：卢慕贞、孙中山；后排左起：孙娫、孙科、宋霭龄、孙婉。

1912年6月22日，孙中山抵上海。图为6月30日孙中山在黄兴寓所欢迎宫崎兄弟、山田纯三郎等人时合影。前排左三山田纯三郎、左六宫崎寅藏；二排左三起：有吉、黄兴、孙中山、陈其美、王芝祥；后排左九宫崎民藏、左十蒋作宾、左十二钮永建。

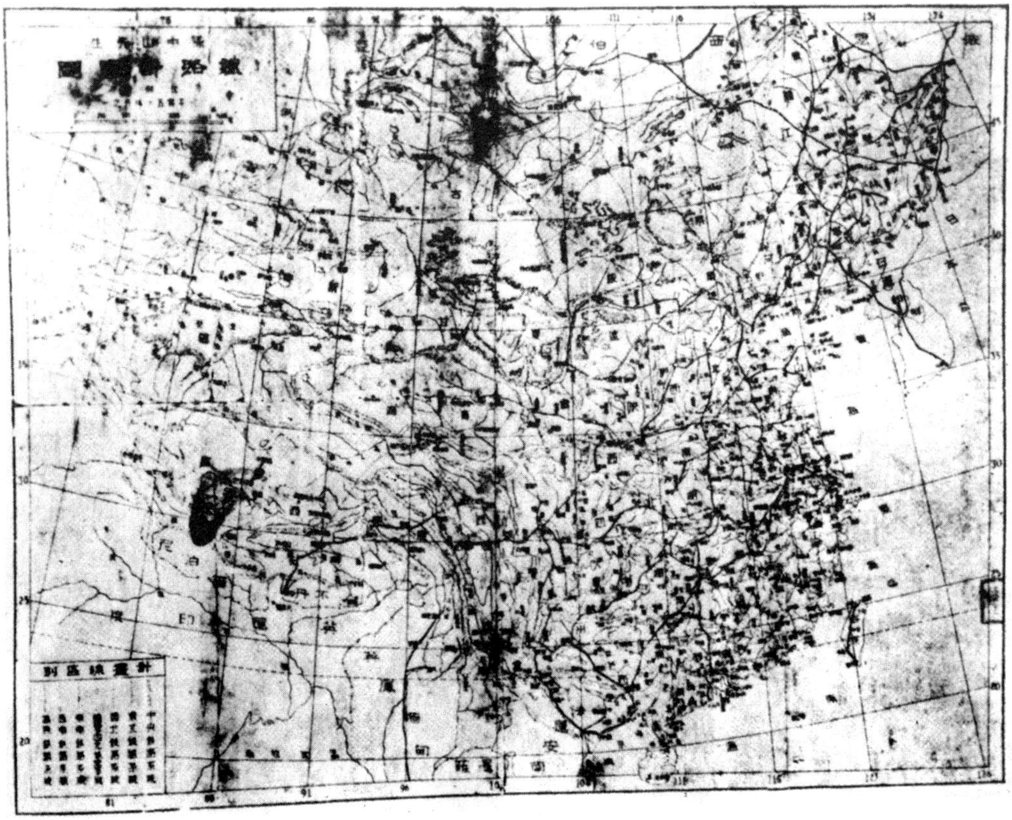

孙中山的铁路计划图。

赶上和超过欧美国家；同时号召军民团结，万众一心，建设新民国，使人民免除痛苦，得到幸福。有人统计，他在1912年至1913年做的58次演说中，专讲民生主义或涉及这个问题的就有33次。仅在1912年4月到该年年底9个月时间，孙中山在各地总共40多次演讲和谈话中，有关民生主义、社会主义、实业建设等问题就不少于25次之多。例如4月中旬，孙中山在武昌各界民众露天大会的演说中，还建议建造长江大桥或凿通隧道，使武汉三镇连成一片。6月中旬，孙中山再次到上海，专就此事和黄兴商量，并亲自草拟了一份修筑铁路的计划。在计划中，他为中国精心绘制了一幅雄伟的铁路建设蓝图，预定修筑南路（自南海至天山之南）、中路（自扬子江口达伊犁）和北路（自秦皇岛达蒙古乌梁海）三条沟通全国的主要铁路干线。孙中山不辞辛劳地向各界宣传他的筑路主张。他为“巩固中华民国，图谋民生幸福”而到处奔走呼吁，这和他在临时大总统上没有一次谈到平均地权、民生主义呈鲜明对照。这是孙中山一生宣传民生主义、社会主义最多的时期。

孙、袁会谈与黄兴北上

孙中山自8月24日抵京，到9月17日出京，在京25天，先后与袁会谈13次，广泛涉及国家面临的政治、军事、外交、经济以及边疆形势诸问题，每每自下午4时直谈到深夜，甚至谈到凌晨，除孙、袁外，袁的秘书长梁士诒常常作陪。在会谈中，袁“谆谆以国家与人民为念，以一日在职为苦”。他向孙中山陈诉了令人头痛的党派竞争问题，孙好心地表示愿意“一力担任”协助解决。他说：“此等之调和，我优为之。”孙中山坦率地劝袁“国民瞩望于公，不仅在临时政府而已，十年以内大总统非公莫属”，自己并无与袁竞争之意。孙中山在与袁世凯的会谈中，贯彻了他的让权袁氏而自己从事社会事业的方针。他向袁世凯提出的最重要的建议，就是袁世凯10年内练兵500万，而自任十年内建筑20万里铁路。

袁世凯虽不信孙中山的大言，但对孙中山的建议，只微笑着说：“办路事君自有把握，若练精兵百万，恐非易易耳。”袁迎合孙中山富国强兵

1912年8月24日，孙中山由天津抵北京与袁世凯会见。图为孙中山在专车上的情景。

1912年8月25日，同盟会联合统一共和党等4个政团改组成国民党。下午，在北京湖广会馆召开成立大会，孙中山被选为理事长。图为孙中山当时在北京的留影。

的迫切愿望，自夸说："我虽系历来做官，然所办之事，却以实业为第一大宗。"以坚定孙中山从事实业的信念。袁的自夸，倒也并非毫无根据，因为他继承李鸿章的衣钵，其经济利益已经从封建地产逐步转向了国家资本主义经济，他在清末创办近代工业方面，是封疆大吏中的后起之秀。袁世凯善于"变色"的伎俩，甚至附和孙中山最激进的主张，把轻信袁的政治节操的孙中山弄糊涂了。一天，孙中山困惑不解地问梁士诒说："中国以农立国，倘不能于农民自身求彻底解决，则革新匪易。欲求解决农民自身问题，非耕者有其田不可。我说及此项政见时，意以为项城必反对。孰知彼不特

1912年9月9日，袁世凯特授孙中山"筹划全国铁路全权"。图为孙中山在北京的留影。

不反对，且肯定以为事所当然，此我所不解也。”梁士诒当然不会把袁的真面目告诉孙中山。

双方会谈的顺利进行，使孙中山很高兴，他向人们表示：“十年以后，国民欲我出来服役尚不为迟。”也就是说，他希望在中国经济情况改观之后，再来全面实现自己的政治理想。9月9日，袁世凯特授孙中山以筹划全国铁路全权，组织铁路总公司，满足了孙中山进京的基本要求。外界对孙、袁会谈也很高兴，他们看到两大政治势力的领袖不是争夺权力，而是争相规划发展实业，感到莫大的宽慰。然而，当时人们还认识不到，掌握国家资本的北洋官僚集团是不可能使中国走向富强之路的。

孙中山首次莅京大约是在1894年的夏天。是年6月下旬，孙中山偕陆皓东“由沪抵津，上书李鸿章建议改革，未被采纳。”旋于7月，“游历京津，以窥清廷之虚实，深入武汉，以窥长江之形势。”此次莅京与袁会谈是孙中山第二次莅京。除了与袁多次会谈，孙中山在京活动安排颇为繁多。

1912年8月29日，彭家珍、杨禹昌、张先培、黄之萌四烈士灵柩迁葬万牲园。图为孙中山参加迁葬仪式时的情景。

1912年8月29日，孙中山在北京出席全国铁路协会欢迎会。会上孙中山提出10年筑铁路20万里的设想。这次会上孙中山被推举为名誉会长。图为孙中山同与会者合影。

1912年9月2日，孙中山出席中华民国铁道协会北京分会欢迎会时留影。

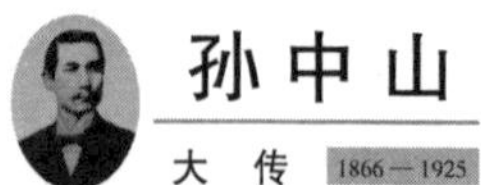

1912 年 9 月 6 日，孙中山赴张家口视察铁路工程师詹天佑设计的京张铁路。图为孙中山途经十三陵时留影。

1912 年 9 月 6 日，孙中山在长陵城楼前与随员合影。前排左八孙中山、左十叶恭绰；二排右三王宠惠、右四张继。

1912 年 9 月 6 日，孙中山视察京张铁路时，与欢迎人员在张家口车站合影。前排左五起：朱启钤、梁士诒、孙中山、梁如浩，前排右起第三为叶恭绰。

1912 年 9 月 6 日，孙中山在张家口车站月台上与欢迎者合影。

自孙中山北上之后，留沪的黄兴为避疑，赴杭州养病，为韬晦之计。然而北洋派仍对黄兴制造了大量谣言，诬陷其与张振武被捕一案关系尤大。

黄兴于8月27日返沪，得悉种种谣言，当即致电袁世凯，要求对张案“勿徇勿隐，彻底查办。如兴果与张案有涉，甘受法庭裁判。如或由小人从中诬捏人罪，亦请按反坐律究办”。

袁世凯乘谣言攻势之后，再伸出橄榄枝，他复电黄兴，慰勉有加，希望通过双方的诚恳会谈来击破谣言，并殷勤地表示“盼大驾即日启行，以维大局”。在各方的敦促下，黄兴为维持大局，遂于1912年9月6日偕陈其美乘招商局的“铭新”轮北上，并于11日抵京。

袁世凯选择了黄兴北上中途的时机，于9月9日发布命令，授予黄兴陆军上将军衔，以示优礼有加。待黄兴抵京，接待规格与孙中山一样隆重。这时，孙、袁的会谈已经基本结束。不过，孙中山显然对政治问题不愿深谈，所以持续已久的内阁危机尚无适当的调解办法。于是，解决内阁危机就成了黄、袁会谈的中心议题。而黄兴为了实现政党内阁的政治主张，进行了近乎天真的活动。

黄兴进京后，袁遂假意力请黄兴担任总理一职。吃足苦头下野的黄兴，自不愿再作冯妇，因此坚决谢绝，只愿注重实业，尽力于社会。

于是黄兴提议，总理人选可一任袁世凯之意，但为了逐步实现政党内阁的政治体制，要求总理和全体阁员加入国民党，也就是先搭起一个虚构的政党内阁的架子。对于阁员参加国民党的表面文章，袁世凯当然十分乐意接受，黄兴遂顺水推舟举荐赵秉钧。其实赵早已挂上了同盟会籍，他把挂名党籍视同儿戏，当然不会脱离袁氏门庭。

9月24日，参议院以69票对2票的压倒多数的票数，通过了袁世凯对赵秉钧出任总理的提名。显然，赵能顺利通过提名，孙、黄的调和活动是起了很大作用的。这次内阁改组，阁员并未更动，遂由黄兴出面，一一延请内阁成员入党。虽然有少数阁员如范源濂、周学熙不肯随和，但多数人总算加入了国民党。10月4日晚，黄兴、陈其美离京南归前夕，在六国饭店宴请全体国务员，国民党议员和干部等100多人，对加入国民党的国务员表示热烈欢迎。就这样，黄兴天真烂漫地凑成了一个不执行国民党政策的“国民党内阁政党”。

这样，孙中山、黄兴北上与袁世凯调和，继南北议和之后，在政治上又一次犯了严重的错误。孙、黄都是真诚的革命民主主义者，但是，他们和所有的革命党人一样，并没有掌握能够使革命胜利的力量，因此，当敌人采取欺骗手段的时候，他们不免把胜利的希望寄托在幻想之上。

应该指出，孙中山虽然不如黄兴那样与军队保持着紧密的联系，但也不像黄兴那样，抱着功成身退的消极情绪，显得无所作为。他总是积极奋发地探索着革命前进的道路，因此，孙中山始终不失为革命党人的领袖和旗帜。他在全党革命情绪低沉的条件下，全力与袁会谈，坦白无私，光明磊落，他的上当受骗是情有可原的。

视察各地　宣传民生

1912 年秋，孙中山在北京与袁世凯会谈及处理完有关事宜后，于 9 月 17 日中午由军警荷枪护送到北京站，乘专车赴山西视察。

北京站前，搭棚扎彩。到车站送行的有国务院代总理赵秉钧及政府文武官员，还有外宾约千人。北京城各户悬五色旗欢送。12 时 30 分，在军乐声中，专车启行，孙中山立于车外挥帽向送行者颔首致意。随行人员有魏宸组、居正、朱卓文、张继、刘信等 67 人。袁世凯派程克等护送到山西，派钱锡麟军警护送到娘子关。所经各站均悬欢迎旗帜，欢迎者约数万人。

下午 4 时抵保定站，军、政、学、商等界欢迎者约万人。孙中山偕随行人员下车，欢声雷动，第二镇统制王占元代表 30 个团体邀请孙中山赴欢迎会，孙中山下车与各界讲话约 20 分钟，即偕随行人员上车。

下午 6 时 3 分，孙中山抵石家庄。在军、政、学、商各界欢迎人群中，有正定中学 200 多名学生。当他们得知孙中山路经石家庄时向校方要求前往欢迎，校长不予批准，他们便去找校长交涉，最后逼使校长不得不答应，他们立即从学校赶到车站。欢迎队伍的次序是：正太铁路公司职工站在最前头，其次是地方军政官员，第三队是学生，再次是军警。孙中山下车后，

1912年9月17日，孙中山离北京视察华北铁路，18日抵山西太原，次日下午出席同盟会山西支部欢迎会，同与会者合影。与孙中山并坐穿军服者为阎锡山。

右手举帽，由排头看到排尾，又由排尾看到排头，露出和蔼可亲的笑容，向群众频频点头。正定中学的学生代表刘德润和其他团体代表同时向孙中山行礼后要求说："请先生给我们演讲。"孙中山先生遂即答应，同欢迎代表到了石家庄商会。他用流利的北方话对大家说："什么是专制国家？什么是共和国家？专制国家好比一个私人铺子，掌柜的是替东家管事的，赔赚是东家的；共和国家好比一个公司，经理是替各股东负责的。中华民国就是像一个公司，全国人民都是股东，人人都是有份的。总统就是我们的经理，不好我们有权撤换。"

孙中山一行于下午8时离开石家庄。在赴太原途中，孙中山向铁路工程设计人员梁上栋询问："你是学工程的，你对正太路用窄轨有何意见？"梁回答："除非万不得已，仍用标准轨为宜。"孙中山又问："你对我的建筑铁路计划有何意见？"梁答尚不清楚计划内容。孙中山把10年建筑20万里计划向梁详细说明。

当夜12时，专车到岩会站，山西都督阎锡山来此迎候。次日，18日早6时抵太原。军警学各界到车站欢迎，鸣炮21响致敬，孙中山及随行人员在都督阎锡山陪同下，乘马车到省议会。

19日上午10时，太原各界召开欢迎孙中山大会，到者中外男女有数千人，阎锡山致欢迎词后，全场起立三鞠躬。孙中山在演说中指出："今是共和时代，与专制不同，从前皆依政府，今日所赖者国民。……建设时代，还要牺牲个人，为大家幸福。"

中午，出席太原商、学界宴请会，并发表讲话。下午，出席山西同盟会支部欢迎会，阐述平均地权的意义。

20日早晨，又应邀与省议会议员们合影留念。上午8时，至同盟会事务所与山西同盟会支部同志举行座谈会。上午9时，出席山西军界的欢迎会并发表演讲。

下午2时，孙中山出席各省旅晋公会、师范女校、尚志女校、公立女子学校、第一女工厂全体的欢迎会。

欢迎会结束后，孙中山没来得及休息，就于下午4时出席山西警界、商界及自由党、共和党、统一党、基督教、自立会、法政学校、模范中学、学务公所、公立工艺厂、农务总会、蚕桑讲习所等1万多人在劝工陈列所大空场举行的欢迎会，并发表了演讲。

当晚6时，孙中山出席山西省议会、报界的欢迎会。9时，山西都督府宴请。

9月21日，孙中山致电袁世凯，请派数名精通矿学研究人员随同赴各地考察："文此次游历中外，纯从铁道政策上着眼，惟筹备之行，应将煤炭预为计划。我国产煤区域，几遍全国，往年产额在一万万吨之上，近更增加，设再整顿定能生色。请饬农林部酌派精晓矿学者数人，随同文沿途考察一切。"

当日上午9时，孙中山离太原，赴阳泉视察煤铁各矿。下午6时，抵石家庄，出席国民党驻石家庄交通部在事务所召开的欢迎会，到会者2000人。孙中山到会场时全体起立，三呼"孙中山先生万岁！"孙中山讲话指出："现在数千年之野蛮专制政体业已改革为共和政体，人民均得享自由幸福。”“现在共和，人民即是主人，官府即是公仆。”国民“有纳税之义务”，“有充兵之义务”。“欲享权利必先尽义务”。

22 日，孙中山主持举行追悼吴禄贞烈士（湖北人，官派赴日本入陆军士官学校骑兵科学习。受孙中山民主革命思想影响，曾回国参加过唐才常组织的自立军起兵“勤王”，也和黄兴等筹划过湖南起义。武昌起义后，与山西的新军二标标统、同盟会员阎锡山组织燕晋联军，约同驻扎在滦州的第二十镇统制张绍曾，计划一起直捣北京推翻清政府。此时，袁世凯侦悉吴禄贞的密谋后，派湖北军第十二协统周符麟携款两万元收买了吴的卫队长马步周，于 11 月 16 日夜 1 时在石家庄火车站将吴杀害。吴的参谋官张世膺、副官周维桢同时遇难。1912 年南京临时政府成立，孙中山任临时大总统期间追赠吴为陆军大将军）大会。阎锡山也为吴撰文立碑于车站西边。

22 日上午 9 时 10 分，孙中山偕随行人员离开石家庄到唐山参观铁路制造厂、矿务局、启新洋灰公司等处。

下午 6 时，孙中山抵天津。当日出席同乡在南门内广东会馆（现天津第九中学）召开的欢迎会。时北京政府因陆徵祥一再要求辞国务院总理，9 月 22 日，袁世凯向参议院提名任内务总长赵秉钧为国务院总理。此事在黄兴帮助疏通下，顺利通过。

9 月 23 日上午 9 时，孙中山由天津赴榆关，到开平、滦州视察了煤矿。当日又返回天津。

孙中山在答路透社记者问时说：“游历北部各省后，确信其铁路政策可大受国民之赞助，而各处官员亦无不渴欲发达利便之交通”，“即将赴沪勾留一月，从事组织铁路总公司。”

24 日，孙中山由天津赴山海关，视察北宁铁路。旋即折回天津。因急于赴各地视察铁路、矿业，谢绝了诸多团体的邀请。

26 日，孙中山偕随行人员离天津，视察津浦路北段，抵德州车站时，有军、政、警、商、学各界人士前来欢迎。孙中山下车与欢迎人员谈话 30 分钟后上车，至黄河北岸，乘小火轮至南岸，上黄河大桥，视察了大桥工程。之后，乘山东都督周自齐所派专车赴济南。

济南各界闻孙中山将至山东视察，积极做欢迎准备，车站过客桥下，以柏枝结成牌楼，上有菊花嵌成的“欢迎”二字，桥上遍插国旗。26日下午，当地各界1万多人立于车站，军队于月台排列，山东都督周自齐在牌楼下舆，至站台迎候。2时30分，孙中山乘专车到站，军乐响奏，周自齐上车谒见，孙中山下车后，由都督周自齐和陆军第五镇统制靳云鹏陪同，乘4人笋舆赴津浦路局大楼内休息。欢迎者均脱帽致敬，孙中山在舆中脱帽答礼，车站外马路上仍有许多人站立欢迎。5时，由津浦路局到都督府。都督周自齐召集行政官员、各团体代表于珍珠泉“珠泉精舍”举行茶话会，各国领事也来参加，各界人士次第进谒行一鞠躬礼。席间，与周自齐商谈兴修烟潍、兖亳二铁路的计划。

9月27日上午8时，孙中山乘笋舆，由都督周自齐、陆军第五镇统制靳云鹏陪同至营门外检阅陆军演操，军队列队欢迎。第五镇全军与九十四

1912年9月26日，孙中山视察津浦线及黄河大桥后抵达济南。图为孙中山在济南与欢迎者合影。

标合操，马队、步队、炮队操演一小时。之后，出席该军举行的欢迎会，各级军官、各营代表齐集于讲武堂。孙中山到场，全体脱帽行三鞠躬礼。孙中山答礼后即演说，指出，军人与国家之关系，军人对于人民负保卫之义务。

当日下午 2 时 20 分，孙中山出席由各县旅省劝学委员长、高等学校等在省议会举行的欢迎会。孙中山刚入执行室，忽闻人声鼎沸，孙中山问知是会场楼一处倒塌，即起身要亲往察看，说："楼塌必伤人，诸君为我受伤，我必往视。"被都督周自齐及议员等人力掖阻止。秩序稳定后，孙中山到会场。代表致欢迎词后，孙中山登台演说："人民为民国主人，既为主人，应有为主人之资格，为主人之度量。政府为人民公仆，既为公仆，必须主人信任，然后可以有为，否则进退失据。要之，政府既为人民所建设，即不可不信政府。"对外是取"开放门户"政策。"建筑铁路，为建设之要端。"

下午 4 时，孙中山出席省议会、教育会、国民党、自由党、共和党等 52 个团体在省议会厅举行的欢迎会，在讲话中指出："今日破坏告终，建设伊始，各政党、各团体务宜联络一气，以国家为前提，而不能以本党为前提……所谓建设者，有精神之建设。惟关乎统一政治，及矿产商工各业，均属重要。但 20 万里之铁路，需款 60 万万，以中国独力为之，非百年不可。列强进步之速，一日千里，岂能待我百年，兄弟欲以 10 年之时期告竣，已属缓无可缓。"

会后，周自齐、靳云鹏陪同游览了大明湖、千佛山。日暮归寓。当晚 9 时，在寓所举行记者招待会，到会者有《齐鲁民报》《齐民报》《群化日报》《民话日报》《济南日报》《简报》的记者。

孙中山向记者们说明推行铁路三政策："借资开办""中外合资""外人承办"。又回答了《齐鲁报》记者王乐平、蔡春潭提出的四个问题：一、集权分权之得失；二、铁路政策利用外资能否不用国家名义；三、现在之外交；四、省长民选简任问题。

这时又有记者问："现在领事裁判权尚未收回，铁路骤归外人承办，外国法人不受我国制裁，此事有无流弊？"孙中山回答："开放门户，正

1912 年 9 月 28 日孙中山自济南至青岛。图为孙中山 9 月 30 日在青岛与江西、安徽、江苏、浙江会馆的欢迎者合影。

1912 年 9 月 30 日，孙中山在青岛出席中华基督教青年会欢迎会时合影。

所以为收回法权地步……开放，正所以保全领土，如满洲开放过晚，即为日本所干涉。至将来收回裁判权，自应先从内地法庭着手，次第推及商埠。”

当天，孙中山致函北方报界指示宣传兴建铁路有利于国家，借以得到人民的输款和支持。

青岛的军、政、学、商等界闻知孙中山在济南视察，纷纷邀请他到青岛。但驻青岛的德国当局惧怕孙中山进行维护国家主权的政治宣传，不予同意。为此，青岛高等学校学生们向德国当局交涉，并严词质问。

孙中山闻知此事，毅然表示说：“我本来不准备去青岛，既然德国侵略者不喜欢我去，我就非去不可。”于是28日晨7时，孙中山乘胶济路专车离济南赴青岛。随行人员有山东省同盟会支部理事徐镜心、刘冠三。蒋洗凡以及警官杨晟、外交副司蔡某等人。当日到青岛，即出席各界欢迎会，重申筹办铁路工程的方针。

30日，青岛高等学校组织欢迎孙中山大会，德国人无理干涉。孙中山在欢迎会上严厉斥责了驻青岛德国当局的蛮横无理和侵略行径。

当天下午1时，孙中山应各省旅青岛商界邀请，先后到江西会馆、安徽会馆、江苏会馆、浙江会馆、广东会馆演说。晚7时，又应邀出席粤东同乡会的宴会。

孙中山这次入京及视察北方各省，北京政府一些官员视若皇帝出巡，以为支销金额总会在百数十万以上，可以从中冒报私扣，获取厚利，因而纷纷钻营谋任接待。不料，孙中山到京及河北、山西、山东视察一个月的时间，事事节省，包括随行人员在内，支用总额才1万多元，使接待官员大失所望。袁世凯原是预备2万元作为孙中山活动费用，招待员将孙中山由上海来京及由京赴河北、山西、山东视察活动的种种用款核算，共计用去1万零数百元，呈报袁世凯核阅，袁世凯惊奇地对总统府秘书长梁士诒说：“前清办贝子、贝勒差一天，其耗费较此尚多数倍，且无关于国。中山此来利国福民甚大，又旅居多日游历，而用费仅如此，其相去何止霄壤耶。”闻者皆愕然，赞佩孙中山俭德之风。

10月1日，孙中山及随行人员游览了青岛崂山。当晚乘“龙门”号轮船离开青岛赴上海。

10月1日上午8时，“龙门”号轮抵上海，黄浦江上所有中外船只及军舰均升旗致礼。“龙门”轮于外虹桥老宁波码头停泊，孙中山及随行人员登陆时，同志及友人询问北京情况，孙中山回答：“北京安逸异常，黄兴、陈其美与北人感情甚佳。鲁、晋两省现状亦好。”之后乘汽车至法租界宝昌路491号寓所。次日，铁道协会成员来访，孙中山向他们讲述了兴建铁路计划。

孙中山此次入京，由于袁世凯对他的政治主张、实业计划无不迎意附和，甚至对革命党的“党纲及主义也极为赞成”，使他感到选民国总统“荐项城，并不谬误”。他认为袁世凯真的与他合作富强中国。他还说因革命党内外有些人“疑袁总统有帝旧自为之意”，“故袁总统今日实处于嫌疑之地位，做事颇难”，他要求“嗣后国民党同志，当以全力赞助政府及袁总统”。

黄兴在孙中山离京19天后，即10月6日，也离开北京，10月25日由上海乘“楚同”号舰赴湖南故乡，这天是农历九月十六日，这年黄兴39岁，乘舰夜航江心，油然生感，赋诗一首：“卅九年知四十非，大风歌好不如归。惊人事业随流水，爱我园林想落晖。入夜鱼龙都寂寂，故山猿鹤正依依。苍茫独立无端感，时有清风振我衣。”颇有功成身退之慨。

10月6日下午2时，上海国民党支部在张园举行欢迎会，到会男女2500多人。2时30分，孙中山到会，全场鼓掌欢迎。他在演说中讲述了这次入京对“调和南北，以为国家永久之联合”起到的积极效果。与袁世凯的会谈，他也感到很满意，他说：“余在京，与袁总统时相晤谈，讨论国家大事，颇入精微。故余信，袁之为人，甚有肩膀，其头脑亦甚清楚，见天下事，均能明彻，而思想亦很新，不过做事手腕稍涉于旧，但办事本不能尽采新法……欲治民国，非具有新思想旧经验旧手段者不可，而袁总统适足当之。”

10月10日，孙中山为英文《大陆报》撰写了《中国之铁路计划与民生主义》一文，具体说明铁路计划完成后，中国将出现“商业繁盛”“市场扩大”“生产激增”“人民幸福”“保障统一”“不受各国宰割”“抵

1912年10月10日孙中山到达环球中国学生会举办的武昌起义周年纪念会会场时情景。

1912年10月3日，孙中山自青岛抵沪。10月10日出席环球中国学生会举办的武昌起义周年纪念会并发表演说。孙中山左旁为伍廷芳。

1912 年 10 月 12 日晚，孙中山与黄兴同日本友人合影于上海六三亭宴会上。左一山田纯三郎、左三尾崎行昌、左五宫崎寅藏、左六黄兴、左八孙中山、左十末永节。

御侵略”“列于世界大国之林”的“黄金时代”。

这篇文章集中体现了孙中山辞临时总统后专心竭力地为富强中国、发展经济修建 20 万里铁路而苦心经营的指导思想和为实现民生主义理想的坚定信念。

孙中山不愧为伟大的革命家，伟大的富强祖国的设计师，他为改造中国无私地奉献着他的全部精力。

10 月 10 日下午 3 时，他出席上海环球中国学生会举行的纪念武昌起义周年大会。大会首先由伍廷芳、王正廷等致纪念颂词，之后，孙中山在会上发表演讲。讲话结束，掌声雷动，全场众呼“中华民国万岁！孙中山先生万岁！”会后由伍廷芳、李登辉、王正廷等陪同至客厅稍歇，即观看学生们的运动会，有跳高、赛车、赛跑、跳远等项目。

12 日下午 2 时，孙中山出席上海报界在庆虹园举行的欢迎会。大会由于右任主持，孙中山讲话 3 个小时，滔滔不绝，毫无倦容，全场鼓掌赞叹不已。

孙中山应社会党江亢虎之请，10 月 14 日至 16 日每日午后 3 时至 5 时连续 3 天在三马路大新街中华大戏院讲述社会正义学说。由社会党党部印制入场券，分送各团体，社会党党员凭证书入场。听众第一天是 1600 多人，第二天是 2000 多人，第三天是 3000 多人。

孙中山1912年摄于上海。

10月中旬，孙中山为缅怀乙未年九月初九广州起义和庚子年八月十三日惠州起义牺牲的陆皓东、朱贵全、邱四、程曜臣、程奎光、史坚如以及日本义士山田良政等烈士，特由上海致电广东都督胡汉民及广州各界：“请我粤同胞于九月九日（阳历10月18日）大开追悼会，以表彰幽烈，并捐款分别追恤烈士之后人。”孙中山个人先捐1000元。广州各界响应孙中山的嘱托，在10月18日为乙未年广州起义、庚子年惠州起义殉国的烈士举行了“礼节颇盛”的追悼大会。

应江西都督李烈钧之请，孙中山赴江西视察。10月18日中午12时，乘“联鲸”号军舰离上海，经吴淞时，吴淞要塞司令姜国樑率全体官佐欢迎，在军乐声中，步兵列队举枪行礼。孙中山穿着西装，随员有三四人。检阅了南北两炮台士兵的操演，孙中山吩咐“不要发炮”以节省炮弹。

19日，孙中山抵江阴，视察狼山、福山，炮台鸣炮21响致敬。由台官、民政长陪同至山西参观炮台，山巅的大炮，口径18寸，弹重800磅，是江阴炮台最大的炮。数十名炮兵做装弹、瞄准、放射操演，动作敏捷，孙中山不断与官兵交谈。又往东山参观，数十名宪兵紧随护卫。他用望远镜观察了江山形势，视察3小时，下山入城。下午6时，国民党、社会党、自由党、参事会开欢迎会，到会人数有4000多人。孙中山在讲话中指出，江阴“要想法造道路，造路的办法既容易，而且最利于国家最有利于社会……有了马路，火车方能达，所以要中国交通上的便利，须从造马路做起”。晚上在公署用餐。晚9时，离江阴西上赴镇江。

20日早6时，孙中山抵镇江，江中各兵舰悬彩旗，鸣炮致敬。县长张翼云、师长顾忠琛，两旅长张伟斋和赵念伯，各级官员及各界代表登舰接迎。

茶话片刻，即登岸，由长江要塞司令洪承点等官员陪同至象山炮台视察，守台部队列队荷枪立正恭迎。继往焦山、雩山、图山、都天庙各炮台视察，士兵操演发炮，隆隆之声，震动山谷。午后，赴广肇公所，出席镇江各界召开的欢迎会。道旁观者塞途，或脱帽致敬，或鼓掌欢迎，先生一一回敬。莅会时，与接待人员一一握手。会上演说 3 个小时，毫无倦容，“列会者莫不肃敬，咸有满意之色”。至晚 9 时回舰。

21 日下午，孙中山乘“联鲸”号轮抵南京。军政各界联袂欢迎者近万人。登岸后，乘马车偕长江要塞司令洪承点至狮子山、幕府山视察炮台。进城时已至 5 时，至都督府休息，与都督程德全晤谈。次日 22 日上午 10 时，南京国民党支部、两广同乡会、铁道协会在三牌楼第一舞台举行欢迎会，到场者 6000 多人。10 时 30 分，孙中山偕随员王正廷等莅会，孙中山讲话中指出：“我国地方之大，人口之众，物产之丰，人才之众，革命之后，若能一心一德，从事建设，必能为世界第一最富强之国。但建设不一端，如政治、实业种种皆是……兄弟因此担任铁路一事，愿以十年为期，建造全国 20 万里铁道，以促进实业之发达。……愿全国一心，不倡反对，庶外人信用投资，则铁路易底于成，而各项政策，皆得因此而进行，中华民国富强，庶几可期。”会后，乘马车赴都督府午餐，各司次、师旅官员列席。下午 3 时，离南京，沿长江西上，经芜湖赴安庆。

孙中山抵安庆后，应邀在安徽都督府欢迎会上发表演说，称赞安徽都督柏文蔚不畏列强的威胁焚烧鸦片一事，他说：“贵都督日前焚毁鸦片上，办理亦颇得法。英领事受奸商唆使，带军舰两艘至贵省，无理干涉，卒能和平结果。”

之后，孙中山一行 23 日当天离安庆赴江西，次日上午 8 时抵九江。九江的通衢大道已扎好欢迎牌楼，商店门前张灯结彩。欢迎的队伍先后来到招商局码头。

九江靠近长江沿岸，除招商局码头及附近周围地方之外，全属英国租界，英当局规定，中国人不得进入租界内。可是这天，九江市人民由于孙中山的到来提高了反抗帝国主义的勇气，纷纷穿过英租界地区，英国巡捕慑于群众的激昂情绪和孙中山的到来，只得把租界两端的铁栅门打开。欢

1912年10月18日，孙中山自上海出发，24日抵江西九江。图为孙中山出席国民党九江支部欢迎会时合影。

迎的队伍有码头工人、裕生火柴厂工人、商界代表、同文学院学生、九江中学学生、高等小学学生、高等女子小学学生、彭泽县代表、湖口县代表。

孙中山登岸后，欢迎人群高呼“万岁！”孙中山用手挥动着帽子含笑答礼。到九江议会局（今九江柴桑小学）稍歇后，即向欢迎的各界讲话，说：“要团结起来，向帝国主义收回治外法权，保卫我们的领土。”

当孙中山看到城墙上悬挂着好些国家的广告牌时，问九江警察厅长周兆麟：“各国在城墙上竖立广告牌，是不是向我国租用了的？”周兆麟摇头说：“没有。”孙中山指示说：“依照外国法律，不论在哪个地方竖立广告牌，既要征得主人同意，还要缴纳一定的租金才行。我们应该维护这种权利。”

后来，周兆麟按孙中山的指示，要外国人补交租金，各国领事和洋行根本不予理会。几天后，周兆麟派警察将各国广告牌全部拆掉，各国领事才提出交涉，在江西都督李烈钧的支持下，周兆麟坚持孙中山的指示，要他们缴纳租金才可设置广告，最后外国洋行补交了租金。

10月25日晚，孙中山乘“振鹭”号轮抵南昌，到江岸欢迎者近万人。由江西都督李烈钧率军政官员陪同至百花洲，登楼落座，左列为军界，右列为政界。在交谈中，孙中山讲述了关于修建铁路政策：拟由外国人承修，一切权利均归外国人，40年后归中国，不及40年，依股票时价收归国有。关于借债问题，现已与外国资本家数人联系，拟开办中西商办银行。中外各出资本千万镑，将来中国借债，即由该行出名，可免因国家借债引起政治交涉，也可利用该行发行公债票，销售于外国市场。

1912年10月25日，孙中山抵南昌。次日出席南昌军界欢迎会时合影。孙中山左旁为江西都督李烈钧。

26日上午7时，军、政、学、团体齐集顺化门外大楼场举行欢迎会。9时，孙中山在都督李烈钧陪同下莅会，军队举枪致敬。9时30分，孙中山登台，李烈钧及都督府其他军、政官员20多人站立于后。孙中山在讲话中指出：

"现在世界各国，均从事扩张军备，进步一日千里。处今之世，有武力之国家则轰轰烈烈，进于一等之地位。无武力之国家，必至于灭亡。今世界文明进化，尚在竞争时代，而非大同时代。处此竞争剧烈之时，人人须以爱国保种为前提。"语毕，听众欢呼"共和万岁！"

下午2时，都督李烈钧在商务总会所宴请孙中山，列席者有张继、马君武、王正廷、朱超、戈克安。孙中山在谈话中说："我国未开采之五金、煤铁最多，农林亦富，欲谋发展，非先发达交通机关不可，交通机关为第一在铁路。"

下午5时，孙中山在百花洲寓所接见记者，谈借债与筑路问题。晚上，出席南昌国民党支部谈话会，讲述迁都问题。认为"北京一朝有事，是极易破的。从大沽口至北京，五天内即可抢我北京"。而"南京握全国之中。长江流域界于十八省之间，南京为长江之要地，交通便利……江阴、镇江等处炮台极有力量，为南京最要门户，收海军上之利益极为完全"。

27日上午9时，李烈钧偕都督府军政官员至百花洲与孙中山谈话，并将江西全省铁路图呈展，详细说明何处已通车，何处已动工。孙中山边听边仔细浏览。之后，由李烈钧等陪同乘马车至讲武堂，出席各政党、公团、学校举行的欢迎会，列会者及围观者约1万人。孙中山讲述了民生主义、社会主义等问题。语毕，讲武堂军乐队奏乐，大同学校、女子公学、正蒙女校学生唱欢迎歌，听众欢呼"万岁！"

散会后，孙中山即乘马车至乐群学校，出席欢迎会，由校长陈邦燮陪至客厅稍歇，即至会场。孙中山因在讲武堂演说，喉干舌燥，由张继代表讲话。散会回百花洲寓所。

午后1时，孙中山赴全浙会馆，出席国民党支部举行的欢迎会，由张继代表讲话。2时散会。又赴妇幼医院，出席该院与葆灵女书院、南昌医院举行的欢迎会，到场者有500多人，还有外国男女来宾20多人。由王正廷代表讲话。散会后登楼休息不久，又有教育会代表来催请出席欢迎会，随即赴教育会举行的欢迎会，因患感冒，未演讲，只做礼仪性的会见。

28日上午，都督李烈钧偕军政官佐至百花洲孙中山寓所座谈。9时，李烈钧邀孙中山及督署官员在陈列所宽敞地方分立四排拍照留念。之后欢送孙中山赴芜湖。

孙中山到河干步登滕王阁游览，遥瞻俯瞰片刻，逐级而下登轮，岸上即鸣炮21响，军乐齐奏。孙中山手握军帽，与欢送者答礼。李烈钧及督署官员入舱与孙中山握手话别后退出下船排立河干欢送。由“长安”“振鹭”“敦庆”三小轮护送，孙中山一行乘大官板船离岸，沿河礼炮声隆隆，自码头到城门混成团机关枪连与护卫军四团三营荷枪排列，水师各炮艇皆悬五色旗欢送。上海《天铎报》1912年11月2日报道：“孙中山此次赴赣，其大原因，意欲扩充该省路政”，“此行携有写真机械，并携带测绘员2人、工程司3人，一路往来所历名山大川，均命绘图摄影，如大庾岭，庐山，鄱阳湖中之大孤山、小孤山，均有照片携回。”

30日上午8时，孙中山一行抵芜湖，各界在大舞台召开欢迎会，到会者近万人。孙中山讲话说：“君主专制既已推翻，凡我同胞，均从奴隶跃处主人翁之地位，则一切可以自由，对于国家一切事件，亦有主权矣。既

1912年10月30日，孙中山抵安徽芜湖。图为孙中山出席芜湖各界欢迎会时的合影。

然处于主人翁之地位，则当把从前之奴隶性质，尽数抛却，各具一种爱国心，将国家一切事件，群策群力，尽心办理，万不能再视国家事为分外事。能如是，中国前途，自有莫大之希望。”散会后，至广东会馆午餐，下午3时乘马车至江口登轮离开芜湖。次日31日下午抵上海，随行人员有张继、王正廷、马君武。

孙中山在各地视察后，带着大量在各地发展交通、矿产、水利的图纸、照片等资料回到上海，寓宝昌路491号，着手组织中国铁路总公司事务所，所址设在广东路36号，每天“力宣路事，绝少暇晷”，计划组织完备后，即出国参观。

中国铁路总公司于11月14日正式成立，当日，孙中山电告袁世凯，并通电各省都督及议会，说：“于上海设立中国铁路总公司，即日开办。”要求“各省人才均宜广为储备，其熟悉路事或研究有得者……见教，以期集思广益”。

1912年11月14日，中国铁路总公司在上海开办。图为孙中山在中国铁路总公司事务所前留影。

铁路总公司成立以后，孙中山于1912年11月25日下午6时，在三马路醉和春西餐馆宴请商、报、学、实业各界。他在讲话中说：“办路，必须输进外资。美国铁路布满全国，其期仅10年，经营之始，亦大借外款，始能成就……政府主张开放欧美资本，源源输入，何事不办！”铁路事业“造基宏远，诚有望诸国民之群策群力”。叶恭绰、江亢虎、李怀霜、沈缦云、王云芳等也讲了话，赞成孙中山先生的铁路政策。

12月2日，在上海《民立报》上刊登了中国铁路总公司的一则启事：

本公司总理，定于每周二、五下午3时至5时在五马路36号本公司接见来宾，如有特别要事，请先期见示，订晤谈时间也可。

12月3日，孙中山为沙俄侵略外蒙事再向北京国务院、参议院、各省都督、省议会、全国国民发表通电，指出："蒙亡国亡，与其不抗俄屈辱而亡，曷若抗俄而为壮烈之亡，故举国一致，矢死靡它。"他揭露列强的侵略用心说："民国成立已一年，列强互相阻难，无一国肯首先正式承认。而蒙古一域之独立，俄乃首先承认之，各国不以为难。此非故为瓜分之余地乎？"他号召国人"发奋一战以胜强俄，而固我国基于万代"。

应浙江都督朱介人之请，孙中山于12月8日上午10时离上海赴杭州，途经松江、嘉兴、硖石。嘉兴、硖石、斜桥各车站，均有军政及各团体列队欢迎。下午2时半到杭州。都督朱介人、政军学及各团体到车站欢迎。孙中山下车与诸人一一握手。拥观群众，充塞于途，孙中山为让群众都看得到，舍舆，改乘马，群众欢呼"万岁！"

1912年12月8日，孙中山应浙江都督朱瑞之邀自上海赴杭州。图为孙中山途经嘉兴，应邀前往春波桥兰溪会馆参加欢迎大会并演讲。会后在南湖烟雨楼狮子峰前与欢迎者合影。

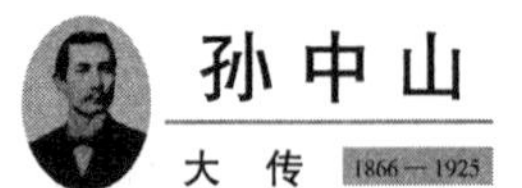

1912年12月8日，孙中山抵杭州。浙江各界万余人至车站欢迎。图为孙中山和中华民国铁道协会浙江分会欢迎者在车站的合影。

1912年12月8日，孙中山在杭州出席国民党浙江支部欢迎会。孙中山右为陈其美。

下午 4 时，孙中山出席国民党浙江支部在马波巷法政学堂举行的欢迎会。到会者 800 多人，孤儿院学生合唱队特来唱欢迎歌。孙中山登讲台时，全场起立行一鞠躬礼。孙中山讲述了浙江人民在革命中的作用以及民生主义、铁路国有政策。晚 7 时散会，赴都督朱介人晚宴后，下榻于梅花碑第五军司令部。

次日 12 月 9 日上午，孙中山至西湖西泠桥秋瑾烈士墓前凭吊，并到秋社（1908 年葬秋瑾于西湖后，徐寄尘、陈去病、褚辅成等为纪念秋瑾所组织）参加秋瑾的追悼会，撰写了挽秋瑾联，并被聘为该社的名誉社长。孙中山对革命烈士怀有深情，后来 1916 年 8 月到杭州，又到秋社看望，回上海后，特为竞雄（秋瑾字）女中书写了“巾帼英雄”4 个大字横额，以纪念秋瑾。

1912 年 12 月 9 日，孙中山在杭州祭奠秋瑾烈士墓并参加秋瑾追悼大会。图为孙中山与出席者合影。前坐左二起：屈文六、孙中山、朱介人；下站左起：陈去病、范君、张心抚、陆绥之、梁立屏、陈笠涣、陈文科、徐景庼、褚辅成、姚勇忱、陈其美、朱君、陆查生、陆厚夫、徐寄尘、徐景庼夫人、武向梅。

下午4时半，孙中山出席杭州51团体在国民公所召开的欢迎会，到会者约3000人。国民党浙江支部长诸慧僧代表全体致欢迎词后全场人员脱帽向孙中山行一鞠躬礼。孙中山讲述了民生主义，他说：关于资本"我国无特别之资本家"，不会"演成不平等之风潮"。关于土地，政府采取"估本抽税"的方针。关于实业，铁路，要有，"国有即民有"。关于教育问题，过去男子教育，不及十分之六，女子教育，不及十分之三，"今后要普及"。

12月10日上午赴钱塘江边视察浙江铁路。下午，赴拱埠参观商场后，先后出席佛教总会浙江分会的欢迎会和共和党、民主党两党浙江支部的欢迎会。

1912年12月10日，孙中山赴钱塘江畔视察铁路并参观之江大学。图为孙中山与该校师生合影。

12月11日，孙中山游览天竺、灵隐名胜后，乘船到两年前去过的白云庵，看望了当年热心支持革命的和尚智亮。孙中山这次到白云庵，与智亮和尚亲切交谈并合影留念，还挥笔题写了"明禅达义"匾额。

12月12日上午，孙中山离开杭州返回上海。

12月22日下午2时，孙中山应邀出席上海机器公会在张氏味莼园举行的成立大会，并讲话。

上海机器公会由江南造船厂、浦东祥生厂、权树浦瑞镕厂、南市求新厂、老公茂厂联合成立，名誉会长朱志尧。出席成立大会的还有伍廷芳及工党、社会党、共进会、各报社的代表，约3000多人。

1912年12月孙中山在上海。

松江国民党员们渴望见到孙中山先生，并愿亲聆其教导，为此致电上海，请孙中山先生赴松江一行。孙中山复函说："于12月26日至松江。"松江国民党员们欢喜万分，即做一切欢迎的准备。

孙中山于26日上午，离上海赴松江，乘混成第三旅旅长所派"钧和"号舰于9时启行。随行人员有陈其美、戴传贤两人。下午3时抵松江，当晚，国民党在支部事务所与孙中山举行恳亲会，孙中山演说铁路政策。

12月27日上午，清华女子学校举行欢迎孙中山大会，校园张灯结彩。该校曾是革命党人活动的据点。孙中山偕陈其美、戴传贤等于10时到校，

1912年12月27日，孙中山在松江清华女校发表推广女子教育的演说。图为他与该校师生合影。

全校师生列队欢迎。随即举行欢迎会，全校师生起立行一鞠躬礼。孙中山在演说中鼓励发展教育事业，推广女子教育。

1912年12月27日，孙中山在松江醉白池召开的各界欢迎会上演说平均地权问题。图为孙中山在醉白池与陈其美（左）、戴季陶（右）合影。

之后，出席松江各界在共和党松江支部举行的欢迎会。是日漫天大雪，孙中山及陈其美、戴传贤乘舆到会。孙中山讲话中指出建党原则及其在政治上应起的作用。之后出席工党、自由党、共和党、县教育会、县商会等团体于西门外醉白池举行的午宴欢迎会。孙中山在会上讲述了民生主义平均地权的问题。晚6时，乘车返回上海。

赴日访问考察

孙中山为实现他的社会改革和经济建设的理想，于1913年2月间作为前总统、“全国铁路督办”赴日访问考察。在日本，孙中山受到“国宾”规格的盛大欢迎和隆重接待。他在日本参观考察了许多工厂、铁路、学校，同日本政治家、企业家会谈。他从日本经济的高速发展，看到中国的未来。他计划着如何学习日本，并赶超日本、欧美。

孙中山于1913年2月11日赴日本考察，借以筹措外资兴建铁路。图为1913年孙中山在日本留影。

1913年2月11日午后，他偕夫人卢慕贞、英文秘书宋霭龄及随行人员马君武、戴季陶、宋耀如、何天炯、袁华选等，乘“山城丸”轮离开上海赴日本。2月13日上午7时抵日本长崎女神冲。宫崎寅藏、中国领事、华侨、华商、各报记者前来迎接。“山城丸”停泊后，欢迎的各界登上船，甲板上“挤满欢迎人群，几乎没有转身余地”，孙中山走出客舱，上前与大家一一握手，日本朋友这次见到他，感觉他“由于长期奔走革命，风采上显得稍老一些”，“却满面春风，喜气洋洋，对于素未会面的迎接者，均以炯炯有神的目光酬答之”。因去东京的专车9时10分开行，为他备好的早餐没有吃完，就乘港务部的汽艇上岸。数百名华侨小学生在码头上列队欢迎。孙中山及随行人员走进长崎车站的楼上客厅，长崎市长、议会长、商业会长入厅问候。孙中山一行上专车时，站台上中日两国官员及群众高呼“万岁！”迎送。孙中山站在车厢门口脱帽答礼。

2月14日，专车临近神户时，孙中山在与随行人员的谈话中说：“二十多年前，我曾在此地山麓处居住过，究竟是现在的什么地方，如今已无从记忆了。人们常说第二故乡等等，而当时对我来说，连第一故乡也丧失了。其时，我被迫逃出故乡，以漂泊之身，东渡日本，真所谓沦落天涯之孤客。加以所到之处，必有日本警察尾随跟踪，令人颇为厌恶。遇到过于讨厌的家伙，即不禁怒喝其即速离去。”

1913年2月14日，孙中山抵达东京。图为他在火车上的情景（右一宋嘉树、右三马君武、右四孙中山）。

有随行的日本大阪《每日新闻》社记者与孙中山谈到将来还会被选为中国大总统时，孙中山说：“即使我被推选为大总统，也将辞，不就任。较之于就任总统，我更愿倾全力创建伊始之铁路建设事业。”孙中山还向这位日本记者说了他筑造铁路的计划：“中华全国之铁路，应以粤汉为干线，而使其及早开通，然后及于其他。此乃发展之程序也。”

14日晚8时，孙中山一行抵达东京，到新桥车站欢迎者有2000多人，日本著名人士有犬养毅、涩谷男爵、中野武营等，日本政府及团体有外务省、东亚同文会、友邦协会，东洋协会代表及日本驻华公使山座，还有各国驻日公使，在日本帝国大学、高等师范、高等商业学校中国留学生1000多人，孙中山下车与旧识握手叙谈，学生代表及各团体恭献花环。站前欢迎人群拥挤，警察开路，在众人欢呼“万岁！”声中，孙中山一行乘车赴帝国饭店下榻。

2月15日下午5时，东亚同文会于华族会馆举行欢迎宴会。出席会员200多人，6时开宴，副会长清浦子爵致欢迎词后，孙中山演讲说：“文以菲才，奔走国事，流离欧美，赴贵国者十余次……贵国者，予之第二故乡。……亚细亚为吾人之一家，日本与中国则一家中之兄弟也。假使此双生之兄弟，有相阋之事，则亚细亚之一家，绝不能保持其和平。日本为亚细亚最强之国，中国为东方最大之国，使此两国，能互为提携，则不独东亚之和平，即世界之和平，亦容易维持。”据当时在场的日本品川仁三郎记述，孙中山讲中日提携亲善之意义时，“热诚洋溢，会众恍然如醉，欢欣鼓舞”。

2月16日上午11时，孙中山偕随行人员赴东京市外日暮里凭吊当年曾保护孙中山使其未遭清政府捕获的日本友人、已故的东亚同文会长近卫笃麿之墓。近卫笃麿的弟弟津轻伯爵及次子秀么男爵和同文会的人士等特来迎接。孙中山到墓前鞠躬献白蔷薇大花圈。行礼后，在墓前与大家合影留念。返回帝国饭店时，已至午后2时。

1913年2月16日，孙中山等到日暮里凭吊前东亚同文会会长近卫笃麿公爵墓。图为孙中山在墓前。

当天下午5

时，旧友日本著名人士犬养毅、头山满、副岛、寺尾、柏原文太郎、伊东知也、根津一氏等35人在芝区红叶馆举行欢迎宴会，孙中山及随行人员14人到会。宾主是旧交，没用演讲方式，席间互叙阔别之情。

1913年2月16日孙中山在下榻的东京帝国饭店留影。

日本当时的首相兼外务大臣桂太郎是一位有远见卓识的政治家，对孙中山甚为钦仰，曾于2月17日和3月2日两次与孙中山密谈关于中日两国维护亚洲民族自由，共同阻止西方霸权的入侵等问题。孙中山认为：日本应“协助中国国民革命，解除不平等条约的束缚，共同阻截英国霸权于亚洲之外，亚洲民族由此获得自由平等，惟有中日两国互相信赖，共同努力，方能达到这远大的目的”。桂太郎对此问题的想法，与孙中山的认识一致，他说：“我刚才听见先生所论劝告日本之策，不期正为我志，我在日本国内，从不曾得到一个同志了解我的政策，今日得闻先生之说，真是大喜若狂。中国有一孙先生，今后可以无忧矣！今后惟望我两人互相信托，以达此目的。”并说日本“决不作侵略中国的拙策”，“中日两国联好，可保东半球的和平”。

桂太郎对中国问题了如指掌，认识得深刻，分析得确切，他向孙中山指出：“袁终非民国忠实的政治家，终为民国之敌，为先生之敌。”他的话在30天后为宋教仁被刺的事实所证明。他赞成目前孙中山从事的发展中国的实业、交通方面的事业，说：“目前以全力造成中国铁道干线，此实最要企图。”他真诚地表示：“铁道干线成，先生便可再起执政权，我必定以全力助先生。”

1913年2月17日，孙中山出席东邦协会午餐会时的合影。

孙中山与桂太郎于2月17日发起组织中日同盟会。不料2月20日，日本政潮起，桂太郎内阁辞职。孙中山与桂太郎两次密谈前后约16小时，只有译员戴季陶参加，因双方所谈系外交方针，两人对谈话内容都严守秘密。在桂太郎死后，孙中山才与亲信同志提到此事。桂太郎不仅与孙中山私人友善，而且在政治上也是孙中山的真诚的支持者。中国“二次革命”讨袁失败后一个月，即1913年10月桂太郎病逝，临终前他对一位亲信说：“我不能倒袁扶孙，成就东方民族独立大计，是我生平的遗恨。”孙中山惊闻噩耗悲痛地说：“日本现在更没有一个足与共天下事的政治家，东方大局的转移，更无望现在的日本了。”

18日，孙中山参观炮兵工厂、火药厂。19日早晨，参观日本帝国守卫营第四联队及炮马队的演习，并接见了各军官。中午，日本众议院长大冈育造在官邸宴请孙中山，日本许多官员及著名人士20多人陪席。孙中山在讲话中指出：“中日两国有数千年亲密关系。种族、文字相同，两国之外交，不宜依随世界列强之共同行动。当恢复古来亲密之关系。中日两国宜取一致行动，以保障东亚之利益。”4时散会。晚上，出席递信大臣后藤新平宴请。20日中午，出席日本铁道协会在精养轩举行的欢迎会，孙中山讲话中说明中国铁道政策，该会长古市公威问他办铁道筹款方法时，他回答：“用公司名义，由政府担保，借外资。”

在东邦协会午餐会上，孙中山为东邦协会挥毫题书：邦交雅会。

21日上午，孙中山参观了日本陆军大学。中午，出席日本第一银行总裁、三井物产公司董事长涩泽荣一的宴会，下午，与涩泽荣一拟订中日合办的中国兴业公司计划草案，其创立宗旨是：“两国有力之实业家结为一体，各示诚意，以强化其经济关系，振兴东亚。”资本是500万日元，“由中国两国实业家各承其半”，总公司设在上海，分公司设在东京。经营业务是“探求中国之富源，调查中国之有利事业”。戴季陶参加了拟订工作。

2月22日下午4时，孙中山出席中日学生团联合在筑地精养轩举行的欢迎会。中日两国学生500多人参加。日朝野名士副岛、寺尾、远山、山崎、松尾、森村等也到会。孙中山作了两个小时的讲话，勉励中日学生们：“各勤所学，以尽

1913年2月22日，孙中山在东京日华学生团欢迎会上演说，希望中日学生“各勤所学，以尽其天职”。

其天职。诸君之天职，为保障东亚之名誉，维持东亚之势力，不受异种人之侵害。愿诸君以此义相结合，而互担此任于双肩。”晚上，举行宴会，招待革命时代赴中国参加革命的日本志士及旧友 200 多人，代表中国人民表达感激之情。

1913 年 2 月 22 日晚，孙中山在东京红叶馆设宴招待曾援助中国革命的日本友人及旧友。图为宴会后合影。

2 月 23 日上午 9 时，孙中山出席留学东京的中国学生们在美士代町青年会馆举行的欢迎会。孙中山要求学生们求学、立志并行，“志愿，须求大众之利益，办大众之事业，不必计较私人之利害。大家享幸福，大家得利益，则我一人之幸福利益，自然包括其中。”下午，出席日本基督教青年会举行的欢迎会。晚 6 时，出席东京新闻杂志、通讯社在帝国饭店举行的欢迎会。

1913 年 2 月 23 日，孙中山出席东京中国留日学生会和基督教青年会举行的欢迎会。图为孙中山偕马君武赴会途中。

25 日午后 2 时，孙中山出席日本前首相大隈重信举行的欢迎茶会，早稻田大学校长高田和一些大学教授还有官绅等 100 多人陪席。

下午 5 时，东京市长阪谷在红叶馆举行欢迎会。日本外务大臣牧野、市长助理、市参事会会员及著名企业家、银行家涩泽荣一、大仓平八郎、浅野总一郎、三井八郎、右卫门等 10 多人到席。孙中山演讲中说："文当革命出亡之际，居东京颇久，与此间人士往还甚多，情意亲密，有异国兄弟之感……凡种族，文字、教化相同之国，莫不有特别亲密之关系……此后，益主倡中日提携之论，以谋东亚之幸福及世界之和平。"宾主交谈至晚 9 时。

2 月 27 日上午 10 时，孙中山于东京下谷区谷中初音町铁舟寺为 1900 年惠州起义牺牲的日本志士山田良政举行追悼大会，敬献花圈，并为其准备迁回日本安葬修墓撰写碑文，其词是："山田良政君，弘前人也。庚子又八月，革命军起惠州，君挺身赴义，遂战死。呜呼！其人道之牺牲，兴亚之先觉也，身虽殒灭，而志不朽矣。民国二年二月二十七日，孙文谨撰并书。"

其碑高 0.9 米，宽 0.6 米，石质。碑题"山田良政君碑"，是犬养毅所书写。

山田良政，1899 年在南京同文书院任教，他与自立军首领唐才常友善，1900 年唐才常在武汉举事失败被杀，山田良政毅然辞职经上海到台湾参加惠州起义，因事败迷路，被清兵所擒杀害。孙中山称他为“外国义士为中国共和牺牲之第一人”。1918 年，山田良政的胞弟山田纯三郎赴中国惠州寻其兄的坟墓，未找到，就从埋葬山田良政的地方撮拾黄土一抔，以代遗骨，回籍安葬，并立其碑。

3 月 1 日，孙中山在东京出席国民党支部、共和党支部、广东同乡会联合举行的欢迎会。到会者约 4000 多人，日本著名人士副岛博士等也到会。孙中山在讲话中说：“民国虽成立，犹在幼稚时代，大家须发大愿力，将以造成之中华民国，巩固其根基，方尽我们的天职。创造民国者，既发源于东京，则巩固民国者，亦要留东诸君担负责任。”革命党“所抱持之惟一宗旨，则为三民主义”，“民生主义，与不良之社会争”。“民族、民权二大主义均经达到目的，民生主义，不难以平和方法逐渐促社会之改良。”

3 月 2 日中午，孙中山出席中国青年会的欢迎宴会。下午 1 时 30 分，参观三井物产公司办公处。下午 2 时，东京市长阪谷邀请参观柔术。下午

1913 年 3 月 4 日晚，孙中山在东京设宴答谢日本各界人士时的情景。应邀出席者有牧野外相等内阁阁员。

3时，出席日本贵族公会的茶话欢迎会。3日，与日本新任首相山本权兵卫晤叙，深谢日本各界欢迎的盛意，并表示中日两国友好的愿望，山本权兵卫也以谦辞相答。

3月5日，孙中山离东京赴横滨参观。到新桥车站送行者有日本著名人士大隈重信，涩泽荣一、犬养毅、副岛等200多人，有成城学校、同文书院、忠诚学校、日华学友会代表、各大学的中国留学生数千人。横滨华侨代表、国民党横滨支部成员周庆慈到东京迎接。在众人欢呼“万岁！”声中离开东京新桥车站。国民党东京支部长黄伯群，干事刘寿朋、冯裕芳、黄申芗等10多人，随车送行赴横滨。当日上午10时15分，孙中山偕随行人员到横滨。由车站乘车至市政厅，沿途街道悬五色旗。下午5时，各团体于横滨银行礼堂开欢迎会。晚8时，又出席中华会馆欢迎会。

6日上午，孙中山参观3个中国学校。中午，出席中国领事馆的欢迎宴会。下午，出席国民党横滨支部举行的欢迎会。晚6时，出席华商在商会举行的宴会。

7日上午9时45分，孙中山乘火车到横须贺参观海军炮术学校、军舰和海军设施。

1913年3月7日，孙中山在横须贺参观日本海军基地时，与海军镇守使山田彦八司令等合影。

8日9时40分，孙中山乘火车到名古屋，随行人员有戴季陶、马君武、宋耀如、袁华选、山田纯三郎5人。到车站迎接的有市长坂本、商业会长儿玉及各银行董事，三井公司支店长，中国留学生数十人。孙中山一行乘车到名古屋客栈。午后1时30分，参观名古屋离宫，下午3时30分出席中国留学生欢迎会。下午6时，出席名古屋市长坂本举行的欢迎会，列席的各界有80多人。孙中山致谢词，“其辞殷勤、质实，其神采雄风，颇令会众感动”。晚宴后，观看歌舞表演至晚11时。

3月9日午后2时37分，孙中山一行由名古屋到京都，京都帝国大学及中国留学生60多人、官绅100多人，在车站欢迎。下车后坐马车至京都客栈。下午3时乘车至西本愿寺与旧友大谷光瑞伯会见，4时，至京都府立图书馆出席中国留学生举行的欢迎会，演说后留影纪念。晚餐后回京都客栈。晚7时，出席京都商业会、大学教授、新闻记者在商业会会所举行的欢迎会，晚11时散会。

1913年3月8日，孙中山在名古屋与中国留学生合影。

1913 年 3 月 9 日，孙中山在京都与中国留学生合影。

3月10日上午10时25分，孙中山乘火车离开京都赴奈良。欢送者官绅、中国留学生数百人。11 时 30 分到奈良郡山，出席伯爵柳洋保惠举行的欢迎会。下午 3 时 40 分离开郡山东车站。4 时 30 分到大阪溱町车站。随行人员有马君武、宋耀如、袁华选、何天炯、戴季陶、宫崎寅藏、山田纯三郎、菊池良一、岛田经一等 10 人。商业会代表、市议员、著名官绅数百人到车站欢迎。

11 日，孙中山参观大阪棉纺业。12 日，参观大阪炮兵工厂。13 日，抵神户。14 日上午 11 时至神户川崎造船厂参观，对各种制船机及建造中的兵舰、邮轮、火雷艇等都仔细观看，“热心地凝视其构造”。参观后“惊叹其规模之宏大，与进步之显著”。午后 1 时 40 分，出席神户华侨巨商吴锦堂在他的私人别墅移情阁举行的欢迎宴会。15 日抵吴市，当日，参观这里的海军工厂，称赞说：“东亚有如此宏伟之工厂，实为我东亚之骄傲。仅仅二十年之短暂时间，能做出如此伟大进步成就，颇感振奋。”

1913 年 3 月初，各国驻日外交官员宴请孙中山时的情景。

1913 年 3 月初，孙中山等与日本朝野人士合影。前排左四宋嘉树、左六孙中山；二排左四起：戴季陶、何天炯、马君武。

1913 年 3 月 10 日，孙中山自京都经奈良抵大阪。中午到达奈良郡山时出席柳泽保惠伯爵举行的招待会。

1913 年 3 月 11 日，孙中山参观大阪每日新闻社。前排左起：宋嘉树、孙中山、社长山本彦一、戴季陶；后排左起：山田纯三郎、对马健之助、菊池良一。

1913年3月14日，孙中山出席神阪国民党支部长吴锦堂在其别墅移情阁所设的年宴。图为在吴锦堂寓所移情阁前的合影。前排左三起：戴季陶、马君武、孙中山、吴锦堂、宋嘉树、何天炯，左十山田纯三郎。

移情阁。

1913年3月14日，孙中山等参观神户川崎造船所。

3月16日，孙中山经下关抵烟户，当日9时在此参观明治军事学校，由该校校长等陪同参观了各教室、工厂等设备及有关教学实验。11时，在操场观看了200多学生的射击演习。之后，师生列成方阵，聆听孙中山演讲。

这天晚上，孙中山夫人卢慕贞、秘书宋霭龄，宋耀如夫人倪桂珍3人在东京，因所乘汽车撞电线杆受伤，进入东京筑地圣·路加医院，经该院副院长高烈斯、大夫藤田治疗后，情况良好，3人入住2号病房。

3月17日孙中山偕随行人员抵八幡，参观钢铁厂，该厂厂长去东京，由次长安阿内陪同参观了该厂的第二熔矿炉、炼焦厂、洗煤厂、炼钢厂、平炉、转炉、压延厂、厚板厂。当天，由八幡抵福冈，在博多车站受到当地官民的欢迎。

在由八幡至福冈的途中，正在随同孙中山到各地参观的宋耀如收到从大阪拍来的英文电报，获悉孙夫人等人在东京因车祸受伤住院，孙中山闻此事，派宋耀如赶回东京料理。抵福冈后，宋耀如与山田纯三郎于当晚7时30分乘快车往东京查看受伤人员医疗情况。

福冈筑丰矿业家安川等人于当晚6时举行欢迎孙中山宴会。孙中山出席并讲了话。次日，参观九州大学，在该校校长、附属医院院长、该校学者陪同下参观了实验室、器械室、医院各科。之后，向全校师生演讲，还有部分社会人士也来听讲，盛况空前，“室内无立锥之地”。

1913 年 3 月 18 日，孙中山在福冈日本友人安永东之助墓前留影。

19 日，孙中山抵大牟田，上午，参观三池港、四山发电厂、煤矿。

下午，在宫崎寅藏陪同下，孙中山到荒尾村宫崎寅藏家访问。之前，孙中山不止一次来过这里，1910 年，日本政府应清使馆要求不准他留居日本，而宫崎秘密把孙中山藏匿于此，孙中山得与同志们讨论起义计划 10 多天之久。孙中山今日重游旧地，甚感亲切。宫崎把他的姐姐、嫂嫂等人介绍与孙中山相识。该村村长平冈也来欢迎，并说："希望日中两国亲睦友善，宫崎在这方面做出了贡献。孙先生光临此地，给荒尾村和宫崎家增添了光辉。"孙中山在答词中说："今天旧地重游，得与各位相见，实在高兴，宫崎弟兄是我之契友，对他们弟兄为我国革命事业奔走，尽心竭力，极为铭感。希望日中两国间亲密关系，犹如我与宫崎弟兄间之关系，日益加深。宫崎弟兄为中国不辞辛劳，不但为中国人所感激，亦为全世界所赞扬。以人道而论，更使我感到欣快。最后对一贯志同道合、同心戮力的两兄弟表示谢意。祝愿宫崎家和荒尾村人民幸福。"之后在院内老梅树前合影留念。至下午 3 时 30 分，孙中山离开宫崎家，往万田煤矿去参观，荒尾村的干事、学生前来欢送。孙中山逝世后，国民政府拨款购买宫崎旧宅改建为中山纪念堂。

3 月 19 日，孙中山来到熊本荒尾村宫崎寅藏住所与其家人、亲属合影。

1913 年 3 月 20 日，孙中山在熊本与中国留学生合影。

1913 年 3 月，孙中山与日本友人合影。

1913 年 3 月，孙中山与日本友人合影。

1913 年 3 月，孙中山在长崎与出席日本官绅欢迎会人员合影。

1913 年 3 月 22 日孙中山在日本长崎获悉宋教仁在上海被刺消息，3 月 23 日参观长崎三菱造船所后，下午即乘船返国。图为孙中山参观长崎三菱造船所后留影。

3月20日上午10时16分，孙中山抵熊本。熊本县知事上山及县署官员高桥、大海原、洼谷，还有新闻记者百余人到车站迎接。乘车至该地驻军第六师团司令部休息后，即登天守台观光，听取有关西南战争围城情况的介绍。观览后，赴静养轩出席中国留学生的欢迎会。下午1时30分，赴这里的高等学校，参观了校图书馆，观看了击剑比赛。之后，向全校师生发表演说。下午和晚上，出席当地政府和商业团体的欢迎会。

就在孙中山3月23日即将踏上“天洋丸”海轮回国的时候，接到宋教仁被害的电报，他那振奋的面容立即变为悲痛。宋教仁被刺的枪声，把孙中山从埋头实业建设的幻想中惊醒过来。

宋教仁被刺

在孙中山日访问期间，国民党代理理事长宋教仁一心一意埋头于议会运动，毫无应变的准备。他一直抱着政党内阁的理想，希望使民国的政治制度沿着议会民主的轨道完善起来。为了这一目的，他组织了国民党，也为了这一目的，他效法欧美日本资产阶级政客的手腕，周旋于各派政治力量之间，即使是与袁世凯的亲信赵秉钧，他也过从甚密，经常促膝长谈。他以为用这种稳健的手段，就可以达到自己的政治目的。宋教仁于1912年10月18日离京南下，一方面回家探望已近10年未见的老母；一方面部署国民党竞选事宜。

不久，各地国民党议会选举获胜的消息不断传来，肩负着与袁世凯争夺政权重任的宋教仁，竟被这种表面的胜利冲昏了头脑，他十分得意地着手部署组织国民党内阁。

1月29日，宋教仁自长沙起程赴鄂，准备沿江赴沪，与黄兴商量国家大事后转赴北京。

2月12日，宋离鄂南下，经浔、皖抵达上海，复出游玩杭、宁。他一路上发表演说，抨击时政，发表政见。而袁世凯方面密切注视着国民党的动向，尤其是对宋教仁，袁世凯收买的流氓特务一直跟踪着他。2月19日，宋教仁在国民党上海交通部的欢迎会发表演说，再次抨击袁世凯的外交政策和财政政策，指责这个政府是“不良政府”。

上海是当时国民党政治势力汇集中心地区，宋在上海的演说，引起了袁世凯方面的特别注意，他们不再沉默。

当时，议会选举已经基本结束，袁世凯于3月19日发布命令，规定4月8日行民国国会开幕典礼，议员遂纷纷北上集中。鉴于政局即将更新，袁也多次派人到上海请宋教仁进京共商国是。时值津浦铁路南北段新近接轨通车，宋正好乘火车应召赴京。3月20日，宋教仁临行前兴致勃勃至《民立报》社话别。

是日夜10时，宋教仁在国民党要人黄兴、于右任、廖仲恺陪同下，前往沪宁车站。宋在候车室稍憩后，即前往检票口准备进站。突然，三声枪响，宋教仁被击中腰部，受了重伤，凶手乘人们慌乱之际逃跑。于右任急忙叫车把宋教仁护送到附近的铁路医院进行抢救。宋教仁自觉伤重难愈，嘱黄兴代笔，致电袁世凯，望袁“开诚心，布公道，竭力保障民权，俾国家得确定不拔之宪法，则虽死之日，犹生之年”。延至22日凌晨，终因伤重不治逝世。临终前，他痛苦地感叹说：“我调和南北的苦心，世人不谅，死不瞑目矣！”

国民党的领导人十分重视“宋案”的侦破。宋教仁逝世的当日，黄兴、陈其美就联名致函上海公共租界总巡捕卜罗斯和闸北警察局长龚玉辉，请他们协助缉拿刺宋真凶，答应“如能拿获正凶，即赏银1万元，以为酬劳”，“查清全案，即刻给银，决不食言”。陈其美还委派国民党员陈惠生等参加“宋案”的侦破缉凶工作。赏格一出，租界总巡捕房和闸北警察局即分派得力侦探查缉。

案情真相很快大白。经审讯，武士英对受应桂馨指派、带凶徒4人至车站行刺宋教仁一事，供认不讳。在应公馆搜获的大量密函密电，证明应桂馨是坐镇上海组织暗杀宋教仁的主使者，而从他与袁记北京政府内务总长赵秉钧、秘书洪述祖等人的来往电中，则证明赵秉钧、袁世凯是“宋案”最大的元凶。

国民党人侦破“宋案”的意义远不止惩办正凶以祭宋教仁在天之灵，更主要的在于通过公布“宋案”真相的七八件罪证函，给国民党人和全国人民上了生动的一课，彻底将袁世凯奸诈凶残和贼喊捉贼的丑恶面目公之于天下。以“宋案”为契机，大多数国民党人从“胜利”和“南北合作”以及“政党内阁”与“议会政治”的幻梦中警醒过来。以孙中山为代表的国民党革命派从此逐步消除了对袁氏的幻想与妥协心理，重新组织力量，拿起武器，进行反对袁世凯专制统治的斗争，以竟辛亥革命未完之功。

第四章

反袁护法　保全共和

联俄联共　誓师北伐

“二次革命”的爆发和失败

“宋案”发生后，袁世凯便秘密下动员令和大借外债，决心以反革命武力消灭南方的国民党力量。袁世凯和一切反动派一样，“自己首先使用暴力，发动内战，‘把刺刀提到议事日程上来’”。

1913年3月27日，孙中山回到上海的当晚，就在黄兴寓所开会，他认为：“事已至此，只有起兵。因为袁世凯是总统，总统指使暗杀，则断非法律所能解决。所能解决者，只有武力。”他组织全国公民大会，提出救亡口号。很多报纸、省议会和群众团体亦群起响应，组织拒债会，反对袁世凯独裁卖国的勾当，国民党地方实力派江西都督李烈钧、安徽都督柏文蔚、广东都督胡汉民以及湖南都督谭延闿也通电反对大借款、抨击“宋案”。孙中山决心立即兴兵讨袁，重新举起民主革命的旗帜，挽救垂危的“民国”。但是，国民党经过同官僚政客逐渐合流，内部纷纭复杂，严重脱离群众，非常涣散，军阀主义、官僚主义和地方宗派主义都在发展，早已失去同盟会时期的革命气息。湖北革命力量已被黎元洪所摧残、瓦解，粤、湘、赣

孙中山在策划反袁的同时，仍致力于中国的经济建设。图为1913年4月1日中华民国铁路协会在上海宸虹园召开周年纪念会时，会长孙中山与代表合影。前排左起：徐谦、温秉忠、宋嘉树，左七起：陈锦涛、孙中山、王宠惠；后排右一戴季陶。

1913 年 4 月，孙中山与黄兴等在上海横滨正金银行商讨筹建中日兴业公司时合影。前排左起：陈锦涛、黄兴、孙中山；后排左一藤濑政次郎、左二戴季陶、左四有吉明（日驻沪总领事）。

高级军官被袁世凯大量收买，“如粤之黄和顺，赣之陈廷训，皖之胡万泰等，皆入袁之壳中矣。且南方所持以为后方之湖南军械库被袁奸乘隙焚烧，大火连续五日夜不息，所存械弹付之一炬。”安徽及粤、赣、湘等省几乎发生了同样变化，“国民党同志意见分歧，纷扰于内；敌党政客皆倾向袁世凯，构陷于外……事实上南方人心涣散，军事已成被动局面矣”。

黄兴自裁兵、撤销留守府后，已无军事实力，“江、皖、赣三省战兵不满 3 万”，因而动摇于战和之间。他周围的国民党将领“皆主张慎重，以避袁氏凶风。克公笃实君子，敞纳其言”。黄兴对孙中山说：“南方武力不足恃，苟或发难必要大局糜烂。”又说“民国已经成立，法律非无效力”，坚持“法律解决”的幻梦。孙中山命胡汉民在广东首先发难，胡以“时机未至”拒绝了；命陈其美在上海宣布独立，陈说“上海地小，难与抗”。孙中山十分气愤党内这种严重右倾和缺乏起兵的勇气的现象。袁世凯摸清了国民党内部对起兵缺乏准备，没有一致意见。他在帝国主义的支持下，布置、发动反革命内战。5 月 2 日，批准赵秉钧辞职，派陆军总长段祺瑞

1913 年 4 月下旬，孙中山致电各国政府和人民，揭露袁世凯制造“宋案”和违法大借款，并劝告日本不可援助袁世凯。图为 5 月 8 日孙中山在上海设宴招待日本贵族院议员德川公爵时合影。

1913 年 6 月 18 日，孙中山自上海抵澳门，敦促陈炯明宣布广东独立讨袁。在澳期间探望了重病中的长女孙娫。图为 6 月 25 日孙中山从香港乘“巴拿马”号轮返回上海时在船上合影。前排左一马君武、左四朱卓文。

代理国务总理，组成“战时内阁”。5月20日，袁世凯政府下了一道“除暴安良”令，矛头直指国民党。准备妥当后，5月20日袁发表“传语国民党人”的长电：“现在看透孙、黄除捣乱外无本领。左又是捣乱，右又是捣乱。我受四万万人民付托之重，不能以四万万人之财产生命听人捣乱，自信政治军事经验，外交信用不下于人……彼等若敢另行组织政府，我即敢举兵征伐之。”果然，6月9日借口李烈钧反对借款，不“服从政府”，免其江西都督职；接着又解除了胡汉民、柏文蔚的职务。7月5日北洋军队进逼九江，迫使国民党不得不起兵应战。

7月上旬，“宋案”发生3个多月以后，孙中山在上海召开国民党会议，才最后决定兴师讨袁，发动“二次革命”。柏文蔚“当时意志消沉，未到上海参加”。12日李烈钧奉孙中山命，由上海转回江西，在湖口宣布起义，组织讨袁军，发布《讨袁檄文》，所谓“二次革命”的反袁之役开始了。

江西首先起义，苏、皖、粤、湘、川、闽各省先后响应独立。但讨袁军因没有统一的领导与部署，大多缺乏实力。在袁世凯南下三路大军攻击下，7月25日湖口失陷，8月18日南昌失陷。

“二次革命”很快就失败了，孙中山、黄兴等人逃亡国外。在自己缔造的“中华民国”里，他们连立足之地也没有了。

1913年的讨袁护法战争，亦即孙中山等人所谓的“二次革命”，虽称不上是真正的革命，然其确是民国成立后的第一次南北战争，是维护民主共和国的第一次武装反袁斗争，从这个意义上说是辛亥革命的继续。任何革命都不可能一蹴而就，取得最后胜利往往还要通过第二次革命胜利来巩固。可惜，孙中山发动的“二次革命”时，由于革命已经“退潮”，国民党人心涣散，党员脱离领袖，阶级脱离政党，政党脱离群众，最终导致领导过辛亥革命，并在亚洲第一个建立共和制国家的资产阶级革命派，遭到彻底失败。除桂、黔、川、滇4省尚为地方军阀所踞外，南方其他各省皆成北洋军势力范围。全国进入了北洋军阀黑暗统治时期，辛亥革命的成果尽失。因此，“二次革命”又是辛亥革命的终结。

孙中山的伟大，正是体现在他始终站在时代前列，敢于正视错误，能够不断地总结经验，吸取教训，改正缺点，坚持不懈地为实现自己明确的革命目标勇往直前。“宋案”发生后，他是革命阵营中第一个从对袁世凯的幻想中清醒过来的，又是第一个提出了武力讨袁的正确主张的人。在“二次革命”失败后，虽然革命阵营内部弥漫着一片失败的情绪，但孙中山仍毫不气馁。

1913年8月2日早晨，孙中山偕胡汉民等乘德轮“约克”号离开上海赴广东。先是6月16日，袁世凯任陈炯明为广东都督，旋又派黄士龙赴粤，运动陈部师长钟鼎基、苏慎初、张我权反陈。7月18日，陈炯明宣布广东独立，随即钟鼎基等叛陈。孙中山、黄兴原拟赴粤组织政府，至是形势突变。3日下午3时，孙中山一行抵达福建马尾。在香港的张继、马君武于是日中午请驻港日本总领事今井代为致电驻福州领事馆，转告孙勿在福州、香港上岸，“请转乘8月4日启航之‘抚顺丸’赴台湾，在该处等候‘静冈丸’，黄兴潜乘在该船，准备让他逃往新加坡或美国”。孙中山既抵马尾，日本驻福州领事馆武官多贺宗之少佐（萱野的亲戚）及馆员饭田，登船告孙广东形势变化，事已无可为，宜勿往，建议孙中山先到台湾，再谋进止。孙中山表示拟往日本。多贺告诉他，日本政府对于中国的时局完全采取不干涉主义，能否准许登陆，尚不清楚，劝赴台湾。孙中山答应考虑。翌日，同意去台湾，即乘“抚顺丸”赴基隆。孙又对多贺表示，希望由基隆去神户，与已在神户住东方大旅馆之宋嘉树商量后，再去美国或法国。孙中山等已出发，今井总领事又通知，黄兴突然于4日晚从香港乘船径赴门司候孙中山，望孙中山去神户。4日，日本驻福州副领事土谷致电牧野外相，报告孙中山已赴基隆，同行者有胡汉民。

当时日本军部同意孙中山来日本，但外务省反对接纳，5日，牧野外相电示台湾总督佐久间，谓“鉴于国内外形势，帝国政府认为，以防止与中国骚乱有关之领袖来日为上策。望以相当之方法对孙文告以上述方针，劝告其到日本以外之地方去”。是日早上，化名王国贤的孙中山与胡汉民及随从抵达基隆港。“抚顺丸”船长山根重武请孙题词。孙写了“博爱”条幅。胡汉民则题“卷土重来”。台湾总督府民政长官向孙中山转告黄兴将在神户等候他。下午4时，孙中山化名汪国权，转搭“信浓丸”赴神户。胡汉民则转往香港。随即，该民政长官便将孙中山赴日之事通知内务省警保局长及福冈、兵库两县。8 月 7 日，驻华公使山座报告牧野外相，坂西已将日本政府不允许“二次革命”流亡者来日的意思转告袁世凯。袁氏要日方将到该国的流亡者驱逐到遥远的地方。另据福冈县知事南弘 7 日报告，据了解，当月 4 日，玄洋社员阿部泷次郎、九州日报社长大原义刚及玄洋社长进藤喜平太等密议，等孙文黄兴不日抵达时，让他们在安川敬一郎处住下来，等待时机。

孙中山在离开基隆港往日本途中，在船上致电萱野、犬养及头山等人，因为日本官方已表示不允许孙中山登陆，所以需要与政府紧急交涉。萱野将孙中山的来电报告头山，头山派寺尾亨接连三次向山本首相进言，请允许孙中山居留。山本固执己见。头山只得给正在伊豆长冈静养的犬养打电话，要他速返东京，与首相交涉。结果，山本同意让孙上岸，犬养让古岛一雄到神户去接孙中山。头山对岛田经一表示，准备牺牲去干，其他的事他可以负责。犬养却说，他有信心说服山本与牧野。这些话反映出犬养等人的侠义心肠。头山还对萱野说：“孙文现在一定还很困难吧，可能是一文不名来的，带些钱去吧，如果不做好让他上岸的准备，让他去了美国，就不好办了。你马上到神户去！”于是萱野就匆匆到神户去了。

8月9日早上3时，“信浓丸”到达六连岛，办理手续后入港，7时抵神户。古岛与岛田经一、菊池良一等人由东京到神户去接孙中山，到了神户，住在诹访山的一力旅馆。他们找萱野商量（萱野住在西村旅馆，已与孙取得联系），犬养打来电报说，山本已同意，请转告孙先生。古岛接电后，一面到船上报告孙中山，一面与服部县知事交涉登岸之事。

晚上9时，萱野与松方用小艇将孙中山从“信浓丸”上接出来，乘着夜黑，小艇“海进丸”驶过川崎造船所海面，在该厂上岸，通过厂区，来到常盘别墅。这时三上也来到。另有一位在兵库县的警察部任职的福本椿水（义亮）在保护孙中山。常盘别墅是一幢 2 层楼建筑，2 层 3 个房间，孙住在一个有 12 个榻榻米大的房子，相邻是 8 个榻榻米大的卧室。为防止袁氏遣刺客行凶，一楼有 3 名柔道技术高强的警官保卫。

孙中山住下来之后，住在东方大旅馆的宋嘉树被电话召来，密谈 2 小时后离去。13 日，胡汉民、廖仲恺也到了日本神户，住在西村旅馆，并由萱野联络，去会见孙中山。

15日晚上，孙中山决定第二日早晨出发赴东京，服部知事设宴送行。

16日凌晨4时，孙中山及胡汉民等人，由菊池良一陪同，离开常盘花坛，乘三上丰夷准备的、路过神户的大阪商船会社的“襟裳丸”，于上午9时离神户赴东京，神户派一名警察保护。17日晚9点左右，“襟裳丸”抵神奈川县观音岬海面。前川虎造及神奈川县警察局长、水警局长及美和作次郎等4人，乘水警署的小汽艇等候。孙下船后转换小船“快进”号，在富冈海岸一带登岸，然后乘准备好的小汽车，驶向东京。18日晨1时许，抵东京赤坂区灵南坂町27番地（今港区赤坂1丁目14番地）海妻猪勇彦宅。隔壁是头山满宅，后院有通道。孙中山在这里住到1915年8月底，才迁到丰多摩郡千驮谷町大字原宿109番地（今涩谷区神宫前3丁目33番地）。寺尾亨博士也住在附近。为了孙中山能来东京，除了前川曾与牧野外相交涉外，萱野与陆相楠濑幸彦（二人系同乡）也谈过，神户的西川庄三也到外务省打听过。住进海妻宅后，东京警方在那里设了刑事室，进行保护与监视。煤炭商安川敬一郎为了支援孙中山的流亡生活，每月提供1万日元。头山满等人认为，穷鸟入怀，猎夫不杀。他们在孙中山极端困难的情况下帮助了他，不论其动机如何，都有值得肯定的地方。

孙中山抵达东京当日，头山、古岛、前川、菊池、岛田，以及化名金佐治的廖仲恺，先后看望了他。有了安定的生活环境，孙中山便开始集结力量，重新开始反袁斗争。在此后的活动中，他更是希望得到日本方面的支持。

再次讨袁

“二次革命”失败以后，孙中山避难日本，他决心继续反袁，但是他一无军队二无钱，心有余而力不足。他住在东京赤坂灵南坂头山满宅隔壁海妻猪勇彦家，后来还在梅屋庄吉家等处住过，前后共3年。

当时逃亡日本的革命党人“大部垂头丧气”，感到前途渺茫，生活上也十分困窘。1913年12月间，孙中山致邓泽如等人的信中说：“同志中之衣食亦多不能顾者。前日大雪，在东之亡命客中，竟有不能向火而致疾者。”在这样艰难的环境中，孙中山并没有气馁，对革命前途仍然“极为乐观”。他说：“自东渡以来，日夕共谋，非欲雪癸丑之耻，实欲竟辛亥之功。”孙中山苦心地鼓励他的同志：“我辈既以担当中国革命发展为己任，虽石烂海枯，而此身尚存，此心不死。既不可以失败而灰心，亦不能以困难而缩步。精神贯注，猛力向前，应乎世界进步之潮流，合乎善长恶消之天理，则终有最后成功之一日。”他深信，袁世凯倒行逆施，不得人心，他的反动统治“必不能久”。他希望革命党人振作起来，发扬革命精神，为真正的健全的共和国而奋斗。

当时，由于对“二次革命”及其后对失败原因的检讨，使孙、黄二人有了芥蒂，以致最后竟出现了不得不暂时分手的局面。

事情的起因是，在孙中山坚决抛弃国民党，建立中华革命党时，要求党员绝对服从“党魁”个人，并在誓约上加盖指模，黄兴反对此举，而孙中山则坚持必须这样做，尽管他们的许多同志和宫崎寅藏等日本友人，多次奔走调停，都没有成功，最终孙、黄分手。黄兴周围的原同盟会、国民党军事将领都拒绝参加中华革命党。其中一部分人组织“欧事研究会”，“拟公推克强为领袖”，同孙中山公开分裂。黄兴对“加入中华革命党要打指拇印，无论如何不能同意”，但“为避免党内纠纷，决计到美游历”。6 月 27 日，黄兴宴请孙中山叙别，孙中山赠联：“安危他日终须仗，甘苦来时要共尝。”

孙、黄分道扬镳，对孙中山领导反袁斗争是一个重大损失，也使他苦心经营起来的中华革命党失去了一大批较有实力和社会影响的同志。

成立中华革命党

“二次革命”失败后，孙中山认为最大的教训是缺乏一个足以担当革命大任的政党。基于这种情况，他决心“纠合同志，宣立誓约，组织机关，再图革命。蕲以牺牲之精神，尽救国之天职”。1913 年 9 月，孙中山在日本开始筹备组织政党的工作，1914 年 7 月 8 日正式成立了中华革命党。

1914 年 6 月 21 日，中华革命党第一次党员大会在东京召开，孙中山被选为总理。7 月 8 日，中华革命党召开成立大会，公布《中华革命党总章》。

1914 年孙中山在日本。

接着，又发布《中华革命党成立通告》，号召党员“协力同心，共图三次革命”。

中华革命党突出“革命”二字，是孙中山身处逆境而革命精神仍然昂扬的表现。1903 年，孙中山在保皇党势焰嚣张、必须奋起争夺檀香山阵地时，曾将重建的革命组织取名“中华革命军”；同盟会成立时，孙中山曾提议在同盟会之前冠以“革命”二字；1908 年，同盟会内部闹分裂，他又曾愤而准备另组“中华革命党”以取代涣散的同盟会。到此时，正式以此命名新党，其目的就是鉴于袁世凯“将拨专制之死灰而负民国之负托”，而国民党已四分五裂，再无法承担反袁重任，因而寄望于新建的党，这无疑是必要的、正确的。

1914 年 11 月 8 日，孙中山与陈其美等在东京芝区樱田町九木照相馆合影。左起：谭根、戴季陶、孙中山、夏重民、陈其美。

1913 年 9 月 27 日，即许多革命党人还在国内奋斗或在亡命途中，逃亡海外的革命党人也喘息未定之际，孙中山就在东京吸收了第一批党员，他们只有 5 个人，即：王统、黄元秀、朱卓文、陆惠生、马素。1913 年 10 月，陈其美、戴季陶等 23 人在东京宣誓入党，张人杰（静江）、蒋介石在上海宣誓入党；11 月，邓铿等 57 人在东京入党，12 月，夏重民等 113 人在东京入党，陈德出等 6 人在大连入党。途经日本赴美的林森及海外人士也陆续入党。

由于中华革命党的宗派性和排他性，严重地脱离群众，大批的老同盟会员、老战友都离开了。它虽然在反袁斗争中很坚决、勇敢，付出了重大牺牲，但没有成为反袁联合战线的核心力量。

1914 年 11 月 17 日孙中山与日本友人梅屋庄吉夫妇合影。

如何建立一个革命党，在得到中国共产党人帮助之前，孙中山是无法解决这个问题的。

尽管如此，中华革命党虽由于主客观不利因素，没有得到很大的发展，但其仍算是一个全国性的资产阶级政党。从 1914 年 4 月至 1916 年 4 月 28 日，孙中山共发出委任状 79 次，受任干部 830 多人。党员确数虽无统计，有人估算，起码在两三千人以上。南洋和欧美华侨聚居较多的大埠原国民党支部，大都遵令改为中华革命党支部，或者接受中华革命党本部意旨办事。初步统计，计有 43 个支部、164 个分部。在内地，赣、粤、鄂、滇、苏、豫、皖、陕、浙、桂、湘、甘、鲁、东三省、黔、闽、川各省先后建立了支部或分部。

孙中山和中华革命党领导的武装反袁斗争，在“二次革命”失败后的中国大地上掀起了阵阵波澜，带动和推进了反袁革命高潮的到来。

积极参与护国战争

中华革命党成立前，孙中山曾力图联合规模很大的白朗，起义军。这支起义军于 1914 年初曾转战豫皖鄂，军力已达万人，不断取得胜利，有力地打击了北洋军队。“二次革命”失败后，孙中山等人逃亡海外，白朗起义给他们以很大鼓舞。孙中山派凌钺等在上海负责与白朗起义军的联络工作。孙中山还派人运军火接济白朗，没有成功。

袁世凯镇压了“二次革命”和中华革命党发动的反袁暴动，镇压了白朗起义，镇压了爱国运动，并用国家民族权益换取了帝国主义支持，认为帝制复辟的时机到了。1915 年 12 月 12 日，袁世凯悍然发布命令，承认帝位。13 日接受百官朝贺，大加封赏。“大典筹备处”加紧筹备登基大典，袁世凯下令 1916 年改为“中华帝国洪宪元年”，准备于元旦正式即皇帝位。袁世凯的反动统治和卖国活动，早已激起全国人民的不断反抗。他公然复辟帝制，不能不陷入全国人民的愤怒声讨之中，让原来对他抱有幻想的人也看出他破坏共和、复辟帝制的狼子野心，起而反袁。

洪宪帝制公然登场，孙中山立即发表《讨袁宣言》，痛斥袁世凯的种种罪行，黄兴等人也通电讨袁，并派人回国发动起义。孙、黄分手两年，因共同反袁复辟帝制又走到了一起。

孙中山积极策动了广东、福建、湖北、四川、安徽和东北等地的武装起义。中华革命党以居正为总司令在山东攻克 10 余个县城。

1915 年，云南各派反袁势力组成“护国军”，并在是年 12 月 25 日宣布云南独立。1916 年元旦成立“云南军政府”，推唐继尧为都督，蔡锷、李烈钧、唐继尧分任一、二、三军总司令，分兵进军四川、广西和贵州。反袁斗争获得人民群众的热烈支持。

自护国军起义以来，袁世凯感到全国人民一致声讨的压力，又感到其主子和奴才都不可靠，即被迫推迟了元旦登基的计划。此后反袁形势日益发展，袁世凯已陷入众叛亲离的窘境，于 3 月 22 日无可奈何地撤销帝制，废除“洪宪”年号，83 天的皇帝梦就这样破灭了。可是他仍希望依靠北洋军队保持总统权位。护国军坚持要他下台，并联合滇、黔、两广等省反袁势力，于 5 月 1 日成立两广护国军都司令部，岑春煊为都司令，梁启超为

1915 年 9 月 25 日，为送别即将回国参加反袁斗争的同志，孙中山在中华革命党本部与诸同志合影。前排左起：邓铿、郑鹤年、许崇智、陈其美、孙中山、胡汉民、居正、廖仲恺、田桐；中排左起：萱野长知、任寿祺、江天籁、萧萱、赵瑾卿、陈中孚、王统一、谢持、郭崇渠、李焕；后排左起：余祥辉、连声海、孙镜、周道万、戴季陶、林德宣、万黄裳、田昌节、张祖汉、方性贞。

孙中山为讨袁大计，1916年4月27日离日回国。5月1日抵达上海。图为离日回国前的孙中山。

都参谋，李根源为副都参谋。5月8日成立军务院，独立各省军事长官为抚军，唐继尧为抚军长，岑春煊为抚军副长，梁启超为政务委员长。

这个由唐继尧、岑春煊、梁启超为首的军务院，完全排斥了孙中山及其中华革命党。1916年4月末孙中山由日本回上海，5月9日发表《第二次讨袁宣言》，号召“除恶务尽”，指出“保持民国，不徒以去袁为毕事”。“袁氏未去，当与国民共任讨袁贼之事；袁氏既去，当与国民共荷监督之责，决不肯使谋危民国者复生于国内”。6月6日，袁世凯在全国人民的唾骂与反抗声中死去。袁世凯复辟帝制的失败和最后垮台，是全国人民反抗斗争的结果。逆历史潮流而动，必然为人民所唾弃。孙中山领导的辛亥革命，促成民主思想的高涨，在反袁斗争中仍有其积极影响。

就在袁世凯羞愤而死的翌日，黎元洪继任中华民国大总统，“共和重造”。以反袁帝制为目标的护国运动形式上取得了胜利，避免了历史的更大倒退，具有进步的历史意义。可是护国运动并不可能改变当时的社会经济结构，不仅未达到孙中山要求“扫除专制政治，建设完全民国”的目的，继之出现的却是帝国主义支持下的各派军阀割据和混战局面。但孙中山当时却不可能预见到会出现这样一个局面。相反，他认为护国战争胜利后，社会动荡和战争时代将告结束，国家将步入和平建设阶段，于是他发表了《规复约法宣言》，阐明了他对时局的主张，提出了今后的奋斗目标。他还命令各地革命党人罢兵息战，“为诸军倡”，其他一切依法律解决。他多次函电中华革命军将领，解散武装，转而从事生产建设，甚至电告居正：“各军如不依令解散，即脱离关系。”这样，至12月中旬，中华革命军东北军在山东等地部队，交出2000多支枪支，被北洋军阀编遣完毕，并通告取消了东北军名义。其他一些省的革命军，也都先后解散。孙中山没

1916年8月16日，孙中山应浙督吕公望之邀赴浙江访问。图为孙中山8月19日在绍兴祭奠陶成章时与“陶社”成员合影。

1916年8月22日，孙中山一行抵宁波。图为孙中山在后乐园（现中山公园）与欢迎人士合影。

1916年8月初，孙中山在上海与部分国会议员合影。

1916年8月23日下午，孙中山考察宁波工业学校后在江北岸鸿仪照相馆留影。这是孙中山先生在宁波留下的唯一一张个人照片。

1916年8月24日至25日，孙中山乘“建康”号军舰视察舟山群岛并游览普陀山。图为孙中山一行在普陀山游览时的情景。

1916 年 9 月 15 日，孙中山在浙江海宁观潮。前排左六孙中山，左八张静江，孙中山右后古应芬。

1916 年 9 月 28 日孙中山在上海徐园慰问并宴请美国、加拿大华侨讨袁敢死先锋队时留影。

1916年10月31日，黄兴病逝。12月24日，孙中山与前来吊唁的友人在上海哈同花园合影。前排左起：一廖仲恺、四陈炯明、六章太炎、七寺尾亨、八孙中山、九有吉明、十胡汉民；二排右起：一蒋介石、二宫崎寅藏。

1916年12月，孙中山在上海环龙路63号（今南昌路59号）寓所同朱执信（左二）、陈炯明（左四）、胡汉民（左六）等合影。

1916 年 12 月 24 日，孙中山在上海哈同花园留影。

1917 年春，孙中山在上海寓所同来访的日本友人合影。

1917 年春，孙中山在上海环龙路寓所。

有保留一点军事实力，结果造成他两手空空的局面。这为后来在“护法运动”中，孙中山处境尴尬，以致被逼离粤埋下了伏笔。

护国运动结束后，孙中山得到的教训是深刻的，他经过反复研究，认为：“究其原因，多数人智识未齐，易为野心家所利用，致有变动之发生。”进而指出人民智识未齐，便不过问政治，而人民不过问政治的原因，又在于未能实行地方自治。所以他在 1916 年 7 月中旬后的 40 天里，先后到了上海、杭州、绍兴、宁波、江浙等地，对参众两院议员及各界名流、新闻记者、商会职员等人，连续发表 9 次演说，宣传民生主义，特别侧重讲述地方自治，直接民权问题，大力提倡地方自治，将其作为今后的建设方针。

孙中山关于地方自治的探索，说明他愈来愈意识到“代议制”的缺点，希图在资产阶级共和政体中，找到一种能够弥补“代议制”缺点的政治制度，用来达到建立真正的中华民国。

孙、宋结合

孙中山与宋庆龄共结秦晋之好，在近代史上也是一个重要事件。孙中山与宋庆龄是怎么结合的？为什么宋庆龄以双十初度的芳龄，甘愿爱上一个年龄比自己大一倍多且正在过着流亡艰苦生活的孙中山？这恐怕不是一般意义上的传奇爱情故事。

宋庆龄之所以与孙中山结识，缘于她的父亲宋嘉树（宋耀如）。宋嘉树是孙中山早年进行革命活动的同志和朋友。宋嘉树与孙中山的交往，过去一般认为是开始在 1894 年春季，即孙中山为了谋求民富国强，偕陆皓东北上上书李鸿章时，途经上海而结识的。

他对孙中山的革命活动给予过物质上的、精神上的支持和援助。稍后，他就被孙中山吸收加入中国同盟会，参加了民主革命运动，并成为孙中山的热情支持者和挚友。

少年时代宋庆龄所以有进步和爱国思想，基本上是得益于宋嘉树的教诲，间接受到了孙中山的影响，是孙中山对宋嘉树的影响移植在宋庆龄身上并开花结果，简言之，是通过父辈们的言谈活动对孩子们的情感和思想产生深刻影响的结果。宋庆龄除在幼年时见过孙中山这位不凡的来访者，随着她的成长，孙中山始终是宋家言谈中的英雄。这样，孙中山的为人和革命精神便逐步给她留下深刻的印象。后来进一步发展到宋庆龄对孙中山非常爱戴和仰慕，视其为了不起的革命英雄，并深受他革命思想的影响。宋庆龄常对人说要像孙中山那样生活。美国人斯宾塞在《三姐妹——中国宋氏家族的故事》一书中有这样的记述：宋庆龄曾经说过，“我一想起孙先生所讲的话来，就忘了一切——家庭、学校等等。我一点也不为自己担心，我却担心着中国。”还说，不能忘记中国，也不能忘记孙中山所说的那些话，“如果忘记了，人生就失去了意义”。孙中山发动武装讨袁的“二次革命”失败以后，袁世凯下令通缉孙中山、黄兴、廖仲恺和谭人凤等人，大肆搜捕革命党人。孙中山被迫于1913年8月初东走日本。当时，宋嘉树夫妇和宋霭龄（当时担任孙中山的英文秘书）随同孙中山也流亡到了日本。宋嘉树协助孙中山进行革命活动，并参加了帮助处理英文信件的工作。

这年的春季，宋庆龄在美国威斯里安女子学院毕业。6月，她结束学生生活，离美归国。为了探望父母亲，也为了会见孙中山，决定在回国途中路过日本。

1913年8月29日宋庆龄抵达日本横滨，父亲宋嘉树亲自到码头迎接。

宋庆龄原以为因国内政局动乱，父亲及全家是特地到日本来迎接她的，在日本逗留的时间不会很长，因此让友人回信的地址写“上海余杭东路628号C”。当时她怎么也没有想到，她竟在日本一住就是两年多，而且在那里坚实地打下了她一生奋斗的基础：献身革命，并与孙中山结合。

第二天晚上9时50分，宋庆龄由父亲和姐姐陪同到孙中山寓所拜访。这是她成年后与孙中山的第一次见面。她怀着仰慕和崇敬的心情，激动地向孙中山致意，并将所带的一箱革命同情者送的加利福尼亚水果和一封私人信件面交给他。

当时，孙中山领导的革命事业正处于困境，许多革命党人或者意志消沉，或者投降分裂，跟随在身边的同志不多，宋嘉树虽然正患肾病，却仍坚持为孙中山处理英文信件。宋嘉树由于不宜像日本人那样长时间盘腿席地而坐写作，就让宋庆龄帮助他，并且很快就教会了女儿协助孙中山工作。

9月16日以后，宋庆龄在父亲和姐姐的陪同下频繁出入孙中山的寓所。

据日本外务省档案记载，到25日的10天中，共有8次之多，并与国民党要人张继、马素等接触。显然，宋庆龄正在熟悉为孙中山担任秘书的工作。

1914年3月27日，孙中山腹痛，宋庆龄与宋霭龄曾到寓所进行护理。5月24日开始，宋庆龄单独前往，两姐妹同去的次数日渐减少。6月以后，宋霭龄因为准备与孔祥熙结婚，宋庆龄开始为孙中山承担更多的秘书工作，几乎天天都去孙中山的寓所。9月，由于宋霭龄回上海结婚离开了工作岗位，经孙中山同意，宋庆龄正式接替姐姐，担任他的英文秘书。

这期间，孙中山总结“二次革命”失败的教训，正重新进行扎扎实实的工作：在东京创办《民国》杂志，鼓吹反袁；设立政治学校，培养干部；召开中华革命党第一次大会，加强革命领导机关。另外，孙中山还频繁地致函或派遣干部与国内及海外各地革命党联系，指导党务，建立武装及筹措经费、军械等各项事宜；在江苏、浙江、广东、山东、江西等地发动了一些武装起义和暗杀活动。由于没有发动广大人民群众，只是由少数人去进行军事冒险，因此这些小规模的反袁武装斗争，都接二连三地失败了。孙中山在革命征途中，再度陷于逆境，处在非常艰难困苦的时刻。

在这危难的时候，孙中山得到了宋庆龄的巨大支持和鼓舞。她积极地帮助孙中山工作，把所有整理文件、处理函电、提供资料、经管革命经费以及其他许多繁重的日常工作，都担负起来，并且完成得很出色，逐步成为孙中山革命事业上离不开的助手。孙中山对她非常信赖，把所有机要的通信密码统统交她保管，还将一切对外联络工作也让她承担。他们在繁重的革命工作中，配合甚为默契。通过与孙中山频繁的工作接触，宋庆龄进一步受到他高尚品德和革命精神的感召和熏陶，提高了对中国革命的许多现实问题和理论问题的认识，大大增强了革命的信心和积极性。她与孙中山在一起工作时，常常感到心中燃烧着一种火热的激情。她意识到自己正在献身于一个历史性的伟大目标。她当时的心情，正像她写给在美国读书的宋美龄的信中所表述的：“我从没有这样快活过。我想，这类事就是我从小姑娘的时候起就想做的。我真的接近了革命运动的中心。”她还曾自言自语地说：“我能帮助中国，我也能帮助孙先生，他需要我。”而孙中山也从宋庆龄的帮助和照顾中得到鼓舞和安慰。热爱祖国和献身革命事业的共同理想，使他们在患难中建立了深厚的战友情谊，并且开始默默地相爱。

宋庆龄在东京工作了一段时间后，就回上海探视因病已回国的双亲。此后，她曾几次来往于东京和上海。1915年初，宋庆龄再次准备回国时，她和孙中山谈到他们的结合问题。孙中山对此十分慎重，要她多考虑一些时候，并征得父母亲的同意后再做决定。宋庆龄表示，要是不为一件伟大的事业而生存，生命是没有意义的；她就梦想着有一天能和他生活在一起，献身于革命事业。她坚定地对孙中山说："经过长期、慎重的考虑，深知除了为你、为革命服务，再没有任何比这更使我愉快的事……我愿意这样献身于革命。"宋庆龄对个人的婚姻问题有胆有识，完全是自己做主，决心要和孙中山一起生活和工作。对于宋庆龄来说，爱慕孙中山主要是为了革命，崇拜英雄，爱情是次要的。

后来，美国记者斯诺在与宋庆龄有了多年友谊后，曾问她："你能确切告诉我吗？你是怎样爱上孙博士的？"

"我当时并不是爱上他，"她慢条斯理地说，"而是出于对英雄的景仰。我偷跑出去协助他工作，是出于少女的罗曼蒂克的念头——但这是一个好念头。我想为拯救中国出力，而孙博士是一位能够拯救中国的人，所以，我想帮助他。"

1915年6月，宋庆龄特地为自己的婚事回上海征求家人的意见。但这件事却在宋家引起了轩然大波，遭到全家的强烈反对。她的母亲更感到惊异。他们一致认为这门亲事是极不合适的，并提出了双方年龄悬殊过大、孙中山家中有妻子卢慕贞和3个子女等种种理由加以反对。他们众口一词地劝说宋庆龄放弃这个不切实际的念头，并对她施加压力，将她软禁在家中，不许她和外人见面。而宋庆龄丝毫不为亲人们的意见和压力所动摇，她坚定不移地陈述自己的意见，指出孙中山伟大的革命事业需要自己，她愿意和他生活在一起，帮助他工作。她在写给宋美龄和宋子文的信中，明确地说："自己仅有的欢乐，只有和孙博士在一起工作时才能获得。我情愿为他做一切需要我去做的事情，付出一切代价和牺牲……"

使宋庆龄尤其不能容忍的是，全家不仅反对她与孙中山结合而且还软禁她，并为她匆匆忙忙地另择门婿，企图包办她的婚姻。为此，宋庆龄不得不断然采取了离家出走的激烈行动来对抗。这件事后来她曾向安娜·路易斯·斯特朗亲口讲述过。1927 年 5 月，斯特朗在武汉与宋庆龄相处了一段时间，她回忆，有一次宋庆龄笑着告诉她，她是怎样反抗家庭包办的婚姻，从而震动了上海的上流社会："因为像我这种家庭的女孩子是从来不解除婚约的，并且私奔到日本，和孙博士结合。"

这件事情对于孙中山而言，也是颇感踌躇。孙中山考虑再三最后才终于下决心与妻子卢慕贞分离，与宋庆龄结婚。这时梅屋夫人提醒他，与年龄相差如同父女的宋庆龄结婚会折寿的。孙中山表示："不，如果能与她结婚，即使第二天死去也不后悔。"梅屋夫人被孙中山的真诚所感动，于是决定帮助他操办婚事。

1915 年 6 月，孙中山把原配夫人卢慕贞从澳门接到东京，协商办理分离手续。在与宋庆龄一起工作并了解宋对他的爱慕之情以后，饱受了多年孤独之苦的孙中山，又燃烧起对爱情和家庭生活的渴望。由于这种新的渴望不仅无损于他所从事的革命事业，反而有助于他的工作，所以他对宋庆龄的感情很快就远远超过曾为他养育了 3 个孩子的卢夫人。于是，他不得不与卢夫人办理分离手续。当时孙中山是采取分居协议办法处理这件事的，名曰分居，实为离婚。此后，卢慕贞独居澳门，孙科等子女仍奉养一切。应该说这在当时历史条件下，是为顾全卢慕贞的社会地位而采取的一种较为妥善的办法。因为当时中国的社会习俗，丈夫主动与妻子分离名曰"休妻"，妻子便被一般人视为"弃妇"而丧失社会地位。孙中山在致康德黎的函中，用"Divorce"（脱离、分离）一词，也说明他与宋庆龄结婚前便已与前妻离婚。孙中山处理这一问题的态度是严肃、负责的。

孙中山与卢慕贞离婚后，就积极着手准备与宋庆龄的婚事。一方面由梅屋夫人陪同到商店采购家具；另一方面特请香山县同乡朱卓文和他的女儿慕菲雅（Muphia，宋庆龄童年时的好友）去上海迎接宋庆龄。

10 月中旬，宋庆龄会见了朱卓文父女，阅读了他们带来的孙中山的急信。信中请宋庆龄与朱氏父女立返东京，面谈要事。朱卓文还向她口述了孙中山与卢慕贞协议分离的经过，出示了二人签署的离婚协议书，还说他是离婚的证明人之一。

宋庆龄为此深受感动，如她后来所回忆：起先我“不知道他已经办了离婚手续，并且想同我结婚。他解释他担心不这么做，我就被称作他的妾，这个丑闻就会损害革命，我同意了。我从未反悔。”

就这样，宋庆龄不顾家庭的反对和朋友们的劝阻，也毫不考虑与家庭决裂的后果，欣然接受孙中山的函邀，毅然离家出走，偕朱卓文父女一同潜赴日本，回到孙中山身边。用她自己的话来说，那天晚上，“我从窗户里爬了出来，在女佣的帮助下逃了出来”。

10 月 24 日下午 1 时 10 分，孙中山怀着激动的心情亲自到东京车站迎接宋庆龄。

第二天上午，宋庆龄与孙中山十分愉快地到牛込区袋町五番地日本著名律师和田瑞家中办理手续，在挚友廖仲恺和山田纯三郎等数人前举行结婚仪式。他们委托和田瑞到东京市政厅办理了结婚登记，并由这位律师主持签订了婚姻《誓约书》。该《誓约书》原文是日文，译文如下：

誓约书

此次孙文与宋庆琳之间缔结婚约，并订立以下诸誓约：

一、尽速办理符合中国法律的正式婚姻手续。

二、将来永远保持夫妇关系，共同努力增进相互间之幸福。

三、万一发生违反誓约之行为，即使受到法律上、社会上的任何制裁，亦不得有任何异议；而且为了保持各自之名声，即使任何一方之亲属采取何等措施，亦不得有任何怨言。

上述诸条誓约，均系在见证人和田瑞面前各自的誓言，誓约之履行亦系和田瑞从中之协助督促。

本誓约书制成三份：誓约者各持一份，另一份存于见证人手中。

誓约人　　孙文（章）
同　上　　宋庆琳
见证人　　和田瑞（章）
1915 年 10 月 26 日

1962 年，中国历史博物馆从私人手中征集到这份《誓约书》的原件，请宋庆龄亲自鉴定。她当时通过秘书作了口头答复，加以肯定。1980 年 3 月 18 日，宋庆龄又亲笔签署：“此系真品。”并做了几点说明：

第一，誓约书上日期为 10 月 26 日，是按照日本当时风俗以双日吉利而写的，结婚日期实为 10 月 25 日。

第二，由日本名律师和田瑞到东京市政府办理登记手续后所签法律上的誓约书。

第三，在誓约书上用“琳”字，是因为“琳”字较“龄”字书写容易。

第四，当时宋庆龄没有刻图章，所以誓约书上未盖章。

第五，抗日战争时，存在于上海孙中山故居的孙中山与宋庆龄的婚姻誓约书两份，已为日本军阀掠去，可能这份就是其中的一份。

孙中山与宋庆龄签订婚姻《誓约书》、办完法律手续后，两人都很高兴。据《孙文动静》“乙秘 2075 五号”，和田瑞于 25 日上午访孙；下午孙偕宋乘车去访和，受晚餐招待。26 日和田瑞与孙宋无来往。由此可知，

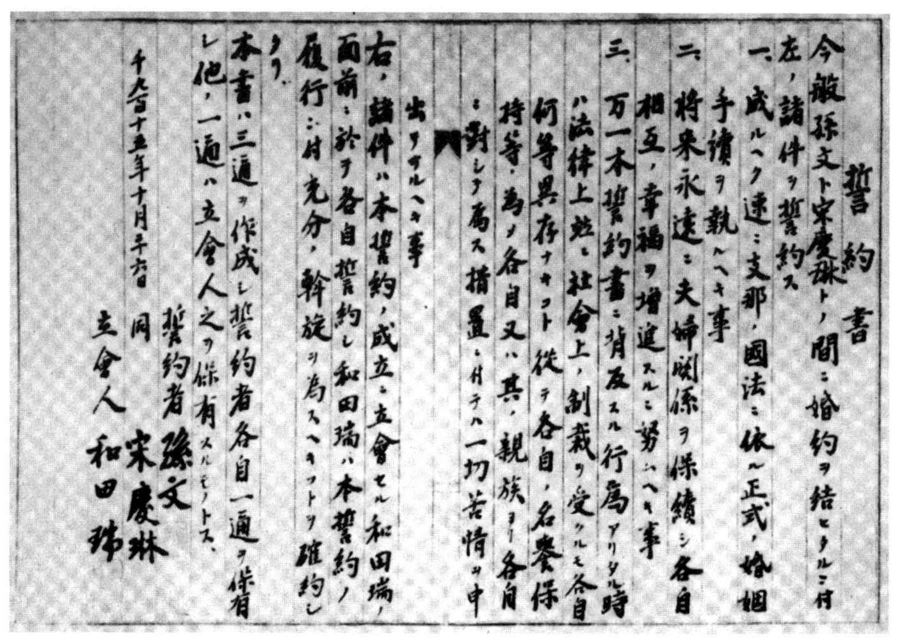

誓約書

今般孫文ト宋慶琳トノ間ニ婚約ヲ結ヒタルニ付
左ノ諸件ヲ誓約ス
一、成ルヘク速ニ支那国法ニ依リ正式ノ婚姻
手続ヲ執ルヘキ事
二、将来永遠ニ夫婦関係ヲ保続シ各自
相互ノ幸福ヲ増進スルニ努ムヘキ事
三、万一本誓約書ニ背反スル行為アリタル時
ハ法律上並ニ社会上ノ制裁ヲ受クルモ各自
何等異存ナキコトハ従テ各自ノ名誉保
持ノ為メ各自又ハ其ノ親族ヨリ各自
ニ対シテ為ス措置ニ付テハ一切苦情ヲ申
出サルヘキ事
右ノ諸件ハ本誓約ノ成立ニ立会セル和田瑞ノ
面前ニ於テ各自誓約シ和田瑞ハ本誓約ノ
履行ニ付充分ノ斡旋ヲ為スヘキコトヲ確約シ
タリ
本書ハ三通ヲ作成シ誓約者各自一通ヲ保有
シ他ノ一通ハ立会人之ヲ保有スルモノトス

千九百十五年十月廿六日

誓約者　孫文
同　宋慶琳
立会人　和田瑞

孙中山与宋庆龄的婚姻《誓约书》。

宋庆龄后来的说明是对的。25 日为孙宋二人办理结婚手续之日，未举行婚礼，亦未合影。梅屋庄吉长女千势子在追忆中说，孙宋两人结婚典礼是在梅屋宅举行的，并请摄影师拍了照。但据《孙文动静》“乙秘第 2086 号”，10 月 27 日下午 3 时 30 分，孙偕宋访梅屋宅，5 时 15 分告辞回寓，如去掉路上时间，在梅屋宅只有一个多小时。且《孙文动静》中也没有举行婚礼和其他来宾的记载，因此在梅屋宅举行婚礼的可能性很小。

《孙文动静》属日本警视厅的一份重要资料。“二次革命”失败后，孙中山东渡日本进行革命，到 1916 年 4 月，孙中山的一举一动都在日本警视厅的便衣警察监视之中，这些警察将孙中山的活动于当日或翌日写成《孙文动静》，以“乙秘第 ×× 号”编号，逐日报送外务省政务局第一课（主管中国问题）。此次孙中山在日本 993 天，除 10 天遗缺之外，天天都有按日期次序编排的《孙文动静》。其中包括孙与宋接触往来和宋单独活动的情况。因此它是研究孙中山这一时期活动的可信的重要史料。

但这桩婚事，却遭到孙中山的亲朋和战友中大多数人的反对。他们议论纷纷，都认为很不妥当。早在他们结婚之前，孙中山的朋友们曾开会讨论，并派一个“代表”去说服他。但这个“代表”会见孙中山之后，竟一时说不出话来。孙中山问这个朋友，你有什么苦恼？这个朋友未发一言，就借故告辞了。中华革命党中的战友们曾派遣代表、发出书信，对孙中山进行“说服”，胡汉民、朱执信还当面向孙中山“诤谏”，要求他取消这个打算。孙中山毫不客气地对他们说：“展堂、执信！我是同你们商量国家大事的，不是请你们来商量我家庭的私事。”所以孙宋结婚时，除廖仲恺、何香凝和陈其美外，中华革命党人都没有出席他们的婚礼。

对于各方面的阻挠和反对的舆论，孙中山毫不理睬，他坦率地对一些反对他同宋庆龄结婚的同志说：“我不是神，我是人。”“我是革命者，我不能受社会恶习惯所支配。”他义无反顾地表示：“我爱我国，我爱我妻。”这些肺腑之言，表示了一个革命者对待爱情、婚姻的光明磊落和坚贞负责的态度。

在孙中山和宋庆龄十分孤立的情况下，只有廖仲恺夫妇热诚地支持并衷心地祝愿他们幸福。廖仲恺、何香凝在孙宋结婚时，曾领着儿女梦醒和承志，全家一起登门贺喜。这说明孙廖两家人深厚的战友情谊，他们无论在革命或生活上都是相通的。廖氏姐弟是第一次见到宋庆龄，从此宋庆龄对待他俩一直亲如子侄。

1916 年 4 月 24 日，孙中山、宋庆龄与梅屋庄吉夫人合影。

当然，反对最强烈的自然是宋庆龄的父母了。宋嘉树发现女儿逃跑后，立即和妻子倪桂珍怒气冲冲地乘坐太平洋邮船公司的客轮追赶到日本。可是已经晚了，孙中山与宋庆龄的婚礼已举行完毕。

后来宋庆龄向斯诺谈到她与孙中山结婚问题时说："我父亲到了日本，狠狠地说了他（孙中山），企图解除婚姻，理由是我尚未成年，又未征得父母的同意。他失败了，于是就与孙博士绝交，并和我脱离了父女关系！"

孙中山在东京住所房东梅屋庄吉的女儿千势子回忆那天的情景是：宋嘉树站在大门口，气势汹汹地叫喊："我要见抢走我女儿的总理！"梅屋庄吉夫妇很担心，他们刚要走出去劝解宋嘉树，孙中山挡住他们说："不，这是我的事情。"说着走向门口。梅屋庄吉还是不放心，就跟在孙中山的后面。孙中山慢悠悠地走到大门口的台阶上站着，稳稳地说："请问，找我有什么事？"突然暴怒着的宋嘉树跪在地上说："我的不懂规矩的女儿，就拜托给你了，请千万多关照！"然后在门口的三合土上磕了几个头，头都快蹭到地上了。就这样，他回去了。

几个月后，宋嘉树同他的老朋友传教士步惠廉谈到这件事时，用一句话发泄了他的极度痛苦："比尔，我一生中从来没有这么伤心过，是我自己的女儿和我最好的朋友给害的。"

1916年4月24日，孙中山与宋庆龄合影。

然而，宋庆龄的父母毕竟是受过西方民主精神熏陶、有见识明事理的人。当他们看到孙、宋已经结婚而无可挽回时，就只好承认事实，与女儿女婿和解了，至少在表面上是如此。如埃米莉·哈恩所说："宋氏一家尽管对此非常恼火，但他们并未张扬出去。姐妹之间曾经一度互不理睬，宋夫人也未停止横加指责，然而局外人士对此却一无所知。宋查理并没有因为女儿的行动而动摇了自己的信仰，他仍然一如既往地为孙中山、为祖国的未来尽心尽力。"罗比尤恩森也说："宋耀如当了自己的老朋友和同辈人的岳父，感到难为情，但他还是孙中山的朋友，继续在政治上同他共事。"所以，宋嘉树说同孙中山和他的党"断绝一切关系"，以及同宋庆龄"脱离父女关系"，只是一时的气话而已。

事实上，宋嘉树夫妇回国后，还为女儿结婚补送了一套古朴的家具和百子图缎绣被面的嫁妆。这一份嫁妆被宋庆龄视为最珍贵的纪念物，一直珍藏在身边，保存得十分完好。

宋庆龄违抗父母之命并且义无反顾地跑到日本与孙中山结婚，起初对她父母的刺激和打击是很严重的。宋嘉树为此病情加重，回国后便病倒在青岛。这时他十分痛苦和孤独，宋子文、宋美龄在美国，宋霭龄在山西生孩子，只得把女婿孔祥熙叫去作陪。宋庆龄十分爱父亲，因为婚事而不得不违抗父亲，使她一直感到内疚和痛苦。晚年她对人提起此事还说："我

孙中山与分居多年的卢慕贞协议离婚后，1915 年 10 月 25 日与宋庆龄在日本东京结婚。图为 1916 年 4 月 24 日孙中山与宋庆龄在东京大武照相馆合影。

爱父亲，也爱孙文。今天想起来还难过，心中十分沉痛。”

不管人们的毁誉褒贬，孙中山与宋庆龄婚后的生活是幸福的。宋庆龄在婚后不久给美国同学安德逊（A. Anderson）的一封信中，曾充分表述了她同孙中山结婚的欢乐心情，信中说：“婚礼是尽可能的简单，因为我俩都不喜欢繁文缛节。我是幸福的。我想尽量帮助我的丈夫处理英文信件。我的法文已大有进步，现在能够阅读法文报纸，并直接加以翻译。对我来说，结婚就好像是进了学校一样。不过，没有烦人的考试罢了。”

婚后，宋庆龄继续担任孙中山的私人秘书，成了孙中山工作上的亲密伙伴。为了帮助丈夫做更多的工作，她不仅学习了法语，而且开始学习密码。不久，她负责处理孙中山所有的密码和译码工作。同样，孙中山也对婚后的生活极为满意。3 年以后，即 1918 年 10 月 17 日，他在给自己的恩师英人詹姆斯·康德黎（Cantlie）的信中这样写道：“我的妻子，是受过美国大学教育的女性；是我的最早合作者和朋友的女儿。我开始了一种新的生活。这是我过去从未享受过的真正的家庭生活。我能与自己的知心朋友和助手生活在一起，我是多么幸福！”

孙中山和宋庆龄的结合，是中国近代革命史上的一个重要事件，它对孙、宋二人的革命生涯都产生了重大影响。此后的岁月证明，这桩婚事对孙中山最后 10 年的革命活动具有积极而深远的意义；而对于宋庆龄革命的一生来说，则始终是一个巨大的推动力。这一对夫妇实在可以称为伟大的革命伴侣。

宋庆龄一直极为珍视她与孙中山结婚的日子，甚至在 60 多年之后，回忆起这一天的时候，仍激动地说：“10 月 25 日，在我的生活中，这一天是比我的生日更重要的日子。”

首次护法运动

袁世凯死了，帝国主义各国在中国失去了一个共同的走狗。帝国主义为了争夺中国，划分势力范围，就要进一步扶植新的走狗，于是各自扶植一部分军阀充当自己的代理人，中国政治上出现了极端混乱的局面。

起初，美帝国主义支持非北洋派出身的黎元洪继任总统，由日本帝国主义的走狗、皖系军阀头子段祺瑞充当国务总理，掌握北京政府的实权。黎、段上台不久，他们之间就各以不同的国际势力为背景，争权夺利，演成了“（总统）府、（国务）院之争”。到1917年春，“参战”问题成了双方争执的焦点。段希望通过“参战”取得日本更多的实力支持，坚决主张对德宣战；而依靠国会支持的黎元洪以美国为后援，表示反对。后来，美、英为了排挤亲日势力，支持总统黎元洪免去了段祺瑞的总理职务。段祺瑞便在日本的支持和策动下积极反扑，于同年7月1日导演了一幕张勋复辟的丑剧。而后段祺瑞又利用全国人民反对复辟的声势，赶跑张勋，恬不知耻地以“再造共和”的元勋自命，再次当了总理，把持着北京政府的实权。他承袭了袁世凯的全部反动政策，大量出卖国家主权，蛮横地毁弃《临时约法》，拒绝召开国会，妄图用武力统一中国，建立独裁统治，激起全国人民的强烈反对。这时孙中山及其追随者便根据形势的发展，又开展了同封建军阀的斗争。

1917年7月1日，张勋在北京拥立清废帝溥仪复辟。皖系军阀段祺瑞起兵驱逐张勋后，控制北京政府，拒绝恢复《中华民国临时约法》和国会。7月6日孙中山等南下掀起护法运动。图为孙中山7月17日抵广州后留影。

发生在中国新旧民主主义革命交替时期的护法运动，是孙中山反对北洋军阀专制而发动的最后一次资产阶级革命运动。这次运动是孙中山领导的民主革命运动的一个重要环节，也是近代中国资产阶级革命运动史上的重要事件之一。

首次护法运动，自1917年7月孙中山离沪南下筹组中华民国军政府，正式揭橥“护法”义帜始，至1918年5月孙中山被西南军阀排挤，辞职离粤北上止，时仅10个月。但孙中山在这段时间里同北洋政府以及护法队伍中的南方军阀进行了英勇斗争，沉重地打击了北洋政府的统治。

当1917年7月段祺瑞重行窃夺中央政权并公然抛弃《临时约法》和旧国会时，孙中山立即高举护法斗争的旗帜，决心“荷戈援枹，为士卒先，与天下共击破坏共和者”，正式踏上了用武装斗争的形式反对封建军阀的道路。

早在1917年6月间，孙中山多次与当时在上海的海军总长程璧光磋商，运动海军参加斗争，并为其筹措经费30万元充作护法军饷，从而得到海军的赞助。迨张勋复辟事件发生，一度考虑设护法基地于上海，曾与唐绍仪、程璧光、章炳麟等会商，议定迁“民国政府”至上海，请黎元洪南下继续行使总统职权，督促全国讨逆，但江苏督军冯国璋公开声称不得以上海作为海军讨伐民国叛逆的根据地，淞沪护军使卢永祥、浙江督军杨善德甚至严密监视程璧光和海军的行动；并且上海是帝国主义势力集中之地，外交动辄受制，护法力量难以立足，也非理想之地。广东省省长朱庆澜派人邀请孙中山去粤组织政府，驻粤滇军中的革命派将领张开儒也通电赞同护法，力求迁都广州。孙中山经考虑再三，决定因此“托根广州”，返回他过去曾长期从事革命活动的故乡，将广东作为护法根据地。

1917年7月27日，孙中山出席广东海陆军警欢迎会并做“恢复民气”演说后与欢迎者合影。

1917年8月6日，孙中山在广州欢迎程璧光等南下护法海军将士时合影。二排左起：九程璧光、十孙中山。

1917年8月6日，孙中山在广州东园宴请南下护法海军将士时合影。后排右四孙中山。

1917年8月25日，国会非常会议在广州开幕。图为开幕时孙中山与议员合影。前排左起：二居正、九朱庆澜、十王正廷、十一吴景濂、十三孙中山、十四程璧光。

1917年9月1日，国会非常会议选举孙中山为中华民国军政府海陆军大元帅。10日，孙中山正式就任。图为举行孙中山就职典礼时所摄。

为了筹建新的护法基地和政权，孙中山先后两次派出代表胡汉民等到广州、南宁诸地联络讨逆护法力量，同西南诸省军政首领磋商护法大计，又发电邀请国会两院议员“全体南下，自由集会，以存正气，以振国纪”，并决定亲自南下接洽。他于7月6日偕廖仲恺、朱执信、何香凝、章炳麟等人乘“海琛”号军舰由上海启程，途经汕头、虎门等地，于17日抵广州后，不辞劳苦地进行了大量的联络和组织工作，竖起了护法的旗帜，呼吁各界奋起共同为拥护约法而斗争。

在孙中山的护法号召下，程璧光首先发表拥护约法宣言，提出“拥护约法，恢复国会，惩办祸首”三项主张，宣告海军独立，并率领海军第一舰队9艘军舰自吴淞口开赴广东，8月5日全部抵黄埔。接着滞留在天津、上海的国会议员相继南下，至8月中旬抵广州者已达150余人。海军和国会议员的南下，壮大了护法运动的声势，鼓舞了人们的斗志，促使孙中山加紧组建政府的工作。他提出采用“国会非常会议”的名称以弥补到粤国会议员不足法定人数的规定，并于8月25日至9月1日召开了国会非常会议。在会议所通过的《中华民国军政府组织大纲》中规定，组织军政府的目的“为戡定叛乱，恢复《临时约法》”，宣布“《临时约法》效力未完全恢复之前，中华民国行政权由大元帅行使；大元帅对外代表中华民国”。并选举孙中山为大元帅，唐继尧、陆荣廷为元帅，负责行使军政府职权。9月10日，孙中山在广州河南士敏土厂就中华民国陆海军大元帅职，发表宣言和就职布告，表示要誓志“攘除奸凶，恢复约法，以竟元年未尽之责，雪数岁无功之耻”。护法军政府的成立，是孙中山联络各界护法力量的初步成果，标志着建立起了一个同北方段祺瑞卖国反动政权针锋相对的新政权，开始了此后孙中山领导的长达五六年之久的护法运动。

护法运动要达到什么目的？孙中山在7月南下后的两个多月中，连续发表的13件宣言、命令、通电、演说和谈话里，对这一问题分别做了详略不一的阐明。其内容集中起来，主要有以下两点：其一，坚决维护“主权在民”的最高原则，坚持资产阶级的法治，反对军阀“以个人私欲代替法律”的“人治”。其二，要求实现真共和，反对假共和。

但是在护国运动结束时，孙中山已经命令各地中华革命军先后结束和解散，使其在讨袁斗争中聚结起来的一些军事力量丧失干净，以致他手中没能保留一点军事实力。现在要采用暴力革命方式进行护法运动，应依靠什么力量呢?

因此，他在争得海军总长程璧光和第一舰队司令林葆泽率海军第一舰队南下后，便把主要精力用于联合西南各省宣布“自主”的军阀，以求争取到陆军力量的支持来进行护法。

孙中山把西南最强的实力派滇系唐继尧和桂系陆荣廷的部队视为“义师”，倚为护法的力量，自己担任军政府大元帅，以唐、陆为元帅，“冀二三君子同德协力，共赴大义”。但貌合神离的唐继尧、陆荣廷对孙中山领导的护法运动，一开始就离心离德，多方进行抵制和破坏。早在孙中山刚刚举起护法旗帜时，依附桂系的岑春煊就图谋阻挠和破坏海军参加护法，幸得孙中山及时地排除掉这个障碍。当孙中山在广州筹建军政府时，陆荣廷、陈炳焜等又不断耍弄阴谋诡计，将拥护孙中山的广东省省长朱庆澜排挤出省，破坏广东省议会省长选举，甚至连孙中山选定士敏土厂作为大元帅府都予阻挠，使其不能及时有办公地点。但孙中山挺然不屈，坚持在广州成立了军政府。在军政府成立后，陆荣廷公开反对另组政府，主张“总统复职”，并通电全国声明，“以后广东无论发生何种问题，概不负责。”陈炳焜则明确表示：广东“不能担负军政府和非常国会的经费开支”。唐继尧也通电拒绝接受元帅职。

孙中山为促进局面的开展，一再让步，委曲求全，多次派专使分别赴滇、桂劝驾，迭发函电敦促“义师”支持，并加委唐继尧为川、滇、黔三省靖国军总司令，也始终没有打动唐某之心。军政府任命的6个各部总长及参谋总长，除陆军总长张开儒外，都因与滇、桂系的关系，而逡巡不肯就职。最高领导机关实际成为一个空架子，只靠孙中山独立掌持。

孙中山处在非常恶劣的困境中，备尝艰辛，深感护法事业之艰难，然而为国民争回真共和的信念毫不动摇，毅然坚持要讨伐北洋军阀。9月间，他支持和推动粤、桂、湘三省组成联军，以广西督军谭浩明任总司令。10月，他组织了一次颇有声势的北伐，联军和北洋军鏖战于湖南衡山、宝庆一带，护法战争开始。此后双方互有胜负，不久即处于相持状态。当时孙中山受到各地护法军纷纷兴起的鼓舞，曾制订了一个粤、桂、湘、黔、川诸路军队同时出动，会师中原，直捣北洋军阀巢穴的计划。由于滇、桂军阀的阻挠和破坏，北伐计划无法实现。

当孙中山被桂系军阀威逼得喘不过气来时，逐步认识到有军则有权这个严酷的现实，决定建立一支真正属于自己的军队，作为军政府的支柱。

孙中山首次南下护法时，广东省省长是朱庆澜（字子桥）。朱庆澜一直被桂系军阀视为“非我族类”。他向胡汉民建议：“护法是正义行动，孙先生登高一呼，西南各省闻风响应。不过要出兵讨段，滇唐、桂陆仍在观望。自己缺乏可靠实力，看来难收实效。如果孙先生有意建立护法军，我可以借个机会，将广东省警卫军拨出 20 营，由他改编为护法军，然后再图发展。但此事不能由我单方面做主，还要向陆、陈多做工作，也要向广东省议会疏通疏通。”

孙中山知道以后颇为赞赏：“朱子桥有远见，热情支持我们的革命事业，是十分难能可贵的朋友，你们千万不要等闲视之。大家要知道，我们的事业所以屡遭失败，原因虽多，主要还是由于自己缺乏强有力的革命军队去扑灭敌人。”他立即让胡汉民、朱执信分头活动，迅速促成此事。可是陆荣廷还是抢先一步，令广东督军陈炳焜将省长亲军编入督军署警卫军。这件事引起了广东各界反对，孙中山趁势派胡汉民向陆荣廷交涉。陆荣廷见众怒难犯，只得将陈炳焜调回广西，以莫荣新代理广东督军。

就这样孙中山为建立一支革命军队，从 8 月下旬起，以极大努力同桂系军阀进行了许多回合的斗争，直到 12 月初，艰难交涉达 3 个多月之久，最后才争到省长公署的 20 营警卫军约 8000 人，但又以不能驻在广州为条件。孙中山总算建立起一支粤军，任命陈炯明统率，以“护法援闽”名义开入闽南。由于这支粤军远在闽南，所以对军政府来说，还是等于没有武力。

孙中山对桂系军阀的放肆迫害愤慨至极，他于 1 月 3 日，不顾艰险，登上炮舰，亲自指挥海军炮轰广东军署，给了莫荣新一次严重警告。而在炮击督军署事件后，和桂系军阀的矛盾更是日益尖锐和加深。桂系军阀于 1918 年 1 月进行策划要成立“中华民国护法各省联合会”，取代军政府。这一阴谋由于孙中山及各方面人士的反对，虽未能得逞，但已经正式发出

1918年1月1日，孙中山与护法军政府官员欢庆元旦时合影。

1918年3月，孙中山与大元帅府职员合影。前排左起：周应时、蒋介石、邹鲁、冯自由、徐谦、宋庆龄、孙中山、林森、黄大伟、邵元冲、胡汉民、廖仲恺。

了赶走孙中山的信号。之后，陆荣廷、唐继尧等西南军阀加紧策划推翻孙中山和军政府活动，并同直系军阀沆瀣一气，更积极地酝酿南北停战议和。孙中山坚决反对南北议和，曾庄严宣称：“舍恢复约法及旧国会外，断无磋商之余地。”他为坚持护法的原则，同西南军阀的议和活动虽进行了不懈的斗争，但也无力扭转大局。4 月 10 日，国会非常会议第十七次会议通过改组军政府的《中华民国军政府组织大纲修正案》，把军政府大元帅制改为总裁合议制，进一步剥夺了孙中山的职权，使他无立足之地。以政学系头子岑春煊为主席总裁的军政府，以桂系军阀为实际的掌权者，军政府成为西南军阀的政治交易所。对此孙中山愤怒至极，当 5 月 4 日国会非常会议悍然通过改组军政府决议的会议散会后，孙中山极为忧虑地叹道：“数也，复何言。”他既痛恨西南军阀的专横跋扈，而本身又无力反击，“为维持个人人格计，为保卫国家正气计”，便决然立即向国会非常会议提出辞去大元帅职的咨文，并于同月 21 日，怀着“时变亟矣”“国将不国”的沉重心情，黯然离粤赴沪，结束了他的首次护法运动。

1918 年 3 月，孙中山与宋庆龄在广州大元帅府合影。

由于受军阀和政客排挤，孙中山向非常国会辞去大元帅职。1918 年 5 月 28 日，孙中山离广州过梅县时，与前来欢迎的谢逸桥、谢良牧等将士合影。

在苦闷中摸索前进

孙中山在首次护法运动失败后，非常痛苦。此次离粤返沪，曾绕道日本，先后在门司、箱根活动，并抵京都治眼疾。6 月 23 日自神户乘“近江丸”启程赴沪。

孙中山回到上海后，住在环龙路（今南昌路）63 号，两个多月后迁到华侨集资购赠的莫利爱路 29 号住宅。当时他的处境十分孤立。

孙中山在上海居住的莫利爱路 29 号（今香山路 7 号，为上海孙中山宋庆龄故居和陵园管理委员会办公处），位于法租界的一条宁静的马路旁，马路边植着绿叶茂密的法国梧桐。马路的东头路南的第三个门就是 29 号。这是一座西式花园别墅，进大门走过庭院是一幢深灰色的两层楼房。外墙上布满了爬山虎、紫藤。楼向阳处，是一片正方形草坪，三面围绕着四季常青的冬青、香樟及玉兰等树木和花圃。楼下，一间是会客厅，一间是餐室。楼上有藏书室、兼办公用的读书室、卧室、浴室和招待客人的住室。书室内，四壁图书琳琅满目，中外政治、经济、历史、地理、法律书籍，应有尽有，就连楼梯角下、过道旁也放有书橱和书籍。这是一所最适

孙中山 1918 年摄于上海。

1919 年 2 月 20 日，南北和平会议在上海开幕。图为孙中山与南方总代表唐绍仪等在上海合影。

上海孙中山故居。

于俭朴生活的孙中山与宋庆龄居住的精致而不华贵的住宅。有一位菲律宾友人拜访孙中山夫妇后，描述其中陈设是“半为中式，半为西式，惟出于孙夫人之美术的布置，颇觉中西折衷，优美可观。客厅中置一钢琴，盖示其家主妇之雅好音乐也”。

从1918年至1919年这一年多的时间里，孙中山在居处深居简出，苦心研究，发愤闭门著书。他写成了《孙文学说》和《实业计划》两书，连同1917年写成的《民权初步》合为《建国方略》。这时是孙中山从事著述的最集中、最重要的时期。《建国方略》和他的《三民主义》讲演，同是孙中山在思想方面的贡献，也是研究他的思想的最主要文献。

从1918年下半年起，南北和议的声浪甚嚣尘上。它是英、美帝国主义支持的南北军阀掀起来的，反映了战后英、美帝国主义已回过头来，要与在大战期间已在中国占有优势的日本帝国主义争夺霸主地位的新情势。

孙中山对于南北军阀通过南北和谈来营私分赃，早就有所觉察，除表示反对外，还对其诡谋进行了揭露。

1919年2月20日，南北“和平会议”在上海开幕。其实，“和平会议”并不和平，倒成了南北军阀、政客争权夺利、争吵不休的场所。南北议和谈谈停停，从2月20日到5月13日，前后进行了30次，谈判在双方僵持不下的争吵中收场，历时共83天。这次分赃性质明显的谈判体现在和会过程的各个环节和各个方面。孙中山对此进行了力所能及的揭露和斗争。

支持五四运动

1919年春，南北议和的同时，另一个分赃会议——巴黎和会也正在进行着。

巴黎和会在1919年1月18日开幕，有20多个国家参加，而操纵会议的是美、英、法、意、日五国。作为“战胜国”之一的中国代表团，迫于人民的压力，向和会提出废弃势力范围，撤退外国军队、巡警，裁撤外国邮局和有线、无线电报机关，撤销领事裁判权，归还租借地、租界，关税自由权等七条希望和取消“二十一条”的请求。可是中国代表团的“希望”和“请求”全部遭到列强否决。

5 月 1 日，传来北京政府外交代表的一切“希望条件”和“请求”业已失败的消息。接着，又证实了巴黎和会决定将德国在山东的权益转让给日本的传说。更令人不能容忍的是，连这样“历史所罕见”的条约，卖国的外交代表也竟然准备签字。

人们的幻想破灭了。人民的怒火像火山似的爆发了。

5 月 3 日，北京学、商、政、军各界人士，分别举行集会，反对巴黎和会对于山东问题做出的无理决定。当日下午，北京一些政界人士所组织的国民外交协会召开全体职员会议，做出 4 项决议：（一）5 月 7 日在中央公园开国民大会，并电告各省各团体同日举行；（二）声明不承认二十一款及英、法、意等与日本关于处分山东问题之密约；（三）如和会不能伸我国之主张，即请政府撤回专使；（四）向英、美、法、意各使馆声述国民之意见。

5 月 3 日之夜，正是周末。往常冷冷清清的北京大学校园却如一锅沸腾的开水。

法科大礼堂内外，挤满了满腔怒火的学生。他们纷纷上台发言，有的痛骂亲日派卖国贼的交通总长曹汝霖、驻日公使章宗祥、币制局总裁陆宗舆；有的埋怨原先的幻想，上当受骗；有的高呼“外争国权，内惩国贼”。他们声泪俱下，慷慨激昂，揪人心弦。法科学生谢绍敏开始讲演时，满腔的热血仿佛都涌到了喉头，声音抖动而凄厉，像是恨不得掏出自己这颗炽热的心来。他说着说着，变得泣不成声了，突然，他猛地将中指咬破，也不顾直流的鲜血，猛地又撕断衣襟，当场血书“还我青岛”4 字，高高举在头上。顿时，会场上鼓掌声、哭泣声和“废除二十一条”“拒绝在巴黎和会上签字”的口号声此起彼伏，凄凉悲壮。

大会通过了 4 项决议：（一）联合各界一致力争；（二）通电巴黎专使，坚持和约上不签字；（三）通电全国各省市于 5 月 7 日国耻纪念日举行群众游行示威行动；（四）定于 5 月 4 日齐集天安门举行学界大示威。

具有伟大历史意义的五四运动就这样爆发了。

当孙中山得知北京政府逮捕游行学生时，便打电报给段祺瑞，要求释放被捕学生。由于孙中山的努力和其他各界人士的支持，特别是广大群众的团结斗争，北京政府被迫于5月7日释放全部被捕学生。7月中旬，孙中山又通电广东政府，要求立即释放被捕工人、学生代表，并谴责桂系军阀支配下的广东政府镇压革命群众运动。

五四运动后，北京等地学生纷纷成立学生联合会，各地学生代表相继集会于上海筹备成立全国学生联合会，孙中山赞同学生组织起来，扩大学生运动。全国学生联合会在上海正式成立，孙中山给予经济上支持，并应邀到学生联合会讲演，他帮助学生分析巴黎和会，介绍十月革命的情况，鼓励青年斗争。这一时期，他还多次邀请学生代表到他的寓所谈话，热情地接见他们，赞扬青年的爱国热忱，并对他们寄以莫大的希望。他曾语重心长地对代表讲："中国的希望就寄托在你们这般青年人的身上。"

改组中华革命党为中国国民党

五四运动发生的同年10月，孙中山将中华革命党正式改组为中国国民党，使该党由秘密转为公开，以适应五四运动后国内急剧变化的形势，接纳当时的爱国青年入党。

早在第一次护法运动失败后，1918年6月孙中山抵达上海时，为了把国民党的主力从海外转移到国内，他便开始筹划扩张党务，重订党章，以促党务的发展。8月30日，他在《通告海外革命党人书》中说："归沪而后，益感救亡之策，必先事吾党之扩张，故亟重订党章，以促党务之发达。"至此，中华革命党在国内的影响已经微弱到了极点，孙中山不得不向原国民党的各派势力妥协，以求团结更多的力量。于是，宣布恢复国民党的名义。事实上，中华革命党恢复国民党名义后，国民党作为一个政党的活动很少。

1919年10月10日，中华革命党正式定名为中国国民党，并公布新党章《中国国民党规约》。在这之前，国民党的名称在国内并不统一，除有中华革命党、国民党、中国国民党等名称外，还有的地方称中华国民党，而且党章不一。所以，1919年10月10日颁布该党规约时，才明确"从前所有中华革命党总章及各支部通则，一律废止。所有印章、图记，一律照本规约所定，改用中国国民党名义，以昭统一，而便进行"。中华革命党正式改名为中国国民党，"中国"二字是为了区别于民国元年成立的国民党。

1919 年 4 月孙中山一行游览杭州西湖时合影。左起：李谋之、宋庆龄、孙中山、黄惠龙、黄大伟夫人、马湘、陈少白、黄大伟。

孙中山摄于上海。

1919 年冬，孙中山摄于上海。

1919年冬，孙中山在上海寓所留影。

1919年12月20日孙中山和章太炎为南洋商业学校自治讲习所讲演《自治精义》后合影。

1919 年冬，孙中山、宋庆龄结婚 4 周年纪念合影。

民元国民党是由中国同盟会等5个党合并而成的，中国国民党则由中华革命党演变而来。因此，除原中华革命党的党员外，新入党的党员，仍须依据《中国国民党规约》履行手续。

二次护法运动

五四运动后高涨的革命形势，不仅在思想上促进了孙中山新的觉醒，而且在行动上坚定了他再度南征，重建广东革命根据地的信念。

1920年6月2日，孙中山、唐绍仪、伍廷芳、李烈钧及云南代表在上海孙中山寓所讨论应付时局的办法，决定由孙中山、唐继尧、唐绍仪、伍廷芳四总裁发表联合宣言，严厉谴责桂系军阀把持军政府，声明将军政府移往云南，贯彻“护法”主张。接着，孙中山命令粤军所属各部队移驻指定的闽粤边境集中，候命讨桂。

7月21日，徐绍桢率领数千民军在江门起义，号称“救粤军”，分五路攻袭广州，揭开南征讨桂的序幕。战事由于得到广东人民的支援以及联军的参战，桂军大败。

10月23日，陈炯明在惠州召开军事会议，决定分兵三路进攻广州。粤军势如破竹，迅猛前进。桂军兵败如山倒，狼狈溃退。27日，垂死挣扎的莫荣新炸毁了广州兵工厂，仓皇逃离广州。29日，粤军洪兆麟部及魏邦平、李福林两军进入广州，陈炯明通电宣布克复广州。

岑春煊、莫荣新逃离广州前夕，即1920年10月24日，岑春煊、陆荣廷、林葆怿、温宗尧以四总裁名义，急电北洋军阀政府大总统徐世昌、国务总理靳云鹏，声明即日辞去总裁、撤销军政府，提出召集国会、迅谋统一。10月26日，莫荣新也以广东督军名义，急电徐世昌、靳云鹏，声明自24日起，“率同将士宣布取消自主，粤事应听中央政府主持”。31日，北京政府宣布“南北和平统一”。

孙中山同他们进行了针锋相对的斗争。就在10月31日这一天，孙中山和唐绍仪、伍廷芳、唐继尧联名通电否认北京政府所谓“南北统一”的伪令，声明“岑春煊早丧地位资格，而军政府依然存在”。11月10日，孙中山任命陈炯明为广东省省长兼粤军总司令，废除广东督军一职。

1920 年 11 月 25 日，孙中山偕宋庆龄乘船离开上海赴广州重组军政府。图为孙中山（左四）与唐绍仪（左三）在赴粤轮船上。

应许崇智的请求，11 月 25 日，孙中山偕同伍廷芳、唐绍仪诸人从上海乘“永翔”舰重返广东。

到了广州，孙中山立即与伍廷芳、唐绍仪通电宣布恢复军政府。29 日，军政府举行第一次政务会议，选定各部部长：孙中山兼内务部长，唐绍仪兼财政部长，伍廷芳兼外交部长，唐继尧兼交通部长，陈炯明兼陆军部长，李烈钧为参谋部长，汤廷光为海军部长，徐谦为司法部长，马君武为秘书长。

1920 年 10 月，孙中山与宋庆龄在上海合影。

孙中山并不满足偏安一隅。他在艰苦奋斗中又要迈

1920年10月，孙中山与宋庆龄在上海合影。

进一步——主张建立正式政府。

非常大总统

1921年1月4日，孙中山、伍廷芳、唐绍仪、王伯群致电众议院长吴景濂，请他召集留沪的议员速来广东。过去因受压迫而离粤的国会议员纷纷响应孙中山的倡议，很快来到广州。1月12日，国会在广州召开。孙中山在会上建议，取消总裁合议制的军政府，选举总统，建立正式政府。国会对孙中山的建议，多数表示赞成，一致认为北京政府已经不是合法政府。因为北京政府徐世昌公然下令以旧国会选举法选举新总统，就是公然宣布他这个总统实为非法选出来的。这足以表明徐世昌不敢承认自己的政府为正式政府。他知道自己名分不正。既然这样，国会有责任依法选举总统，“扫除污秽不堪之北京政府”，重新组织正式政府。因此，国会议决取消军政府，并制定《中华民国政府组织大纲》，重新组织正式政府。

4月2日，国会非常会议开会，居正等人联名提案，取消军政府，改总裁合议制为总统制，总统选举产生，组织正式政府。国会一致通过了这个提案。7日，国会非常会议参众两院联合会议在广州举行，出席会议的议员共220余人，通过《中华民国政府组织大纲》。

根据大纲第二条规定，总统选举，用记名投票的方式进行。出席会议的议员共220人。在选举总统时，有议员反对孙中山任总统，遭到议员周震鳞用墨盒掷击。最后在222张选票中，孙中山以218票当选为非常大总统。

孙中山将于5月5日就任非常大总统的消息一经传出，万众欢腾，广州大街小巷，悬旗如林，张灯结彩，通衢大道搭起一座座牌楼，从各地赶到广州来观礼的有10万多人。大小旅馆，顿时爆满。

就职典礼后，大总统即驱车赴广州北校场出席阅兵式，由于陈炯明的阻挠，受阅队伍只有忠于孙中山的邓仲元师长率领的第一师官兵。

1921年5月5日，孙中山在广州就任中华民国非常大总统时与出席典礼的同人合影。

广州各界游行庆祝孙中山就任非常大总统。

当天下午，民众举行庆祝革命政府成立和孙中山就任大总统的游行。

中午12时半，孙中山偕夫人宋庆龄到广州永汉北路的财政厅，他们登上临时充当检阅台的财政厅二楼的前厅，检阅群众游行队伍。有几十万人游行欢庆，群众载歌载舞拥向财政厅。各会馆武术会80支舞狮队，在震天动地的锣鼓声中表演着向前移动。武术队表演各种精彩的武术。孙中山看到群众这股劲头，赞叹地说："民众力量多伟大啊！"他十分高兴，还叫副官马湘和黄惠龙两人登台表演武术。马湘表演了八卦剑，黄惠龙表演了竹节钢鞭。孙中山称赞他们说："你们二人的国术都练得不错，革命军人应该学习这些武术。"

一辆彩车上，一个女青年披散长发扮演自由女神，孙中山及夫人宋庆龄带头鼓掌，大家也用热烈的掌声欢迎自由女神的到来。当看到装扮清朝官吏的人身穿袍褂、头戴花翎、足踏乌靴跌跌撞撞地走过检阅台，后边跟着几个人手举锄头和扫帚追打的表演时，孙中山和宋庆龄笑了。接着是装扮桂系军阀陆荣廷、莫荣新的人被倒剪双手押过，检阅台顿时响起了一片掌声。著名的女伶黄小凤、李雪芳，表演天女散花，他们坐在汽车上沿途撒下五色纸絮，随风飘扬，更增添了欢乐气氛。孙中山和夫人宋庆龄不时地下楼到财政厅前的石阶上接受群众代表的祝贺，并赠以银牌作为纪念，与代表们握手致意，显示出人民总统与人民的鱼水之情。

下午突然下起瓢泼大雨，游行队伍在大雨中昂首奋进，孙中山和宋庆龄看到这个场面十分感动，频频向冒雨行进的群众挥手。

当天，孙中山致电北京政府的傀儡总统徐世昌，促其"即日引退，以谢国人"。

孙中山就职后，任陈炯明为内务总长兼陆军总长，伍廷芳为外交总长，唐绍仪为财政总长，汤廷光为海军总长，李烈钧为参谋总长，马君武为总统府秘书长，廖仲恺为财政次长，伍朝枢为外交次长，徐谦为司法部长。

为除北伐后顾之忧，首先消灭被逐出广东盘踞广西的桂系陆荣廷、陈炳焜等军阀残余势力。6 月 25 日，粤军一举攻占了梧州，首战告捷。6 月 26 日，桂系陈炳焜的部将刘震寰响应粤军，率所部反正，服从广东政府指挥，使桂系失利。孙中山任刘震寰为桂第一师师长。

6 月 27 日，孙中山发布《讨伐陆荣廷、陈炳焜令》，命令“粤军总司令陈炯明督率将士，本吊民伐罪之意，为犁庭扫穴之图，荡平群盗，扶植广西人民，使得完全自治”。

孙中山就任非常大总统后，每天出席各种军事会议、筹饷会议，草拟军政府文件，辛劳繁忙。宋庆龄决定也要为讨桂战争尽自己的心力。她组织了“出征军人慰劳会”，自任会长，何香凝为总干事。会址在总统府内。广东、广州各界妇女团体踊跃报名参加。她们率领会员们辛苦奔走，向社会各界募集经费和慰劳品，得到各方人士大力支持，人们纷纷踊跃捐款，她们很快募集到十几万元，慰劳会的会计廖梦醒每天奔跑于银行。宋庆龄、何香凝还亲自到广州一些伤兵医院慰问伤兵。由于经费短缺，慰劳品有限，有时每人只发一枚两毫的银币，伤兵们激动得热泪盈眶。她们还率领慰劳队亲赴广西梧州前线慰问讨桂部队。慰劳会队员们还赶制军衣、宣传讨桂战争的意义。慰劳会的慰劳和宣传工作，给了官兵很大鼓舞，增加了战斗力，在早期的中国妇女运动中，为妇女参加社会工作，支持革命战斗部队树立了榜样。

1921 年 5 月，蒋介石回奉化溪口看望病重的母亲。6 月 14 日，其母因患心脏病逝世，蒋介石便在家中为母王氏守灵。7 月 20 日，孙中山致电蒋介石让他来广州。9 月 13 日，蒋离家到广州。17 日，孙中山派他到广西南宁去和陈炯明筹划粤军北伐事宜。蒋介石在与陈炯明的接触中，发现孙中山所器重的陈炯明竟然反对孙中山北伐的主张。这使蒋介石“听其言，殊不可耐，含怒出”，当即返回广州。蒋介石向孙中山报告了陈炯明的情况后，又回奉化溪口为他的亡母选择墓地去了。

1921年7月24日，孙中山与宋庆龄在广州“出征军人慰劳会”开幕前合影。

1921年7月24日，孙中山与宋庆龄在广州“出征军人慰劳会”会场前合影。

统一两广后，孙中山决定出师北伐，实现统一全国的计划。1921年10月8日他提请非常国会通过了北伐案，15日即乘军舰巡视广西，准备北伐。北伐军共3万余人也同日出发。12月4日到达桂林，孙中山立即着手组建北伐大本营，派廖仲恺负责筹划财务，邓铿负责组织警卫部队，派陈炯明回广州筹办后勤供应，计划先取湖南，再大举北上。

1921年12月23日，被列宁派到中国工作的共产国际执行委员和民族殖民地委员会秘书马林在中

孙中山为统一全国，准备北伐，1921年10月15日出巡广西。图为孙中山在梧州思达公医院与美国朋友合影。

1921年10月10日，广州总统府举行中华民国国庆10周年纪念会，会后孙中山赴北校场阅兵。图为孙中山与部分官员在阅兵台上。

孙中山参加庆典后，赶赴北校场阅兵。图为孙中山与参加阅兵人士合影。

共党员李大钊、张太雷陪同下，来到大本营王城会晤孙中山。由张太雷担任翻译，双方会谈了9天。马林向孙中山提出了关于中国革命的两点建议：一、要有一个能联合各阶层尤其是工农群众的政党；二、要有革命的武装核心，要办军官学校，以培养军事干部。孙中山欣然接受了这些建议，并向马林表示，国民党与苏联的联盟在北伐吴佩孚的战争胜利结束后即可以实行；目前愿与苏俄建立非正式联系，以免招致列强的干涉。孙中山还向马林介绍了国民党的历史。马林向军政府的官员们做了关于俄国革命情况的报告。孙中山很赞赏列宁的新经济政策，回到广州时，他对廖仲恺说："此种新经济政策，其精神与余所主张之民生主义不谋而合，余深喜苏俄能实行与余之主义相符之政策，益信余之主义切合实行，终必能成功。"这次会晤使孙中山"心中非常高兴"。

送走了马林，孙中山倾全力准备北伐，整饬云集桂林的5万大军，任命各军指挥官。任朱培德为滇军总司令、任鼓程万为赣军总司令、任谷正伦为黔军总司令、任李烈钧为参谋长，并积极筹措饷械，准备次年春入湘，大举北伐。

1922年1月，北伐军由7个军团组成，共4万余人。16日公布大本营条例，以执行战时最高统帅事务，置大本营于桂林，设陆军总长、海军总长、参谋总长、大本营文官长各一人，成立军事委员会，并分设幕僚、兵站、军务、军法、参军、政务、建设、度支、宣传等处。

当孙中山积极准备北伐时，陈炯明却暗中勾结北方军阀，大倡其所谓联省自治。1921年7月底，孙中山先后派程潜、胡汉民、居正和汪精卫到南宁去见陈炯明，陈炯明故意支吾。于是孙中山亲自出面，10月间，孙中山和陈炯明在梧州附近浔江舟中晤面，陈炯明才在口头上勉强同意孙中山北伐。孙中山在桂林组织大本营，积极筹备北伐。这时，廖仲恺负责财政方面的筹划，邓铿负责组织警卫军队，程潜负责制订军事计划和各省的联络接洽工作。当各方面积极准备北伐的时候，广州的陈炯明和他的部下也正在进行紧张的阴谋破坏活动。

1921年10月26日，孙中山抵南宁，向陈炯明说明北伐的意义。图为孙中山与广西南宁十七公团欢迎者合影。

1921年12月10日，孙中山出席桂林总统行辕举行的粤、滇、赣三省军人欢迎会。

1921 年 12 月 10 日，孙中山在欢迎会上发表《军人精神教育》演说。

1922 年 2 月 3 日，孙中山以大元帅名义颁发动员令，命令北伐军分路出师北伐。由李烈钧率领滇、黔、赣各军为第一路，兼政赣南和鄂东；由许崇智率领本部粤军为第二路联合湘军直攻武汉。不过 10 天时间，北伐军前锋部队已经分别进入了湘境。

当时，北京政府还掌握在直系军阀曹锟、吴佩孚手里；而奉、皖两系军阀密约联盟，要共同推倒直系。面对这种局面，孙中山决定联合段祺瑞和张作霖，希望借助他们的力量，配合讨伐直系军阀，"以成戡乱之功，完护法之愿"。

1922 年春，孙中山游桂林老君洞与随行人员合影。

1922 年 3 月 21 日晚上，在广州的广九车站上，陈炯明雇的凶手将邓铿刺杀了。邓铿被刺身亡，令孙中山深为哀痛，更感到后方接济乏人了。

3 月中旬，程潜到梧州，向孙中山报告了广州的情况。孙中山认为邓铿是陈炯明所害，这是破坏北伐的先声和信号，因此断然下令，免去了陈

1922年2月9日，孙中山与宋庆龄等游览桂林叠彩山。

炯明的所有职务。陈炯明免职后避往惠州，一时粤军自桂蜂拥而归，谣诼纷传。4 月，孙中山率军入驻韶州，5 月中旬，孙中山电程潜赴韶，面商稳定后方大计。程汇报了陈炯明的动向，孙中山思索了许久，和程潜商定委陈炯明为两广巡阅使，然后程潜才赴惠州和陈接洽。得到他的同意，程潜电报韶州，孙中山就复电委陈炯明为两广巡阅使。5 月底，孙中山从韶州回到了广州。这时，程潜继陈炯明为陆军部长，陈炯明的部队叶举等迭向部催索军饷。由于第一次直奉战争在 5 月 1 日爆发，孙中山认为机不可失，立即准备北伐：用武力整顿“护法”南下驻广东的北洋舰队，使这支舰队成为支持北伐的力量；由廖仲恺筹备 300 万元北伐军费。

4 日，孙中山在广州下令北伐，表示将“亲履行间，扫除政治上之黑暗与罪恶，俾国家统一、民治发达”。

因陈炯明阻挠北伐，孙中山被迫返回广州。1922 年 5 月 6 日孙中山赴韶关督师北伐。图为孙中山、宋庆龄一行在韶关。

6 日，孙中山离开广州直赴韶关督师。13 日，北伐军分三路向江西进发，经过将近一个月的苦战，终于攻下江西南部重镇赣州。

5 月 15 日，北伐军前锋进入吉安，大有直下省会南昌之势，平定江西指日可待了。

北伐军在江西的胜利，使陈炯明十分恐慌，他想，北伐军进展如此神速，声势日益高涨，如任其发展下去，将对他在两广的地位构成真正的威胁；但他同时又感到欣慰，北伐军大部在前线激战，后方空虚，自己可以趁机举乱，攻占总统府，控制广州城，切断北伐军的补给，这样不攻自破，两广就属于他了。于是，陈炯明决定对孙中山下毒手。

1922 年 5 月，陈炯明指使叶举擅自带领所部开进广州，在白云山郑仙祠设总指挥部，控制了广州地区。20 日，在陈炯明唆使下，陈家军致电孙中山，要求“清君侧”，免除胡汉民职务，恢复陈炯明原职。

陈家军盘踞广州后，终日向财政部索取军饷。当时，政府财政虽十分困难，但孙中山仍命令廖仲恺迅速筹款。但当他们一拿到饷款，又故意向省银行强迫兑现，造成挤兑风潮。与此同时，陈家军到处明抢暗劫，滋事扰民，广州社会秩序极为混乱，市民朝不保夕。廖仲恺见广州局势日益严重，只得电请孙中山暂返广州震慑。

6 月 1 日，孙中山乘坐的火车到达新街车站，从广州前来迎接的人，纷纷登车看望孙中山，并提醒他留意陈炯明暗算。

此次孙中山仍想以至诚的态度感化陈炯明和陈家军。他致电陈炯明“请速来省共商大计”，并设宴招待陈家军，派宋庆龄慰劳陈家军。可是陈炯明根本不理会孙中山。

这时候，第一次直奉战争以直系军阀的胜利而告终了。直系军阀曹锟、吴佩孚既不满徐世昌偏袒奉系，又惧怕北伐军胜利发展，便与旧国会议员勾结，打出拥护约法、恢复旧国会的旗号，要求南北总统孙中山、徐世昌同时下野，“全国统一”。

徐世昌被迫在 6 月 2 日宣布辞职。

6 月 6 日，孙中山以“中国事实上、法律上惟一政府行政首领之资格”发表对内对外宣言，申明“吾人今日正从事于改造中国旧生活之事业”，警告帝国主义列强不得干涉中国内政，“假使列强现承认北京之伪新总统，则其行动仍为干涉中国内政，其结果将更劣于承认徐世昌也”。

孙中山的宣言，打击了帝国主义列强和直系军阀企图建立一个傀儡政府的企图。

吴佩孚见孙中山不肯下台，便又催促陈炯明叛变。陈炯明见“火候”已到，决定冒天下之大不韪，发动政变。

在广州，陈炯明有 5.5 万人的兵力；而孙中山，则只有 500 人左右的警卫部队。力量对比，相差太悬殊了。

6 月 14 日，陈炯明以“领款”和“有要事相商”为名，电邀廖仲恺去惠州。廖仲恺接到电报后，虽觉察到陈炯明居心叵测，但拟再次做陈炯明的工作，争取他悬崖勒马，于是冒着危险前往惠州，刚到东莞县石龙就被陈炯明扣留，后被押送到广州西郊石井兵工厂监禁。当时陈炯明从廖仲恺的皮包内搜得孙中山有关联俄、联德的密函三封，即交给香港的英帝国主义报纸公布，以此攻击孙中山接近共产主义，是“过激党”。陈炯明又从廖仲恺的财政部保险箱里取走了有关孙中山和列宁所派“亲信”在桂林会谈革命问题的材料。这些材料原是孙中山“派人送交廖仲恺先生，嘱他看后即烧掉。但廖先生看后并未烧掉”。陈炯明竟命令把它刊登在各个报纸上，作为孙中山出卖国家的证据。

何香凝得知廖仲恺遭到囚禁的消息后，便四处奔走，设法营救。据何香凝忆述：当时情况非常紧张，以致她不得不把她的子女送到香港，以免遭到陈炯明的伤害。她 8 月 18 日冒着大雨爬上了广州北郊的白云山，亲历险境，到粤军总司令部同陈炯明进行面对面的斗争。在何香凝的凛然正义面前，陈炯明理屈词穷。由于孙中山在反击叛军中孤立无援，已于 8 月 9 日离开广州前往上海，而原在韶关的北伐军也已离开了粤北，陈炯明觉得威胁已经暂时解除，踌躇再三之后，勉强同意把已囚禁了 62 天之久的廖仲恺释放。

但何香凝预感到陈炯明可能会变卦，连夜离开广州前往香港。果然不出所料，19 日上午 10 时，陈炯明又派出军队到廖仲恺家，要重新逮捕廖仲恺。这时距他们离开广州码头不过几个小时。

陈炯明在广州公然叛变，停止接济军需，北伐军不得不各自在原地待命。

1922 年 6 月 11 日，孙中山由韶关回到广州，以大无畏的精神坐镇广州，以期化险为夷。可是孙中山并不知道，陈炯明围攻总统府的布置已经就绪。16 日凌晨 1 时，粤秀楼上已听到远处有集合号音；不久，连部队的嘈杂声都能听到了。叛军 4000 多人围攻总统府，全城密布岗哨断绝交通。后来马湘护卫宋庆龄到黄埔才知道孙中山脱险的经过是这样的：孙中山离开粤秀楼后，由小路到达德宣路，即见有许多陈炯明部队向总统府进发。当走惠爱路，正欲横过马路入桂香街时，被陈军的哨兵拦阻，不准通过。林直勉指着孙中山对他们说："我的母亲患了重病，所以不得不深夜请来这位医生到家里诊治。"但他们仍不许通过。林直勉又说："我们住在高第街，你们如不信，就请一齐和我们到家里看看。"哨兵看见孙中山穿了一件白夏布长衫，戴一副墨晶眼镜，十足像个医生，就让他们通过了。及到靖海路，又遇陈部叛军，孙中山态度非常从容镇定，叛军没有怀疑，便又安然通过了。从此一直沿长堤走到海珠海军总司令部，再乘小电船到了黄埔。

孙中山一行脱离总统府险境后，辗转登上"楚豫"舰，立即手拟电报号召各军讨平陈逆。随后，他率领各军舰集中黄埔。1922 年 6 月 17 日，孙中山移住"永丰"舰。时外交总长兼广东省省长伍廷芳、广州卫戍司令魏邦平也来到"永丰"舰，和孙中山商议今后的行动。孙中山命令魏邦平所部集中大沙头，配合海军进攻叛军，恢复广州防地；又对伍廷芳说："今天我要率舰击破逆军，戡平叛乱。否则，中外人士必以为我没有戡乱的能力，且不知道我在哪里。如果我畏慑暴力，潜伏黄埔，不尽职守，而且知道我在何处，只是为个人避难偷生，又将以什么昭示中外呢？"

伍廷芳按照孙中山的指示，以外交总长的名义，通告各国驻广领事严守中立，勿助叛军。

17 日下午，孙中山率领"永丰""永翔""楚豫""豫章""同安""广玉""宝璧"7 艘军舰，由黄埔驶进省河，沿途开枪开炮，袭击大沙头、白云山、沙河、观音山一带的叛军据点。叛军猝不及防，狼狈逃窜。可是魏邦平却以"中立""调停"的身份自居，按兵不动。于是 7 艘军舰只好在傍晚又驶回黄埔，"以俟北伐诸军之旋师来援，水陆并进，以歼叛军"。

翌日下午，宋庆龄与那文、马湘、黄惠龙乘小电船到黄埔与孙中山相会。宋庆龄和孙中山交谈了一会儿，便乘小电船返回岭南大学。19 日，宋庆龄由那文护送到达香港，又立刻转往上海。

宋庆龄走后，形势依然恶化，7 月 18 日叛军以重金雇人欲炸毁"永丰"舰，幸好水雷没有布准，"永丰"舰才安然无恙。

在这段日子里，孙中山的内心一直异常的紧张、焦急和不安。

首先是4艘军舰的供给日渐困难，使得孙中山不得不亲躬财政，而且亲自下达这样的手令："无论何人，非经大元帅签字，不准支款。"更严重的是，孙中山日夜企望南下的北伐军，消息时好时坏，但就是不见踪影。

到8月初，有的说北伐军败退，南雄失守；有的却说北伐军正在反攻，叛军翁式亮已被击毙，不少叛军反正，宣布独立。孰是孰非？一时间，孙中山也无法判明。他只得说："现在从各方面传来的消息，我们都不能轻信，仍要照原定计划，严密防御敌人的偷袭，等到截获前方确实报告后，再做其他部署，以免打乱步骤。"

程潜自沙面到"永丰"舰，劝孙中山离粤，另谋进取。孙中山认为在未得前方败退的确实报告之前，决不忍抛弃患难相随的海军官兵而自己先行离开广州。

8月9日有人冒险来到"永丰"舰见孙中山，报告北伐军已从韶关、翁源一带败退，南雄已于6日失守，现在退守龙南。孙中山闻讯马上召开各舰长会议。各舰长一致认为：南雄已失守，北伐军已被截为数段，失去联络，欲收集败军，保存实力，既有困难，更无力量再回师讨贼，即使大总统仍然驻节省河，也于事无补，究不若暂时离开广州，徐图戡平叛乱。见孙中山略为沉思一下，认为各舰长所提意见可取，即命人通知各国驻沙面的领事，说因北伐军回师讨贼未能成功，决定离开广州。孙中山遂于这一天下午3时，率蒋介石、陈策、陈群、陈煊乘英国炮舰"摩汉"号离开广州，临行前派林直勉、李章达和马湘留下办理一切未完的手续。翌日，改坐"俄国皇后"号赴沪。

就这样，孙中山以坚持黄埔和白鹅潭河面50多个昼夜的艰苦奋战的最后失败，来宣告第二次护法运动的结束。

8月15日，孙中山在上海发表粤变始末及统一主张宣言，将陈炯明作乱纵兵殃民的叛乱罪行公布全国，说明二次护法战争由于陈炯明的叛乱而失败。关于今后谋求治国，仍以6月6日宣言作为指导方针。

陈炯明的叛乱，是孙中山一生中遭到的最惨重的失败，他深为痛心地说："文率同志为民国而奋斗垂三十年，中间出死入生，失败之数不可偻指，顾失败之惨酷，未有甚于此役者。"

1922 年 9 月，孙中山与宋庆龄在上海寓所。

1922 年 9 月至 12 月，孙中山在上海寓所召集在沪各省国民党负责人讨论改组国民党问题。图为与会者合影。

1922年11月孙中山摄于上海。

孙中山返沪后，革命意志并未有丝毫消退，仍然谋划革命大计，在8月下旬，孙中山在上海会见了李大钊，就怎样开创中国革命新局面的问题，进行了多次深入的讨论。孙中山非常感谢中国共产党人的真诚帮助，对李大钊丰富的学识和关于中国革命的卓越见解十分钦佩。两人“畅谈不倦，几乎忘食”。一天，送走李大钊后，孙中山兴奋地对宋庆龄说，共产党人是他真正的革命同志，在今后的革命斗争中他能够依靠他们的明确的思想和无畏的勇气。他诚挚地希望李大钊加入国民党，帮助他一起完成通过振兴国民党来振兴中国革命的任务。在孙中山的热情邀请下，李大钊、陈独秀、蔡和森和张太雷等一批中国共产党人，先后以个人名义加入了国民党，为实现第一次国共合作，提供了条件。孙中山的革命生涯，进入了一个崭新的阶段。

恢复广东根据地

孙中山在整顿党务并着手准备改组中国国民党的同时，还努力完成一项重要的战斗任务，就是发展和壮大军队，消灭广东陈炯明叛军，重建广东革命根据地。在孙中山看来，广东是革命党人出生入死的地方，要联合苏俄，改组中国国民党，并使革命成功，非恢复广东革命根据地不可。

孙中山于1922年秋派胡汉民应王永泉的约请赴延平，共商合作条件；又派胡汉民、汪精卫赴杭州与卢永祥协商合作计划；并在沪接见张作霖派来的代表韩灵春，然后派汪精卫赴奉天（今沈阳），直接同张作霖协商合作办法。这样，很快形成孙、段、张共同反对直系军阀曹锟、吴佩孚的三角同盟。

同年10月，孙中山把驻防在福建边境的北伐军改为讨贼军，任命许崇智为东路讨贼军总司令，蒋介石为参谋长。许崇智与王永泉约定于10月3日进攻福州直系军阀李厚基。在这之前，陈炯明和李厚基以及江西直系蔡成勋商定三省共同围攻许崇智。许崇智先发制人，遂由瑞金入建瓯，直逼福州。10月12日许崇智军克福州，并将闽省军事全部交王永泉主持。孙中山任命王永泉为总司令，林森为省长。

平定福建后，孙中山命令入闽各军准备回师广东，同时命邹鲁为驻香港特派员，邓泽如为驻港理财员，会同林直勉、林树巍、胡毅生等，联合滇桂军将领杨希闵、刘震寰、蔡光亮等四面围攻陈炯明。

经过协商，在桂各部均赞成孙中山讨逆主张，约期发难。于是，孙中山将广西各部及驻梧州的部分粤军，编为西路讨贼军，任杨希闵为滇军总司令，刘震寰为桂军总司令，在白马宣誓就职。

12月19日，东路讨贼军攻克泉州，准备由闽入粤。28日，西路滇军、桂军进入梧州，按照讨贼的军事计划，驻梧粤军即退至封川下游响应。部署妥当，孙中山于1923年1月4日发出通电，讨伐陈炯明，命令各路讨贼军奋勇杀敌，“为国家除叛逆，为广东去凶残”。西路讨贼军出梧州沿西江东下，由于粤军在封川下游响应，9日即攻克肇庆，10日攻克三水，逼近广州。15日，陈炯明知大势已去，通电下野，16日逃往惠州。当天夜里，西路军攻克广州，电请孙中山回粤，复任大总统。东路讨贼军回师潮梅。陈炯明败逃后，其残部被李烈钧收编。

1月17日，孙中山任命邓泽如为广东省省长，伍学熀为盐运使，杨西岩为财政厅长。同时电令胡汉民、许崇智、李烈钧、魏邦平、邹鲁全权代行大总统职权。20日，邓泽如坚辞省长职务，孙中山任胡汉民为广东省省长，许崇智为粤军司令。

恢复广州后，孙中山认识到依靠军阀势力不可能达到消灭军阀、统一全国的目的，因而主张用和平方法统一全国。遂于1月26日通电全国，宣布主张和平统一，裁减军队，实行兵工计划。通电发出后，奉系张作霖、皖系段祺瑞、卢永祥，北京政府总统黎元洪、内阁总理张绍曾，皆先后复电赞同，唯有直系军阀没有复电。这时直系军阀曹锟、吴佩孚打败奉、皖两系，仍企图以武力消灭孙中山在广东的革命势力。

孙中山于1923年2月21日回到广州。他考虑到黎元洪已经复位，决定不再担任总统，但为了统帅在粤各部军队，又不能没有适当的名义，于是筹备成立大本营，拟用大元帅名义，发号施令。3月2日，大本营在广州成立，为执行军政机关，内分外交、内政、军政、建设、财政五部，法制、审计二局，参军、秘书二处及金库一所。又设大理院为最高审制机关，兼管司法行政事务，并配置有总检察厅。大本营成立后，孙中山以陆海军大元帅名义任命伍朝枢为外交部长，谭延闿为内政部部长，廖仲恺为财政部部长，邓泽如为建设部部长，古应芬为法制局局长，刘纪文为审计局局长，朱培德为参军长，杨庶堪为秘书长，林云陔为金库主任；任命胡汉民为大本营总参议，令暂留上海，以代表身份同各方接洽；另任命徐绍桢为广东省省长，谢良牧为政务厅长。3月17日，又任命蒋介石为大本营参谋长。

1923年2月，陈炯明被滇桂联军逐出广州，孙中山离沪赴粤重建大元帅府。图为孙中山途经香港，2月20日在香港大学演说后与师生合影。

为促进和平统一，于2月28日又任命胡汉民、孙洪伊、汪精卫、徐谦为办理和平统一事宜的驻沪代表。

在大本营成立初期，统一军令政令，固多掣肘，财政情况，尤为拮据。

同年4月，北京学生联合会派代表来粤，敦请孙中山尽速督师北伐。孙中山鉴于广东根据地尚未稳固，直系军阀罪恶还没有彻底暴露，认为暂不宜兴师北伐。而广东又发生了沈鸿英叛乱和陈炯明反扑事件。岑春煊所部沈鸿英，原系陆荣廷的旧部，为政学系岑春煊所驱使，明助孙中山讨陈，暗与吴佩孚勾结，阴谋夺取广东地盘。前在讨贼军进入广东时，沈鸿英于江防曾阴谋杀害胡汉民、邹鲁、魏邦平、陈策等人，因被杨希闵察觉和由杨如轩等出面保护，未能得逞。孙中山抵广州后，曾为驻粤各部重定防地，令沈鸿英部驻防肇庆，对其搞江防事件的阴谋，因他表示悔过未予深究。然而沈鸿英并没有真正悔改，他表面上服从孙中山，暗中又接受吴佩孚授予的广东督理职，于4月16日发动叛乱，发表就任广东督理的宣言，要挟孙中山下野。然后，兵分三路扑向广州。孙中山闻讯，亲偕滇军司令杨希闵督战，卢师缔、刘震寰、李福林各部协同作战，勇猛反击，使广州转危为安。同一天，孙中山以大元帅名义免去沈鸿英本职，叛军沈鸿英在各军围剿下，溃不成军，败逃湘赣边境。

直系军阀绝不因沈逆的溃败而放弃颠覆广东革命政权的目的。它一面策动陈炯明反扑，一面诱惑东路讨贼军第一军军长黄大伟叛变，同时又援助沈鸿英进攻韶关，使广东根据地再次面临危局。孙中山率师东征，战事从5月进行到11月，陈炯明主力被歼，退守惠州，无力出战。同敌军相反，孙中山所领导的军队日益壮大，除原有的各军外，豫军樊钟秀部于8月1日由江西来归；湘军谭延闿率部于11月14日由湘南来粤增援。所以，陈炯明最后一次猛攻广州，虽得吴佩孚的大量援助，并占据白云山，但终因许崇智、朱培德、杨希闵、樊钟秀、谭延闿各部协同攻击而大部被歼，使广东革命根据地转危为安。至此，直系军阀曹锟、吴佩孚的罪恶行径彻底暴露在全国人民面前，人们已经看清直系军阀是一切祸国乱民的根源。这时，孙中山决心整军北伐。

1923 年 5 月，孙中山巡视讨伐沈鸿英的部队。图为他在博罗南门外视察。

1923 年 6 月，孙中山在广东东莞石龙督师讨伐陈炯明。图为孙中山与石龙各界欢迎者合影。

1923年7月，孙中山、宋庆龄赴广州大沙头机场，在我国组装的第一架飞机“洛士文”号前合影。“洛士文”是宋庆龄用过的英文名字 Rosamonde 的音译。

1923年8月14日，孙中山、宋庆龄接见“永丰”舰官兵，欢迎该舰自厦门南归广州军政府。

1923 年 8 月 15 日，孙中山出席在广州高等师范学校礼堂举行的中华全国学生联合会第五次评议会开幕式，孙中山、宋庆龄同与会者合影。

1923 年 10 月 16 日，孙中山在广州大元帅府召开国民党党务讨论会，同与会者合影。

1923年10月20日，孙中山在欢迎基督教团体全国青年联合会上发表演说《要以人格救国》。会议期间孙中山与艾迪合影。

1923年10月21日，孙中山、宋庆龄同苏联代表在虎门威远炮台内会客厅前合影。

孙中山在虎门沙角视察沿江炮台的情景。

孙中山与宋庆龄视察途中在山地小憩情景。

1923年秋孙中山与宋庆龄在广州南堤俱乐部。

1923年12月21日孙中山到广州岭南大学演说，希望学生“立志做大事，不可存心做大官”。图为孙中山、宋庆龄在该校步行时的情景。

1923年12月21日，岭南大学代校长白士德博士迎接孙中山、宋庆龄的情形。

孙中山、宋庆龄与抗击陈炯明叛乱立功的将士合影。前排右坐一为卫队营营长叶挺。

1923年12月，孙中山、宋庆龄在广州大元帅府。

筹备改组中国国民党

广州革命政权重新建立和广东革命根据地基本稳固之后，孙中山在整军北伐的同时，积极进行改组中国国民党的准备工作。在中国共产党和国际无产阶级的真诚帮助下，孙中山很快完成了中国国民党改组的一切准备，发表了《中国国民党改组宣言》。

孙中山认为只有重新组党才是补救之策。1923 年 4 月 1 日，他指令恢复中国国民党广东支部；8 月 16 日，应苏联的邀请派出以蒋介石为团长，有李章达和共产党人张太雷参加的“孙逸仙博士代表团”，赴苏联考察军事、政治、党务以及商谈苏联援助问题。随后不久，苏联军事、政治顾问应邀来到广州，帮助孙中山进行改组中国国民党的准备工作。苏联政府还应孙中山的邀请，派出驻广州常设代表鲍罗廷，于 10 月 6 日到达广州，被孙中山聘为组织教练员，具体帮助中国国民党改组工作。孙中山毅然采取这些行动后，中国国民党的改组工作大大加快了进度。

10 月 19 日，孙中山委派廖仲恺、李大钊、汪精卫、张继、戴季陶 5 人为中国国民党改组委员，筹备改组事宜。24 日，又委托廖仲恺、邓泽如等负责召开中国国民党特别会议，组成新的中国国民党临时中央执行委员会，孙中山指派廖仲恺、胡汉民、林森、邓泽如、杨庶堪、陈树人、谭平山、孙科、吴铁城等 9 人为临时执行委员，李大钊、汪精卫、谢英伯、古应芬、许崇清 5 人为候补执行委员，同年 11 月，又加派林云陔、冯自由、徐苏中、林直勉、谢良牧等 5 人为候补执行委员。25 日，召开中国国民党改组特别会议，讨论改组的具体事宜。出席者百余人一致赞同改组。在这次会议上，苏联鲍罗廷被聘为中国国民党的政治顾问。为了统一全党对改组的认识，孙中山特意委派廖仲恺赶到上海，向那里的中央干部说明改组的原因，统一大家的认识。28 日，中国国民党临时中央执行委员会正式成立。从 1 月起，加快了改组的进程，立即着手起草宣言、党纲和党章。11 月 12 日，临时中央执行委员会发表《中国国民党改组宣言》，决定于 1924 年 1 月 20 日召开中国国民党第一次全国代表大会，代表名额每省 6 名，海外总支部、支部都要派代表参加，制定大会议事日程提纲，并推举了说明人。

中国国民党第一次代表大会

1924年1月20日，在珠江南岸国立高等师范学校（今中山大学）礼堂里，国民党“一大”正式开幕了。这是孙中山在40年的奋斗中最能发挥其革命抱负的一次大会。

大会的海内外代表总数为196人，实际出席165人。每个省的代表中有3人是孙中山指定的，有3人是由各省推选的。海外代表多数由各支部推选。指派陈璧君、何香凝、唐允恭为妇女代表。此外临时中央执行委员6人也列席大会。

1924年元旦，孙中山、宋庆龄在广州大元帅府举行庆祝中华民国成立12周年暨授勋典礼。

大会主席是孙中山。大会主席团是孙中山指定的，由胡汉民、汪兆铭（精卫）、林森、谢持、李守常（大钊）5人组成。

孙中山致开幕词。他说：“今天在此开中国国民党全国代表大会，这是本党自有民国以来的第一次，也是自有革命党以来的第一次。”“从今天起，要把以前的革命精神恢复起来，把国民党改组。”“此次国民党改组，有两件事：第一件是改组国民党，要把国民党再来组织成一个有力量有具体的党。第二件就是用政党的力量去改造国家。所以这次国民党改组，第一件是改组国民党的问题，第二件是改造国家的问题。”会期为10天。

大会开幕的当天下午，孙中山做了题为“中国之现状及国民党改组问题”的讲话。大会期间，孙中山还做了“关于组织国民政府案之说明”“欢宴国民党各省代表及蒙古代表演说”“关于民生主义之说明”等。

1月23日，《中国国民党第一次全国代表大会宣言》通过后，孙中山做了《对于中国国民党宣言旨趣之说明》的发言，要求全党“重新担负革命责任”，对内的责任“要把军阀推倒”；对外的责任“要反对帝国侵略主义，将世界受帝国主义所压迫的人民来联络一致，共同动作，互相扶

1924年春，孙中山在广州大元帅府。

1924年春，孙中山摄于广州大元帅府。

助，将世界受压迫的人民都来解放”。

大会选举出中央执行委员会和监察委员。委员名单是由多数同志推举、孙中山审定后提交大会通过的。选出24名中央执行委员，他们是：胡汉民、汪精卫、张静江、廖仲恺、李烈钧、居正、戴季陶、林森、柏文蔚、丁惟汾、石瑛、邹鲁、谭延闿、覃振、谭平山、石青阳、熊克武、李守武、李守常、恩克巴图、王法勤、于右任、杨希闵、叶楚伧、于树德。选出17名候补中央执行委员，他们是：邵元冲、邓家彦、沈定一、林祖涵、茅祖权、李宗黄、白云梯、张知本、彭素民、毛泽东、傅汝霖、于方舟、张苇村、瞿秋白、张秋白、韩麟符、张国焘。中共党员李守常、谭平山、毛泽东、瞿秋白、于树德、沈定一、于方舟、林祖涵、韩麟符、张国焘等，被选入中央委员会。选出监察委员5人，他们是：邓泽如、吴稚晖、李石曾、张继、谢持。候补监察委员5人，他们是：蔡元培、许崇智、刘宸寰、樊钟秀、杨庶堪。大会在保留“总理”的名义下，将选出的领导机构采取委员制。大会于30日闭幕。

1924年1月30日，孙中山步出国民党“一大”会场。

大会进行期间，传来列宁逝世的噩耗。在孙中山的提议下，大会致电莫斯科，表示深切哀悼，并决定休会3天以示悼念，同时宣传列宁的生平及事业。不久，孙中山又出席了中国国民党在广州举行的追悼列宁大会，亲笔书写了“国友人师”祭幛，并致悼词，再次表示深切哀悼。

国民党“一大”是一次具有重大历史意义的会议。在这次大会上，三民主义有了新的发展，制定出一个反帝反军阀的革命纲领，并在共产党员和国民党员左派的共同努力下，经过与国民党右派分子的辩论和斗争，确定了孙中山提出的“联俄、联共、扶助农工”等重大革命政策，承认共产党员和社会主义青年团员以个人资格加入中国国民党，改组中国国民党为工人、农民、小资产阶级和民族资产阶级四个阶级联盟的统一战线的组织形式。这次大会标志着第一次国共合作统一战线的正式建立。它的胜利召开，国共首次合作的实现，以及大会宣言的发表，是孙中山革命生涯的一个新的里程碑，标志着他的革命思想发展达到了一个新的高峰。

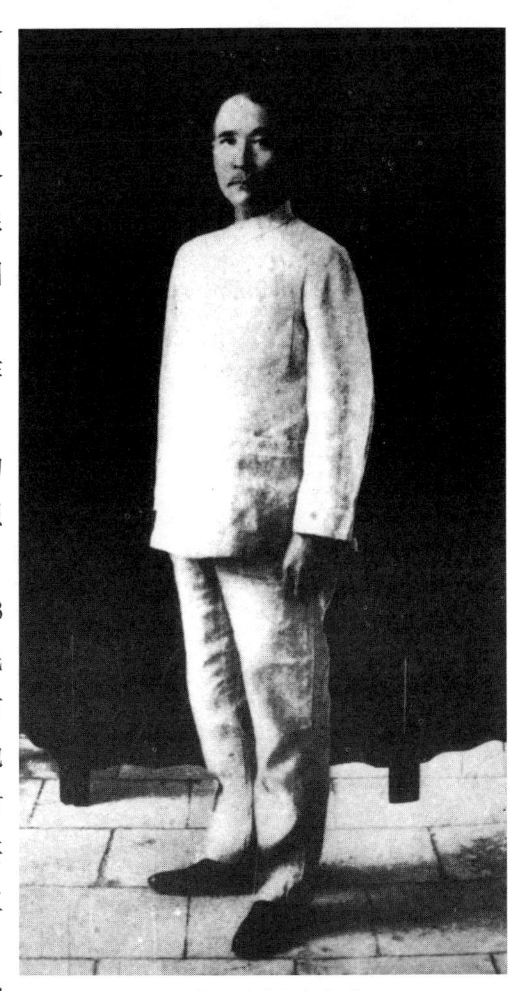
1924年，孙中山在广州。

应该说明的是，早在1923年11月，也就是发布中国国民党改组宣言的时候，国民党右翼势力的代表邓泽如、林直勉等11人向孙中山联名提出反对“联共”政策的书面报告，妄图破坏国共合作。孙中山的立场是坚定的，据林祖涵的记述，孙中山当即“斥责坚决反共的

1924 年 2 月 24 日，中国国民党在广州举行追悼列宁大会。孙中山亲书“国友人师”挽幛。

1924 年 5 月 18 日，孙中山到广东大沙头机场参观由法国飞行家杜爱西驾驶的飞机。前排左起：三宋庆龄、五杜爱西、六法国驻广州领事。

顽固分子说：‘你们不同共产党合作，我就解散国民党，加入共产党。’他向那些顽固分子说：‘你们仍旧反对同共产党合作么？’顽固分子回答说，他们不肯放弃自己的主张。孙中山就毫不迟疑地对他们说：‘那么好，开除你们的党籍！’”孙中山的态度是十分坚定的。

中国国民党第一次全国代表大会闭幕的第二天，1月31日，孙中山主持召开了中国国民党中央执行委员会和监察委员会第一次全体会议。

创办黄埔军校

黄埔军校的原名是“中国国民党陆军军官学校”，1926年1月改名“中央军事政治学校”。它是孙中山在中国共产党以及列宁、斯大林派遣的顾问人员帮助下，国共合作创办的为培养革命军事干部建立起来的军事政治学校。校址设在广州市南20多公里的黄埔长洲岛，小岛方圆约10平方公里，依山傍水，树木葱茏，岛上要塞炮台环列周围，像一道天然的屏障。

这里，原先是清水师学堂旧址，后曾经办过广东陆军学校和海军学校。黄埔长洲岛四面环水，进退自如，地当枢要，不失为军事要地。孙中山认为，在这里兴学讲武，可谓闹中取静。便指定该地为陆军军官学校校址。因为校址始设于黄埔长洲岛，所以，又通称为黄埔军校。

1924年1月，国民党第一次全国代表大会召开期间，孙中山便下令筹办中国国民党陆军军官学校，指派蒋介石为筹备委员会委员长，委员有邓演达、王柏龄、沈应时、林振雄、俞飞鹏、张家瑞、宋荣昌7人。

会议闭幕后，孙中山在百忙中约见鲍罗廷和苏联顾问说：“我们的首要任务是按照苏联式样建立一支军队，准备好北伐的根据地。”

2月6日，孙中山下令于广州南堤设立黄埔军校筹备处，积极进行具体的筹建工作。

正当筹备工作日趋紧张的时候，主持筹建工作的蒋介石，却以“环境恶劣，办事多遭掣肘”为由，于2月21日提出辞呈，“所有军官学校筹备处已交廖仲恺先生代为交卸，乞派人接办”，然后便擅自离开黄埔回原籍浙江奉化了。孙中山看到了蒋介石的辞呈，立刻挥笔批示：“务须任劳任怨，百折不回，从穷苦中去奋斗，故不准辞职。”这样半月后，蒋介石动身离家，4月21日回到广州，26日入军校办公。

5月3日，孙中山正式任命蒋介石为黄埔军校校长，任廖仲恺为驻校的国民党代表。孙中山亲自担任军校总理。

5月5日，军校正式开学上课。6月16日，军校隆重地举行了开学典礼。

寂静地屹立在水的怀抱中的黄埔长洲岛，重新焕发出了时代的光彩。

清晨6时，孙中山偕夫人宋庆龄乘“江团”号炮舰，由“江汉”号军舰护卫从大本营出发，前往黄埔，参加军校开学典礼。

整个黄埔洋溢在一片欢乐的气氛中，当孙中山、宋庆龄登上长洲岛时，恭候已久的全体师生，早已列队在校门两旁奉迎。学生们一律穿着中山装式的黄咔叽布军装，一个个精神饱满，朝气蓬勃。孙中山、宋庆龄在校长蒋介石、党代表廖仲恺的陪同下先于休息室小憩，然后兴致勃勃地参观了教室、宿舍、办公室、图书馆，接见了各队教官及队长。11时，举行开学典礼，宋庆龄陪同孙中山登上主席台，旁边是蒋介石和廖仲恺。

开学典礼在操场举行，主席台上放着一张铺着白布的长方桌，国民党党旗和中华民国国旗交叉竖立在主席台正面，正中央挂着军校校训：“亲爱精诚”。两边的对联是：“养天地正气”“法古今完人”。身穿白色中山装的黄埔军校总理孙中山亲自主持开学典礼。先请党旗、校旗就位，大家向党旗三鞠躬，再唱校歌，然后由胡汉民宣读国民党总理孙中山的训词，胡汉民双手捧训词，肃立在孙中山先生身边。训词是：

> 三民主义，吾党所宗。
> 以建民国，以进大同。
> 咨尔多士，为民前锋。
> 夙夜匪懈，主义是从。
> 矢勤矢勇，必信必忠。
> 一心一德，贯彻始终。

孙中山对黄埔军校的训词，后来成为国民党的党歌和中华民国的国歌。

黄埔军校早期的编制，设总理、校长和党代表，组成校本部。总理是学校最高领导，统理一切。校长在总理之下处理校务事项。党代表对学校实行监督和指导，务使学校人员遵守革命政策，凡属学校书文、命令，没有党代表附署一律无效。

军校总理孙中山，校长蒋介石，副校长李济深，党代表廖仲恺。政治部主任戴季陶（不久离广州，邵元冲代理），副主任周恩来（1925 年 3 月擢升主任兼军校军法处处长），政治秘书聂荣臻、鲁易，教练部主任李济深、副主任邓演达，教授部主任王柏龄、副主任叶剑英，军事总教官何应钦，学生队总队长邓演达、副总队长张治中。政治教官有恽代英、萧楚女、包惠僧、周逸群、韩麟符、熊雄、胡公冕、高语罕等。国民党政治总顾问鲍罗廷、军事总顾问加伦将军也参加军校的工作。军校总顾问是契列帕诺夫，政治顾问是喀夫党夫，步兵顾问是白里别列夫，炮兵顾问是加列里，工兵顾问是互林。他们都是苏联派来的政治、军事干部。

1924 年 6 月 16 日，孙中山在广州陆军军官学校（黄埔军校）开学典礼上发表创办军校的目的和希望的演说。

1924 年 6 月 16 日，孙中山、宋庆龄与廖仲恺（左一）、蒋介石（左二）在黄浦军校检阅台上。

黄埔军校在中国历史上是新事物。早在 19 世纪 60 年代，中国就出现了仿效外国方法培养近代军事人才的学校。与黄埔军校同时，几乎较大的南北军阀都有自己的军校，如北方的保定军官学校和南方的云南讲武堂等，但是黄埔军校的办学宗旨和其他军校有着根本的不同。孙中山说："北方的官僚军阀老早便办有保定军官学校和北京陆军大学。用我们这个学校和他们的学校比较，他们之成立的时间很久，人数很多，器械又完全；我们这个学校所处的种种地位，都是比他们差得远。"可是，旧式的军队、军校的官兵"不是为升官发财，就是为吃饭穿衣，毫没有救国救民的思想和革命的志气"。孙中山这番话明确指出了黄埔军校区别于其他军校的根本所在。

黄埔军校，以首创了崭新的革命制度，建立了反帝反封建的赫赫战功，培养了大量的军事政治人才，以及校内存在着国民党与共产党的两种思想和势力的激烈斗争而扬名中外，在我国近现代革命史上占有重要地位，产生过深远的影响。

孙中山与蒋介石（中）、何应钦（左）、王柏龄（右）在黄埔军校合影。

1924年6月16日，孙中山与宋庆龄在黄埔军校合影。

工农运动兴起和平定广州商团叛乱

在孙中山的领导下，国民党工人部和广州革命政府发布了一些有利于开展工人运动，建立工人组织的法令。在扶助农工的政策指导下，1924 年 5 月，召开了广州工人代表会，会上通过 12 个决议，成立了广州工人代表会执行委员会。7 月 15 日，中国共产党领导沙面工人举行大罢工，参加罢工的工人达数千人，此次工人罢工完全是政治性的，是由于英、法帝国主义不许中国工人自由出入沙面租界的所谓新警律而引起的。工人罢工后，中国籍的巡捕也罢了岗。罢工坚持一个多月，迫使英、法帝国主义取消了新警律，罢工取得了胜利，打击了帝国主义在中国横行霸道的嚣张气焰。这个胜利鼓舞了全国工人阶级的斗志，推动了各地工人运动的进展。到 1925 年 2 月 7 日，也就是二七惨案两周年纪念日，在郑州召开了全国铁路工会第二次代表大会，有 12 路的代表共 45 人参加，响亮地提出工人阶级参加国民革命、参加国民会议运动等口号，恢复了被封闭的京汉铁路总工会。3 月 1 日，各地工会派代表参加了国共合作后在北京召开的国民会议促成会。

沙面和郑州工人运动的高潮，促进了上海、唐山、杭州、武汉、北京、淮南、青岛、广东等地工人运动的高涨。在工人运动迅速发展的同时，农民运动也积极开展起来。在国民党改组后短短的一年里，国民党农民部在共产党员林伯渠主持下，派出彭湃、阮啸仙等人于 1924 年 7 月在广州创办农民讲习所，培训农民运动的骨干力量，很快在广东省有 22 个县成立了农会组织，有组织的农民多达 21 万人以上。继沙面事件成立广州工团军后，广州郊区农民也组织起自卫军。其他各县也有农民自卫武装的出现。1925 年 5 月 1 日，广东省召开了第一次农民代表大会，成立了省农民协会。

工人运动和农民运动的蓬勃发展，进一步推动了孙中山的前进。他看到国共合作后革命力量的显著增长，更加坚定地认识到工农是革命的基础。1924 年五一劳动节时，他在广州工人代表大会和广州工人庆祝国际劳动节大会上说：中国工人“要担任提高国家地位的责任”，“做全国人民的指导，做国民的先锋，到最前线的阵地上去奋斗”。同年7月28日，国民党中央执行委员会农民部召集广州近郊农民1000余人和军界代表共2000余人在广东大学礼堂举行农民联欢会，孙中山出席了这次盛会并发表演说。当孙中山看到许多农民穿着破旧衣服，携带箩筐和扁担，打着赤脚来到会场时，深受感动地对宋庆龄说：“这是革命成功的起点。”孙中山对农民说：“本党今日开这个农民联欢会的目的，就是在提醒你们农民，要你们回乡之后更提醒大众，大众都联络起来，结成团体”，“大家去奋斗。大家能够奋斗，就可以成大功！”8月22日，孙中山又出席国民党中央执行委员会举办的广州农民运动讲习所第一届学生毕业典礼，并发表讲话。他号召广州农民运动讲习所的学员积极宣传、发动农民参加国民革命的斗争，说：“农民是我们中国人民之中最大多数，如果农民不来参加革命，就是我们革命没有基础。”

国共合作与工农群众运动的高涨，使孙中山增强了信心和力量，加上他提高了对帝国主义及其走狗的深刻认识，他一改过去对中外反动势力的幻想和妥协。在1923年12月，孙中山领导的广东革命政府就扣留了帝国主义把持的粤海关“关余”，并要求收回海关权益。他不顾北京外交使团要采取强硬手段的威胁和帝国主义各国派军舰集中黄埔施加压力，坚决予以回击。在广大群众的支持下，孙中山取得“关余事件”的重大胜利。1924年4月1日，帝国主义各国驻北京的外交使团终于被迫同意，将粤海关的“关余”拨交广东革命政府。

同是“关余”问题，孙中山的态度与1920年时相比，明显地果敢、坚定，斗争的结局也大不相同。这是与孙中山在这一时期革命思想所经历的重要发展直接联系在一起的，也是和华南政治局势的变化密切相关的。1920年，孙中山在领导第二次护法运动时所依靠的力量，主要是陈炯明的粤军，与人民群众还相当疏远。而他的收回关余的要求，并没有得到居心叵测的陈炯明的支持，终于不敌帝国主义的武力恫吓而告失败。而1923年的情景就大不一样：这时，孙中山已决定采取“联俄、联共、扶助农工”的方针，并且得到人民群众和中俄两国共产党人的有力支持，成为他的坚强后盾，终于取得了斗争的胜利。

1924年9月1日，江浙军队在沪宁铁路的安亭附近接触，爆发了江浙战争，成为奉系、皖系军阀联合反对直系军阀大战的先声。

江浙战争打响后，孙中山立刻在广州元帅府召开会议，决定遵守先前他为推翻直系军阀吴佩孚、曹锟的统治，与奉系军阀张作霖、皖系军阀段祺瑞所达成的三角联盟协议，出师北伐，“与天下共讨曹、吴诸贼”。会议决定，分路进入江西、湖南，以援浙攻吴。命胡汉民留守广州，代行大元帅职，兼广东省省长；委廖仲恺为军需总监兼财政部部长；谭延闿为北伐军总司令。9月5日发表讨伐曹吴宣言，10日电复卢永祥，合作讨伐曹吴；12日将大本营移至韶关，并亲自督师。这时，奉天张作霖也于9月15日自任总司令通电援浙讨吴。

可是，正当孙中山应卢永祥、张作霖之约，在韶关誓师北伐的时候，在广州又发生了商团的叛乱。

从20年代初（特别是陈炯明被逐出广州后），英帝国主义积极扶植并控制商团。原有商团多以“自卫”为名大加扩充，没有商团的城镇则纷纷兴办。孙中山在1923年于广州建立革命政府后，省城商团“更加扩充，向加拿大购买步枪千数百支……北京陆军部发给入口护照，海关又为英人所掌握，上下一气”。到商团叛乱前，它在全省范围内已经成为一支数量不小、装备精良的武装。

商团的反动政治倾向，还在叛乱前就已经显示出来。随着广东地区革命运动的发展，这种反革命性质愈益增强。他们反对孙中山制定的革命的三大政策，攻击“联俄”“联共”是“赤化”，诬蔑“扶助农工的政策是挑起工人和资产阶级的恶感，来坐收渔人之利”。

商团与广州革命政府的直接冲突，发端于1924年5月。当时，广州市政厅财政局决定征收铺底等捐，商团坚决反对，并借此联络附近商团和乡团酝酿罢市。“商团、乡团亦即纷纷向广州集中”，数达98团。后经调停，政府取消捐税。

此举助长了商团反动气焰，商团首领陈廉伯为扩充实力，加强商团装备，并拟在8月中旬于广州举办“大联团开幕典礼”，于是擅自向香港南利洋行定购长短枪9841支和子弹33.742万发，并由悬挂丹麦的轮船哈佛

（上下图）1924 年 6 月 29 日，孙中山赴广州北校场检阅广东警卫军、广州武装警察、广州商团联合会操。图为孙中山授旗的情景。

孙中山在北校场检阅台上。孙中山后左起：程潜、林森、伍朝枢、孙科、廖仲恺。

孙中山检阅军、警、团各队步操情形。

1924年7月9日孙中山摄于广州。

1924年7月23日，孙中山、宋庆龄、苏联顾问鲍罗廷和各界人士万余人，出席因公殉职的大本营高等军事顾问巴甫罗夫将军的追悼会。

孙中山与廖仲恺等在追悼会场。

孙中山、宋庆龄与鲍罗廷（左五）、鲍罗廷夫人（左二）以及副官马坤（左一）在追悼会场上。

孙中山等在追悼会台前的情形。

1924年8月15日至25日，国民党中央执行委员会一届二次会议在广州召开，讨论“国民党内之共产派问题”。图为孙中山同与会者合影。前排左起：邓泽如、张继、恩克巴图、廖仲恺、柏文蔚、孙中山、谭延闿、刘震寰、李烈钧、白云梯、丁惟汾；后排左起：邹鲁、覃振、瞿秋白、傅如霖、沈定一、韩麟符、于方舟、张苇村、李宗黄、王法勤。

号潜运广州。械弹的购运“初时非常秘密”，但因数量庞大（装为1129箱），终难“瞒过政府”。陈廉伯于是就贿买粤汉铁路局长许崇灏（粤军将领许崇智的弟弟），于8月4日向军政部蒙领护照一张。4天后，械弹运抵省城，“扣械潮”就此引发。商团叛乱的序幕由是揭开。

从“扣械潮”开始，孙中山就采取了鲜明的立场和坚决的态度。他在接见商团第一次“请愿”代表时，义正词严地驳斥了商团头子们的谰言，说明政府扣留偷运枪械理由，并指出正在查究陈廉伯之流策划颠覆政府的阴谋。

由于孙中山宣布“要以武装削平祸乱”，于是商团的主子被迫登台——英帝国主义乞灵于传统的炮舰政策，公然出面干涉中国的内政。8月28日，英舰集中于白鹅潭并将炮口指向中国军舰。当晚，领事团向廖仲恺提出“警告”和“抗议”。29日，英国驻广州总领事向大元帅府发出最后通牒。面对英帝国主义威胁，孙中山不为所动，9月1日即发表对外宣言予以还击。

孙中山义正词严的声明维护了中华民族的尊严，体现了广大人民反帝的意愿，因而，也赢得了国际无产阶级和世界人民的支持。在不屈的革命人民面前，英帝国主义的政治恫吓和军事讹诈遭到破产。

在整个商团叛乱过程中，国民党右派充当了商团的内应。他们之间或是勾勾搭搭，或是“心有灵犀一点通”。“扣械潮”起，右派政客就反对孙中山对商团采取的果决手段，要求“和平审慎”，鼓吹“和平解决”。伍朝枢等还阻止工团军、农民自卫军的建立，不同意群众革命组织或省署接管粮食贸易和罢市商店。握有兵权的右派——滇军的范石生、廖行超和盘踞广州河南地区的李福林等，更直接同商团相勾结。广州革命政府当时在名义上辖有军队 10 万人左右。其中以滇军实力较强。驻扎广州地区的范石生部（第二军）和廖行超部（第二师），则是滇军的主力。他们同盘踞河南地区的李福林部，成为广州的军事统治者。除警卫军、豫军和许崇智部外，各军大都不听孙中山的调遣。这些“军队派别复杂，各不相容；初则客军与粤军争，继则客军与客军争，粤军与粤军争。军饷不能统一，苛税日以增加”。他们“假革命之名，以行盗贼之实”，以致“革命政府不特不能资以为用，且受其牵制，使一切革命政策无由实行”。右派军阀在商团叛乱中的作为，完全属于这种性质。商团为了掩人耳目而向军政部领取的运械护照，未曾“呈请帅座，或经政务会议通过”。哈佛轮抵广州后，陈廉伯又贿买了部分军队准备“秘密起卸”。由此可见，右派军阀还在运械阶段就已经同商团狼狈为奸。随着斗争的开展，右派军阀的面目暴露得更加清楚。所以廖仲恺主持的省署准备“管理西关粮食时”，范石生、廖行超乃以“他们可以负责”为名制止，理由堂皇，“其实这就是保护商团”。在 8 月 26 日的军政联席会议上，范石生等公然反对孙中山准备强制商团复市的主张，胡说什么“有人破坏秩序”，必将“尽力之所能及迎头痛击”。他们更“施展两面手法，一面勾结商团，反对政府；一面又与政府敷衍，责备商团，以调停人自居”。29 日，范石生等同商团达成了交易，炮制了所谓调停六条件……全部发还扣械，商团联防总部“改组”后批准立案，撤出调入广州驻军，取消陈廉伯、陈恭受的通缉令，商团终止罢市，报效军费 40 万元。右派军阀以“调兵入省”和“独立”的“半兵谏”方式，图谋胁迫孙中山接受。对于这种——如同共产党人所指出的——实际上是出卖孙中山、向反革命势力投降的协议，汪精卫、伍朝枢等竟然表示赞同，主张接受调停条件，以“和平解决”为上策。中派的表现“可以‘犹夷妥协，居中取巧’八个字包括之”，他们“幻想维持政权而又不敢接受平民群众之赞助”，结果，“便间接而又间接地助长了妥协派以致反动派的气焰”。右派以及中派的妥协、退让和投降的倾向，给孙中山和左派造成了很大的压力。就在右派军阀提出调停六条件的当天，“力持打倒商团”“提倡工人组织工团军”的廖仲恺，被迫向孙中山面辞省长职务，表示了自己的抗议。孙中山虽然没有屈服，他在31日召开的国民党中央全体会议上谴责了范石生等“阳拥政府，阴护商团”的罪行，坚决否认6项条件，表示要“存一点天地间的正气！”然而，在右派和中派的包围、阻挠和实力要挟下，他的革命主张难以贯彻，武装镇压商团的方案未能实现。8月底，持续了一个月的紧张形势似乎趋于和缓。广州和各埠于30日先后复业。李福林和“接近政府”的商团军干事李朗如分别担任了广州市市长和公安局局长。除了扣械尚待发还之外，好像一切矛盾都已解决。然而，叛乱的阴谋正在平静的氛围中加紧进行着。在反动势力的羽翼和纵容下，商团正在磨刀霍霍，窥测时机，以便把革命淹没在血泊中。

1924年9月13日，孙中山在从广州至韶关的火车上。

形势极其严峻，在似乎平静的氛围中正策划着一场希图推翻广东革命政权的叛乱。

孙中山在12日已移大本营于韶关并亲往督师。18日，中国国民党发布《北伐宣言》，申明北伐目的“不仅在覆灭曹吴，尤在曹吴覆灭之后，永无同样继起之人，以持续反革命之势力；换言之，此战之目的，不仅在推倒军阀，尤其推倒军阀所赖以生存之帝国主义。”20日，在韶关举行北伐誓师典礼，各军旋即分两路向湘、赣出发。

1924年9月20日，孙中山在韶关举行的北伐誓师典礼上演说。

在当时的形势下，孙中山的北伐决策无疑是缺乏积极因素的。显而易见，这是右派包围和影响的结果。中国共产党当然不能赞同北伐的决策，并且对这种战略部署做了详尽的分析，说明不可通过北伐实现“推倒军阀”及其“所赖以生存的帝国主义”，而只会给当前的反帝反封建斗争带来严重的消极后果。而从北伐战争本身说来，这次军事行动不可能具有鲜明的反帝反封建性质。北伐是为讨直，盟友则是皖系、奉系军阀和唐继尧等西南军阀。孙中山固然是为了反对封建军阀和帝国主义而参战，但并没有真正的“革命军”作为基本力量，所以不能从根本上改变战争的性质。孙中山希望“此次一出”，“中原可为我有”“百年治安大计，从此开始”，

孙中山亲临韶关南校场检阅北伐军。

1924年10月2日，孙中山在韶关南华寺。

显然是难以实现的幻想。

应该看到的是：北伐加剧了广州局势的逆转。孙中山在离开广州前，向广东人民宣告实行三项重大措施，除北伐外，其他两项是广东“自治”（包括广州市市长“民选”）和免除“一切苛杂捐税”。他希望由此得以“改弦更张，以求与人民合作”。但是，三项措施并未改善广州的形势。孙中山计划“悉调各军，实行北伐”，实际上只有警卫军、湘军、豫军和朱培德部的直属滇军随行。滇、桂军和李福林部继续盘踞广州，扰害人民，与商团相勾结。以广州市市长“付之民选”作为“全省自治之先导”，也是没有实际意义的。李福林和范石生、廖行超已经控制了广州的军政大权，“自治”“民选”完全有名无实。9 月 17 日，廖仲恺被迫辞去军需总监、财政部长和财政厅长等职。可见，孙中山离穗前的措施未能稳定、改善广州的局势。反之，由于孙中山“全力用于毫无结果的军事行动上面，党务以及在民众间的发展完全因此停止”。更为严重的问题是商团本身。北伐并未打消其反革命叛乱的谋划。恰恰相反，这种决策所包含的回避、退让和妥协的因素在客观上纵容了商团头子们。孙中山把他认为十分棘手的商团问题交由胡汉民、汪精卫处理。9 月 18 日，胡汉民派代表偕同商团头子前往黄埔军校察看扣械。20 日，政府取消了陈廉伯等的通缉令。30 日，范石生、李福林将部分扣械从黄埔运回广州，存放江防司令部，准备发还商团。只是在获悉商团接济陈炯明军费并唆使其进攻广州的消息后才暂中止。

广州当局的这种“柔软”态度（孙中山语），招致了商团的益发猖獗。9 月 14 日，商团散发反动传单，叫嚣“赤化亡党”“共产在即”，并酝酿第二次罢市。10 月初，商团以扣械未还作为扩大事态的借口。4 日，全省 188 个商团在佛山开会，决定举行大规模罢市和停止纳税，准备以“直捷手段”对付革命派和广大群众。9 日，商团发出了总罢市的通牒。一场反革命叛乱一触即发。

在这关键的时刻，代帅兼省长的胡汉民的态度却是软弱妥协。为了使商团不致罢市，他在 10 月 10 日晨将黄埔所存扣械运到广州发还。商团趾高气扬地拿到私运的武器，却拒不履行报效北伐军费的协议，同时，继续煽动、胁迫商民罢市。远在韶关的孙中山尽管忙于北伐事务，但仍密切地注视着广州局势的变化和不断地做出反应。他为商团的蛮横猖獗感到愤怒和焦虑，只是还未能立刻下决心镇压。韶穗之间，函电交驰。当他意识到了广州形势的极端严重性，感到姑息养奸和任用非人业已造成危险的后果时，就手谕蒋介石成立革命委员会，并在复函中对蒋介石将汪精卫、胡汉民拉入革命委员会的企图予以否定，指出“革命委员会当要马上成立，以对付种种非常之事……当出快刀斩乱麻，成败在所不计”。认为“汉民、精卫不加入未尝不可，盖今日革命非学俄国不可，而汉民已失此信仰，当然不应加入，于事乃为有济。若必加入，反多妨碍……精卫本亦非俄派之革命，不加入亦可。我党今后之革命，非以俄为师，断无成就”。但是，在同日却又电饬蒋介石依照胡汉民转来李福林拟定的妥协办法发还商团枪支。甚至在另一份电报中要求“舍去黄埔”，将“所有枪械与学生，一齐速来韶关，为北伐之孤注”。就在孙中山尚在犹豫未决的时候，商团却以屠杀革命群众开始了蓄谋已久的叛乱!

10 月 10 日，中共广东区委发动广州的革命群众在第一公园举行武昌起义纪念大会。

会后，数千群众举行了示威游行。当队伍行至太平路时，预伏的商团突然开枪扫射，前后夹击，四面追袭，甚至凌辱遇难者的尸体，残暴地斩首剖心。革命群众当场死伤数十人，落水失踪者为数甚多。现场正是李福林和廖行超所部的防区，在场的福军竟然会同商团兜捕游行群众。帝国主义走狗一手制造的血淋淋的惨案，就在光天化日之下发生在革命策源地的心脏!

在中国共产党的帮助下，在广大革命群众的推动下，孙中山面对反革命叛乱的严重威胁，终于下定了镇压商团的决心。10 月 10 日，孙中山在给胡汉民和各军司令的电报中指出：“商人罢市，与敌反攻（指陈炯明部的蠢动），同时并举，叛迹显露。”所以“万难再事姑息”，“惟有当机立断”，“切勿犹豫，以召自杀”。同日，成立了以孙中山为首的革命委员会，作为镇压反革命叛乱的权力机构，以取代广州当局。11 日，孙中山在获悉“双十”惨案的消息后，当即电饬胡汉民“立即宣布戒严，并将政府全权付托于革命委员会，以对付此非常之变，由之便宜行事以戡乱”。

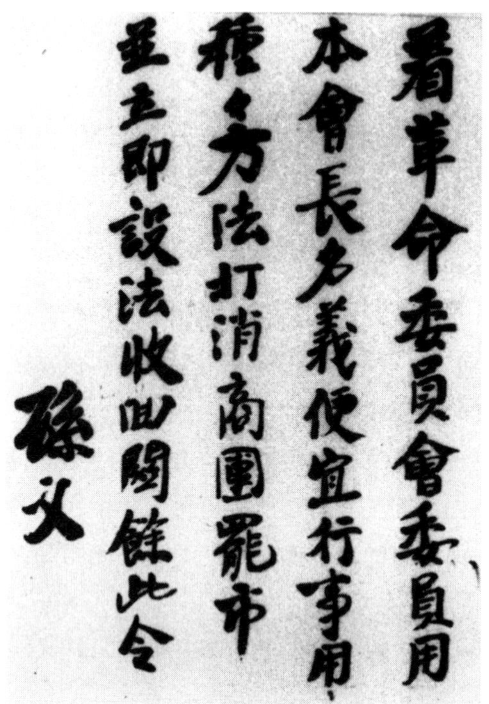
着革命委員會委員用
本會長名義便宜行事用、
種々方法打消商團罷市
並立即設法收回關餘此令
孫文

1924年10月10日，广州商团发生叛乱。图为10月11日孙中山下令取缔商团罢市的手令。

正是在这种情势下，孙中山下了极大的决心：坚决消灭反革命商团，保卫革命策源地。12日，他命令黄埔军校当局“立即起义杀贼，绝无反顾”；“必尽灭省中之奸兵奸商，以维持革命之地盘”。13日，根据孙中山的手令，革命委员会饬令胡汉民解散广州商团机关，并将商团军缴械。同时，警卫军及湘、粤军各一部连夜回师广州。14日，再次电令胡汉民及驻广州各军迅速“收缴商团枪支”。15日凌晨，商团首先向警卫军射击。警卫军还击，工团军、农民自卫军、黄埔学生军以及粤、湘、桂、赣军纷纷投入战斗。滇军的范石生、廖行超部迫于形势，也不得不向商团开火。各军分五路包围西关，勒令商团缴械。商团凭借铁木栅栏和高楼顽抗，各军于是分头进攻。仅仅经过几个小时的战斗，耀武扬威的反动商团军就被全歼。少数流窜郊区，也未逃脱覆亡的命运。事实证明，帝国主义及其走狗们在组织、武装起来的人民面前都不过是纸老虎！商团叛乱的弭平，具有重大而积极的意义。

第五章

和平 奋斗 救中国

北京政变

孙中山回师广州镇压商团暴乱的时候，直皖江浙战争很快结束，皖系军阀卢永祥被直系军阀齐燮元、孙传芳击败，于1924年10月12日通电下野，与何丰林等逃亡日本。第二次直奉战争于同年9月开始，是奉系军阀张作霖为响应皖系而发动的。

战事初开时，直系军阀吴佩孚自任总司令，冯玉祥、彭寿莘、王怀庆分别任三个军的总司令，于9月18日发布讨伐张作霖令。正当直奉两军在榆关一带激战的时候，在孙中山的革命思想和国民党新的方针、政策影响下，直系军阀内部发生分化，冯玉祥突然由前线回京，于10月23日发动了北京政变，推翻了曹锟、吴佩孚控制的北京政府。

北京政变是冯玉祥联络胡景翼、孙岳（二人均系国民党员）等人发动的。冯玉祥原是吴佩孚的部属，在第一次直奉战争后被北京政府任命为河南督军，由于驻防洛阳的吴佩孚反对，免去豫督要职，改任有名无实的陆军检阅使。当时正值革命统一战线建立，全国革命形势高涨，反对曹、吴的呼声响遍南北，冯玉祥在这种形势的推动下，开始倾向孙中山领导的革命运动。于是，冯玉祥与驻喜峰口的直系援军第二路司令、陕西军第一师师长胡景翼，联合京畿副司令孙岳，秘密计划倒戈反曹驱吴。10月19日，冯玉祥率部队由古北口回北京，23日凌晨到达，立即占据北京城内城外各重要据点和交通通信机关，接管北京城防，派兵包围总统府，软禁曹锟。北京政变得手后，冯玉祥、胡景翼、孙岳、米振标（热河都督）及所属师长、旅长等，立即联名通电全国，主张和平停战，表示同“弄兵好战，殃吾民而祸吾国者”相周旋。24日，曹锟被迫下令：停止战争；撤销讨逆军副总司令等职衔；免去吴佩孚本兼各职，改任为青海屯垦督办。

北京政变后，冯玉祥将部队改称国民军，以此表示他拥护孙中山领导的广州革命政府，并于10月25日通电全国；中华民国国民军会议公举冯玉祥为总司令兼第一军军长，胡景翼为副司令兼第二军军长，孙岳为副司令兼第三军军长。10月31日，曹锟等待吴佩孚率军入卫的希望破灭，按冯玉祥的意图成立以冯系为中心的临时内阁后，于11月2日宣布下台。

黄郛内阁取代颜惠庆内阁。

北京政变后，冯玉祥、胡景翼、孙岳、续相溪、刘守中、蒯定煜、凌毅、李石曾、李含芳、岳维峻、张之江、李鸣钟、鹿钟麟、邓宝珊等 29 人，联名电邀孙中山北上指导，共商国是。电报中说：“辛亥革命未竟全功，致令先生政策无由施展。今幸偕友军，戡定首都，此后一切建设大计仍希先生指示。万望速驾北来，俾亲教诲是祷！”

孙中山在 10 月 27 日分别复冯玉祥、段祺瑞的电中说：“义旗聿举，大憝肃清。诸兄功在国家，同深庆幸。建设大计亟应决定，拟即日北上，与诸兄晤商。”10 月 30 日，孙中山回到广州，在大元帅府召集会议，讨论处理北方局势的具体办法。一致认为，直系军阀虽然溃败，但绝不可因此而以为全国将和平统一，以致动摇北伐的决心和放弃必要的准备。

离粤北上

为了迅速实现全国的和平统一，同时也为了“拿革命主义去宣传”，孙中山于 1924 年 11 月 20 日毅然决定接受冯玉祥等人的邀请。

此时，孙中山已略感身体不适，但是为了国家的统一和人民的幸福，他决心不惜牺牲个人的一切，离粤北上，尽个人的最大努力。在决定北上的次日，他便到黄埔军校辞别，并发表讲话论述北上目的，认为“从前革命，都是在各省，效力很小，要在首都革命，那个效力才大”。

鉴于张作霖、段祺瑞等人反复无常、居心叵测，有一些国民党人担心孙中山北上的安全，劝他取消行程。但孙中山向来以民族利益为重，早把个人安危置之度外，他既然觉得北上对革命事业有利，就不管有多大的风险也决定成行。他对周围的人说：“我这次赴京，明知异常危险，将来能否归来尚不一定，但我之所以北上，是为革命，是为救国救民而奋斗，又怕什么危险呢？”

同时，孙中山并不因决定北上而停止北伐的军事部署。他指派胡汉民留守广州代行大元帅职权，谭延闿为北伐联军总司令，负责大本营事务，驻守韶关，主持北伐军事。11 月初，进入江西的北伐军接连攻占大庚及赣州，并向吉安推进。

1924 年 11 月 7 日，孙中山和廖仲恺等出席在广州举行的庆祝苏联十月革命 7 周年大会。

1924 年 11 月 10 日，孙中山出席广东九十六工团代表欢送会时的合影。

11月12日，孙中山出席广州各界欢送会，发表演说，再次阐述他对北方时局的认识和对这次北上的考虑，表示尽管道路坎坷，他仍决定到北京去，“拿革命主义去宣传”，推进革命的发展，并勉励大家“同心协力把广东的基础弄得巩固，做一个革命的好策源地”。

1924年11月13日，孙中山自广州出发，至香港转乘“春阳丸”轮赴北京。图为孙中山、宋庆龄登“春阳丸”轮的情景。

同年11月13日，孙中山偕宋庆龄及随行人员李烈钧、邵元冲、黄昌谷、朱和中、马超俊等20余人，乘“永丰”舰离开广州，踏上了北上的旅途。

当“永丰”舰于下午3时抵达黄埔时，他再次视察了自己亲手创建并寄予无限深情和殷切希望的军事学校。孙中山到校后巡视一周，并检阅第一、二期全体学员实战演习，然后乘舰赴香港。

汪精卫先一日到港。由港改乘日轮“春阳丸”一并起程。

孙中山离开香港经过上海，取道日本到北京。11月17日，孙中山一行安抵上海，受各界人士4000余人热烈欢迎。上岸后乘汽车赴莫利爱路25号寓所休息。孙中山到达上海的头一天，英国的《字林西报》发表一篇短

孙中山在寓所前留影。

孙中山与宋庆龄在“春阳丸”轮上合影。

1924年11月17日，孙中山抵达上海吴淞口，改乘“堡尔登”小火轮上岸。图为孙中山在小火轮上留影。

论，竟然叫嚷：“上海不需要孙中山，应阻止他登岸。”并说：“孙中山是广州大本营的大元帅，一举一动，都负有政治上的任务。上海租界之内，完全是商务性质，负有政治任务的大元帅，住在这样地方，是不是相宜？”英国的《大陆报》更发出恶毒的叫嚣：“要驱逐孙中山出上海”；“绝不要理睬孙中山所提出的废除不平等条约的要求”等。上海群众结队欢迎孙中山时，竟被法租界捕房阻止并捕去指挥者4人。对于帝国主义的这种蛮横干涉我国内政的卑劣行径，孙中山立即给予坚决的回击，指出：“上海为中国之领土，吾人分明居主人之地位。住在上海的那些外国人，都是客人。主人在自己的领土之内，无论干什么，客人完全不能干涉。”提出要尽一切力量收回租界，“中国人民早已不能忍耐外国侨民在中国领土之飞扬跋

1924年11月17日，孙中山、宋庆龄同拍摄欢迎活动的新大陆影片公司人员在寓所合影。

孙中山、宋庆龄在“上海丸”轮船上。

孙中山在船上与李烈钧（右）、戴季陶（中）、宋子文（左）合影。

1924年11月23日，“上海丸”轮抵达日本长崎，孙中山与前来欢迎的日本新闻记者、中国留学生及华侨合影。

孙中山在船上与日本记者谈话时的情形。

扈”。第二天，他在莫利爱路寓所对新闻记者谈话时再次指出：“中国现在祸乱的根本，就是在军阀和那援助军阀的帝国主义者。”他说：“我们这次来解决中国问题，在国民会议席上，第一点就要打破军阀。第二点就要打破援助军阀的帝国主义者。打破了这两个东西，中国才可以和平统一，才可以长治久安！”又说，军阀与帝国主义“和我们人民的福利是永远不能并立的……我这次往北方去，所主张的办法，一定是和他们（按：指帝国主义和军阀）的利益相冲突，大家可以料得我很有危险；但是我为救全国同胞，求和平统一，开国民会议，去冒这种危险”。他宣布决不与北方军阀相妥协，要求全国人民做他的后盾。

中国共产党于孙中山北上的同时，在全国发起了一个召集国民会议和废除不平等条约的人民运动。各地区、各阶层纷纷成立国民会议促成会组织，积极展开斗争，为孙中山北上做后盾。

在沪期间，孙中山政务繁忙，很少休息。而北京段祺瑞、胡景翼又来电促驾北上。冯玉祥亦电其代表马伯援，持冯电谒孙中山，请火速北上。这样孙中山偕夫人宋庆龄于11月22日离沪绕道日本赴津。启航前，接见中外记者，重申收回租界，主持召开国民会议，并望中日两国提携亲善。

在日本的最后演讲

11月23日孙中山一行抵日本长崎，在“上海丸”先后对新闻记者和中国留学生发表谈话。

11月24日，抵神户，受各界人士约四五百人热烈欢迎。在船上回答记者提问，解释此次绕道日本原因，因为由沪至津交通梗阻，二为重游看望故友。谈话毕，即由神户国民党支部长杨寿彭等人招待登岸，寓东方旅馆。

孙中山抵神户时，国内形势又发生了变化，段祺瑞已在北京组织临时执政府，而冯玉祥则被迫通电解除兵柄下野。

在神户短暂逗留期间，各界人士不断来访。

11月28日，孙中山在百忙中偕夫人宋庆龄赴神户高等女子学校关于“大亚洲主义”问题的演讲。当天听讲者达3000余人，因礼堂挤不下，

1924年11月24日，孙中山与宋庆龄在日本神户东方饭店合影。

1924年11月24日，孙中山、宋庆龄在神户与前来欢迎的日本朋友合影。前坐右起：孙中山、宋庆龄、山田夫人；后立右起：菊池良一、戴季陶、岛田经一、宫崎震作、萱野长知、宫崎龙介、山田纯三郎。

1924年11月25日，孙中山在日本神户出席东京、神户、大阪各埠国民党支部联合举行的欢迎会时，同与会者合影。

1924 年 11 月 25 日，孙中山在神户与前来拜访的头山满长谈。图为谈话后合影。前坐左起：大久保高明、孙中山、头山满；后立左起：山田纯三郎、戴季陶、李烈钧、藤本尚则。

1924 年 11 月 30 日，孙中山一行乘“北岭丸”轮离神户赴天津。图为孙中山、宋庆龄在船上与随行人员合影。

孙中山、宋庆龄在船上。

遂在操场设立分会场。孙中山演讲完毕散会时，数千听众鹄立广场上，向孙中山脱帽欢呼，几达30分钟之久。

11月30日，孙中山一行乘“北岭丸”离神户赴天津，到码头送行的中日人士达3000余人。

12月11日，赴津途中抵门司，孙中山在“北岭丸”中接待来访者及新闻记者，谈中国统一和废除不平等条约等问题。又经过几天颠簸，孙中山一行于12月4日抵达天津，受到热烈欢迎。

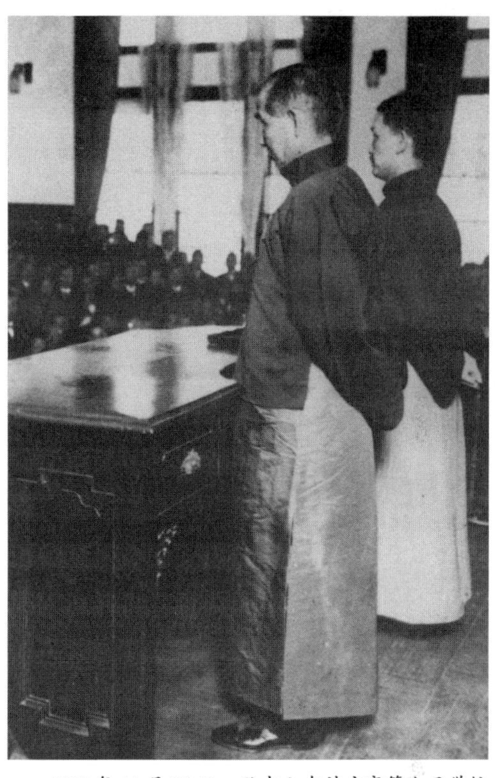

1924年11月28日，孙中山在神户高等女子学校发表关于“大亚洲主义”问题的演讲。

病卧津门

当日上午11时45分，“北岭丸”到达天津法租界利昌码头时，受到鹄立于码头、河岸的工商学及市民等百余团体2万余人的热烈欢迎。欢迎总指挥卢廉领众高呼欢迎口号约5分钟，孙中山等出立船头脱帽为礼，向欢迎者致谢。船甫泊定，国民军代表徐谦、焦易堂，镇威军代表杨毓珣、段祺瑞代表许世英、吴光新，黎元洪代表李根源、熊少豪，直隶省府代表杨以德等，以及京、津国民党人、各团体欢迎代表王法勤、叶恭绰、蒋梦麟、吴子才等共百余人拥上船。孙中山与他们一一握手。下午1时，孙中山偕夫人宋庆龄等下船，乘马车至日租界张园行馆下榻。各欢迎代表等随至，孙中山复一一与之握手，并至门外与大众合影留念。

当天下午，孙中山在孙科、汪精卫、李烈钧、邵元冲陪同下，按原先

1924年12月4日，孙中山在天津张园行馆门前与各界欢迎代表合影。

约定时间驱车前往曹家花园访张作霖，做简短交谈，即返回寓所。当日下午6时许，张作霖去张园回访孙中山，未久谈。晚间肝病发作。翌日，孙中山又抱病出席黎元洪招待的午宴，此后孙中山囿于痼疾发作，只能遵医嘱卧床。在病榻上孙中山依然忙于各种政务。12月18日，孙中山在病榻上接见了段祺瑞的代表许世英，当他得知段祺瑞要“外崇国信”和召开“善后会议”时，极为愤慨，怒斥了段祺瑞政府的那些屈膝于帝国主义的荒谬主张，他厉声斥责说：“我在外面要废除那些不平等条约，你们在北京，偏偏要尊重那些不平等条约，这是什么道理呢！？你们要升官发财，怕那些外国人，要尊重他们，为什么还来欢迎我呢？”许世英听了不敢作声，好久，才又和颜地劝孙中山不要太过“激烈”，免得激怒了东交民巷的“洋大人”，引起帝国主义干涉。孙中山气愤地回答：“假如不打倒帝国主义，我就不革命了！”孙中山的肝癌从次日起更加恶化。在津期间虽延请名医诊治，但病情未有好转。为了践行对国人的承诺，孙中山毅然决定抱病入京。

1924 年 12 月 4 日，孙中山、宋庆龄抵达天津，下榻张园。图为孙中山在张园行馆门前留影。

三莅北京　乘鹤西去

12月31日，孙中山自天津扶病抵达北京，受到民众盛大欢迎。

31日上午10时，孙中山在夫人宋庆龄及汪精卫等随行人员陪同下至天津老站乘专车赴京。到车站欢送者有各机关、团体代表260余人，汪精卫代孙中山答谢。孙中山未与欢送者谈话，只于开车前向各众人散发宣言书一纸。陪同孙中山先生入京者有汪精卫、黄昌谷、邵元冲，以及参军副官等数十人。段祺瑞之代表许世英和郑洪年等欢迎人员也随车入京。下午4时许，专车抵达前门车站时，受到北京各界200余团体约3万余人的热烈欢迎。欢迎队伍由车站直排至城门侧，欢迎者手持彩旗，高呼欢迎口号，学界则将印好的传单147种计256万份随街散发。到车站迎接孙中山先生者尚有段祺瑞侍从武官卫兴武、执政府阁员吴光新、林建章、王九龄、叶恭绰、龚心湛、李思浩、章士钊、杨庶堪、梁鸿志等，还有北京卫戍总司令鹿钟麟，警察总监李寿金，国民党要员易培基、李煜瀛等，以及各部院官长，各省军民长官代表，国民军第一、第二、第三军驻京办事处全体官兵，各大学校长，各团体领袖人物等。先生因病卧车上，不能一一相见，遂由各团体推代表登车表达欢迎之意，孙中山先生颔首致谢。下车前，孙中山先生命随从人员向欢迎者散发所携带之宣言书。

时已被迫下野的冯玉祥，一直关注孙中山先生行止，他专门从张家口电话指示北京警备总司令鹿钟麟："中山先生由天津上火车来北京了，负责保护孙先生。"鹿钟麟到东车站一看，学生和教职员等已挤满了站台。他担心秩序难以维持，未能恪尽保护之责，便驱车来到永定门车站，想请孙中山在永定门提前下车免得在东站发生意外。当火车在永定门车站停下来时，鹿钟麟上车谒见孙中山，见先生躺在车中，面容憔悴，枕旁放着书，手里还拿着书在看。握手后，鹿钟麟报告了东站的情况，请他在永定门车站下车。孙中山说："在永定门下车那可使不得，我是为学生为群众而来的，我要见他们。请不必担心，学生们即使挤着了我，也不要紧的。"鹿钟麟只好随车到了东站。鹿钟麟看到的是：学生和民众是如何的爱他，他也是如何的爱青年爱民众。孙中山发表了简短的书面讲话，说："此来不是为争地位，不是为争权力，是特来与诸君救国的。”“中国的自由平等，已被满洲政府从不平等条约里卖与各国了，以致我们仍然处于殖民地之地位，所以我们必须要救国。”之后，上车到北京饭店。

当天，孙中山发表了《入京宣言》，重申北上入京的目的：“此次来京，曾有宣言，非争地位权力，乃为救国。13 年前，余负推倒满洲政府，使国民得享自由平等之责任。惟满清虽倒，而国民之自由平等早被其售与各国，故吾人今日仍处帝国主义各国殖民地之地位。因而吾人救国之责，尤不容缓。至于救国之道多端，当向诸君缕述。惟今以抱恙，不得不稍俟异日。”

自孙中山先生到达北京之日起，警备总司令部即承担了孙中山先生的警卫工作。总司令鹿钟麟除了认真地布置检查，还经常到孙中山先生所在地亲自巡视。苏联驻华大使加拉罕还特为先生派出 3 个苏联籍的警卫员柏芮鲁斯基、罗班和尔瓦鲁斯基，一道参加警卫。

孙中山在病中，段祺瑞操纵的善后会议加快了行动步伐。孙中山入京的第二天，1925 年 1 月 1 日，段祺瑞就邀他出席会议：段祺瑞急于利用善后会议窃取总统的地位，这与袁世凯想利用筹安会称帝一样。他的野心在全国人民面前已昭然若揭，全国人民反对善后会议，要求召开国民会议的运动日益高涨。

由于长期颠沛流离、艰难困苦的斗争生活，使孙中山积劳成疾，患有严重的肝病。这次北上与段祺瑞等交锋，一路长途跋涉，风浪颠簸，又值严冬季节，到达津、京后，又不停地与段祺瑞等人展开一系列的斗争。这样，孙中山在天津病倒后，就一直没有好转。入京后，先在北京饭店延医诊病，请的六七位外国医生，对孙中山的病情进行了诊查和治疗，都认为是肝症。每日诊视一次，治肝药试验多种都不见效。德国医生克利建议他去东交民巷的德国医院治疗，孙中山却因东交民巷是外国使馆区而拒绝。德国医院院长特派护士何芬到北京饭店为他进行护理。1 月 20 日以后，孙中山的病势急剧恶化，体温升降剧烈，久病的身体，怎经得起病魔的这般折腾？24 日起，孙中山简直不能进食，一吃就要呕吐。26 日上午，医生建议住院治疗，遂于当天下午 3 时由北京饭店移住协和医院。据当时接孙中山入院的护士回忆，当她进入房间时，只见孙中山躺在床上，“面部呈重度的黄疸，疲瘦无力，看了令人难过。孙夫人宋庆龄女士在一旁殷勤服侍”。当护士说明来意后，孙中山虽然腹部有刀割似的疼痛，仍然向她微笑示意。

一到医院，大概是由于沿途振动的关系，孙中山的体温愈加升高，面色与眼珠时时变化，越变越黄。医生断定病症到了很紧急的时候，必须立刻施行手术治疗。当天下午 6 时半，开始进行手术。参加手术的医生有协和医院院长、外科主任邵乐安，德国医生克利以及俄国医生等。腹腔打开后，只见肝部已坚硬如木，一眼就知患的是肝癌，而且已到晚期，无法救治，医生只得含泪将刀口重新缝合。切片化验结果，证明孙中山病症的起源，“远因在 10 年以上，近因也有两三年之久”，属于晚期肝癌。

孙中山的病房在三楼 319 号，病床上装配有病人看书看报用的悬架，病床右角是一个梳洗台，左角放一个小衣柜。面对着病床的右角，摆一张小桌。320 号是孙夫人宋庆龄住的房间。

身患绝症的孙中山，因肝癌病变已蔓延到整个腹腔，引起饮食及大小便困难，全身黄疸，皮肤发痒且有极度的疼痛，但他以极大的毅力尽力忍受。他在与病魔顽强抗争的同时，念念不忘救国大业，床边桌上放了各种书报，精神稍好就随时阅读，并经常召集有关人士商谈国事。来访的客人向他探询病情时，孙中山多不解释，只谈有关革命事业的问题。在他的心目中，没有比拯救祖国更为重要的事情了。

当时有一种用镭疗医治癌症的试验，但疗效甚微，只有千分之一的希望。自 2 月份开始，孙中山隔日用镭疗治。当时的医学试验证明，用镭疗医治肝癌，疗程过了 50 小时还无效果，那就是完全绝望了。到 2 月 16 日，孙中山用镭疗治已近 45 小时，对于病症除稍微减少痛苦外，从根本上没有一点功效。

2 月 18 日，孙中山由孙夫人宋庆龄，俄国医生、护士何芬和马湘 4 人护陪，被用十字车送至铁狮子胡同 11 号（顾维钧宅，今地安门东大街 26 号），改由中医治疗。施今墨大夫用黄芪、党参等药补气，用排水消肿药治疗，也都无效。孙中山曾是一个精通医术的医生，明白自己病势已恶化，他以超人的毅力忍受着病痛，仍然保持着“分明的理智和坚定的意志”。每天还要坚持阅读报纸，后来自己不能读了，就由夫人宋庆龄念给他听。

他还给护士何芬讲列宁的故事，并把自己签名的《建国大纲》《建国方略》两本书送给她。何芬每天走进病房，他总是很有礼貌地说一声："早安！"傍晚当何芬离开病房时，也要说一声："晚安！"何芬每次给他量体温、试脉搏或是喂药之后，也要说一声："谢谢！"有时烧得唇干舌燥，病痛得睁不开眼、不能说话时，就合掌做手势表示感谢。后来他征求何芬的意见，问她愿不愿意晚上在那里歇宿，有事好找她。何芬答应后，就搬过去了，但连着几个晚上，也没有人去叫醒她。后来何芬才知道，孙中山先生是怕她白天工作累了，晚上要她好好休息。

孙中山病重了，护士何芬按照医生嘱咐，每天喂水果罐头汁给他喝，孙中山先生总是说："水果呢？"护士告诉他送到厨房做点心去了，他含笑说："好，不要糟蹋了。"孙中山为了人民，为了消灭反动派，为了救国，曾无数次用过数以万计的钱去购买枪支弹药，去援助革命，而自己在病中，对于一个水果却如此爱惜。

全国各地的人民，都关心着孙中山的病情，每天有许多人，其中还有许多中外新闻记者来到孙中山先生住宅外等候消息。

北京各报纸每天都有孙中山病况的报道。一次，由于夜班护士一时疏忽，没有把病房温度调节好，致使孙中山体温升高。第二天，报纸对值白班的护士进行了指责，值白班的护士何芬看了这条消息，委屈地哭了一场。孙中山知道后，立即通知各报一定要在次日更正这一报道，使何芬很受感动。事过 31 年之后，何芬提到当时的情况时还说："先生这种处处认真负责的精神，使我深深受到感动。"

宋庆龄在孙中山先生病榻前，日夜侍病，几乎没有正常睡过觉，有时见孙中山先生睡着了，她才在沙发上合合眼。孙中山先生一醒来立刻侍奉汤水。何香凝说："孙夫人日夜地侍病，从没有正常睡过，真使我感动。"

在广州的革命同志，得知孙中山病情已重，焦急万分。廖仲恺因党政军务无法分身，特叫何香凝到北京参加护理。苏联顾问鲍罗廷也到了北京，陪侍左右，体现了中苏两国人民的深情厚谊。先后到北京参加侍病的还有汪精卫、孔祥熙、李石曾、宋子文、孙科、张继、邵元冲、陈友仁、张静江、宋霭龄等几十人。

孙中山病情日趋恶化，国民党人商议预备遗嘱，待病危时再请病人签字。2月24日下午3时，汪精卫、张继、李烈钧、何香凝、孙科、宋子文、孔祥熙等受国民党诸同志所托，至孙中山先生病榻前请求留下遗嘱，孙中山展目环视，说："你们有什么话可说？"汪精卫答道："1月26日，先生进入病院时，许多同志说，应请先生留些教诲之言，俾资遵循。如先生之病迅即痊愈，固无论矣；设或不痊愈，吾等仍可永远听到先生之教训。我们固知先生有力量以抗病魔，我们也愿助先生以抗病魔。但也想趁先生精神较佳时，留下教诲，则十年二十年后，仍可受用。"孙中山先生说："我病如克痊愈，则所言者甚多，设使不幸而死，由你们任意去做，又有什么可说的！"汪精卫答："先生之病不久当可痊愈，只恐调养须时太久，难以处理公务，而本党又处在重要时期，行动不能有一刻停滞，还请先生早赐教诲，以便我们遵守，以利党务进行为是。"孙中山先生说："我若留下话给你们，诚有许多危险。当今无数敌人正在围困你们，我死后，他们更会向你们进攻，甚至必有方法令你们软化。如果你们不被敌人软化，强硬对抗，则又必将被加害，危险甚大，故吾仍不言为佳，则你们应付环境，似较容易。如我必定说出，汝等将更难对付险恶之环境！如此，我还怎么说呢？"汪精卫说："我们追随先生奋斗数十年，从未巧避危险，此后危险何畏？从未被人软化过，此后何人能软化我们？我们也深知大部分同志都能遵从先生之言，不计危险与生死！"孙中山先生说："吾已著书甚多！"汪精卫说："诚然，先生著有《建国大纲》《建国方略》《三民主义》及《第一次全国代表大会宣言》，诸同志都当竭诚奉行，还望先生为一总括之言。"

精通医术的孙中山，深知自己已难以治愈。2月24日下午，他接受国民党人汪精卫等的请求，口授并由汪精卫笔录《国事遗嘱》和《家事遗嘱》，《致苏联遗书》则以英文口授，由陈友仁等笔记。

这三份遗嘱，原准备当场签署，但孙中山听到宋庆龄哀痛的哭声，担心她受不了这一刺激，决定暂缓几天。

陈炯明乘孙中山先生在病中，又在汕头策划进攻广州，于1月7日，分兵三路向广州进犯。广州留守政府决定讨伐陈炯明叛军，组织东征军。

东征军以黄埔学生军、教导团为主力，配有许崇智的粤军、范石生的滇军、刘震寰的桂军以及谭延闿的湘军。廖仲恺、蒋介石、周恩来与苏联军事顾问加伦将军、罗加觉夫将军等密切合作，制订了作战计划。

东征军于2月1日出发。东征军在群众协助下所向披靡。4日攻下石龙及东莞县城；10日，肃清了广九铁路敌军；15日，攻下淡水；21日，攻下平山；27日由彭湃领导的东江农民军配合作战，攻下海丰。东征军攻势迅猛，出乎敌人意料，许崇智的右翼军第二师在师长张民达、参谋长叶剑英指挥下个个奋勇冲杀，当他们攻入海丰城内陈炯明的“将军府”时，府中厅堂悬挂的陈炯明老母大幅绣像都未及摘去；各省督军为陈母祝寿的绣帐绣屏、江西督军陈光远所赠景德镇名瓷、陈炯明的九头狮指挥刀、铜雀瓦古砚等物，均未及携走。这时东征军兵员增加了一倍，士气高昂，锐不可当，陈炯明叛军望风而逃。唯滇军由于范石生、胡思舜等不积极作战，无大进展；许崇智的粤军进展也很迅速。3月17日，东征军又连占潮安、汕头。张民达的第二师又分兵向黄冈、饶平、梅县、蕉岭追击残敌。叛军5万被击溃，陈炯明逃往香港。第一次东征仅用了30多天便取得全部胜利。

2月24日以后，孙中山先生病情更加恶化，全身浮肿。德国医生克利继续治疗，又请了留学日本的山东医生王纶用日本最新发明的治肺痈药水，每隔一日注射一次。连续注射7次，腹水有加无减。至3月10日，已“百药罔效，群医束手”。脉搏每分钟达156次，呼吸78次，体温如常。

由于肝脏已完全毁坏，孙中山全身的浮肿一天比一天严重，孙中山的生命已走到尽头。但即使在这种时候，他仍念念不忘革命工作。当时，廖仲恺在广东身兼黄埔军校党代表、广东省省长、国民政府财政部部长、广东财政厅厅长等职，东征战事又正在进行，一时不能赴京探视，便由夫人何香凝代表北上。孙中山要求转告廖仲恺，不要为他的病情而分心，他对何香凝说：“广东现时十分重要，仲恺万不能离开广东。”当广东传来东征军在东江农民配合下，克复潮安、汕头，陈炯明逃往香港的捷报时，孙中山神志仍然清楚，十分欣慰，并令汪精卫电告胡汉民“不可扰乱百姓”。

3月11日上午8时，在病床边守护的何香凝，见孙中山的瞳孔开始放大，已散光了，赶紧出来对汪精卫说："孙先生的眼睛已开始散光了。"叫他拿遗嘱签字。大家怕夫人宋庆龄再度悲泣，使孙先生不忍签字，何香凝、宋子文把情况对宋庆龄做了说明。宋庆龄非常理智，她深知立遗嘱是关系国家民族利益的大事，她坚定地说："已经到了这个时候了，我不但不愿阻挠你们，我还要帮助你们！"

大家走到孙中山病榻前请示，汪精卫取过遗嘱请他签字。宋庆龄含泪抬起孙中山颤得不能自持的手腕执钢笔在遗嘱上签字。这时，房间里的悲痛气氛达到了极点。孙中山神情安详，当他在遗嘱上签完字，护士上前移去炕桌时，他和蔼地对她说："谢谢你，你的工作快完了。"周围的人再也忍不住了，失声痛哭。夫人宋庆龄更是悲痛至极。

孙中山把儿子孙科、女婿戴恩赛等叫到床前，嘱咐他们要"善待夫人"。

同志们又走近床前，孙中山说："我这次放弃两广来北京，是谋求和平统一。我所主张统一的方法，是开国民会议，实行三民主义和五权宪法，建立一个新国家。现在为病所累，不能痊愈，死生本不足惜，但数十年为国民革命所抱定的主张不能完全实现，这是不能无遗憾的。希望各同志努力奋斗，使国民会议早日开成，达到实行三民主义和五权宪法的目的。那么我虽是死了，也是瞑目的。"

下午，孙中山的病情继续恶化，说话都很困难。他握着何香凝的手，连唤两声"廖夫人"。何香凝听到这沉重的呼唤，伤心地和宋庆龄掩泪走近床前，说："先生改组国民党的苦心，我是知道的，此后我誓必拥护孙先生改组国民党的精神。孙先生一切主张，我也誓必遵守的。至于孙夫人，我也当尽我力量来爱护。"孙中山先生听了脸上流露出激动的神情，很吃力地说道："感……谢……你……"

在旁的夫人宋庆龄"哭声惨切"。何香凝等一直不离左右。

11日晚，孙中山处于昏睡状态，至深夜3时，忽然醒来呻吟不绝，不断喃喃自语："同志们……继续我的主义……"以后呼吸艰难，不能连续说出完整语言。他在弥留之际，仍用断断续续的声音，轻轻呼喊着："和平……奋斗……救中国……”此时，段祺瑞派许世英来探病，他在卧房门外行最后敬礼，恭敬地说：“大总统！段执政即要来见。”孙中山先生已不能言语了。1925年3月12日上午9时30分，中国民主革命的先驱、一代伟人孙中山的心脏停止了跳动，闭上了他那渴望看到祖国独立富强的眼睛，享年59岁。

三个遗嘱

一代巨人孙中山在临终前发出了“革命尚未成功，同志仍须努力”的号召，激励后人，继续前进。他还给革命同志留下了遗嘱，谆谆教育人们继续奋斗，希望他的革命主张能坚持下去、革命主义得到实现。1925年2月24日，孙中山感到自己生命垂危而口授《遗嘱》，3月11日在《遗嘱》上签字。孙中山口授的遗嘱中，原来是“联合世界上被压迫民族，共同奋斗”。担任笔记的汪精卫因段祺瑞代表许世英曾来劝说不要得罪帝国主义，竟把这句话篡改为“联合世界上以平等待我之民族”。《遗嘱》的全文是：

余致力国民革命凡四十年，其目的在求中国之自由平等。积四十年之经验，深知欲达到此目的，必须唤起民众，及联合世界上以平等待我之民族，共同奋斗。

现在革命尚未成功。凡我同志，务须依照余所著《建国方略》《建国大纲》《三民主义》及《第一次全国代表大会宣言》，继续努力，以求贯彻。最近主张开国民会议及废除不平等条约，尤须于最短期间，促其实现。是所至嘱！

孙　文

孙中山在《遗嘱》里指出的“必须唤起民众，及联合世界上以平等待我之民族，共同奋斗”，是孙中山一生革命斗争的经验总结，也是一位真诚的爱国者在长期革命实践中，经过反复、认真探索，不断前进而得出的正确结论，是孙中山留给中国人民的宝贵历史遗产。

孙中山在特地留给苏维埃社会主义共和国联盟中央执行委员会的遗书中，也阐明他实行三大政策的坚定信念。表示“希望不久即将破晓，斯时苏联以良友及盟国而欢迎强盛独立之中国；两国在争世界被压迫民族自由之大战中，携手并进以取得胜利”。同时，要求宋庆龄代替他访问莫斯科，以实现他的未遂愿望。《致苏联遗书》，是1925年2月24日孙中山以英文口授，由鲍罗廷、陈友仁等人笔记的。《致苏联遗书》的全文是：

苏维埃社会主义共和国大联合中央执行委员会，亲爱的同志：

我在此身患不治之症，我的心念，此时转向于你们，转向于我党及我国的将来。

你们是自由的共和国大联合之首领。此自由的共和国大联合，是不朽的列宁遗与被压迫民族的世界之真遗产。帝国主义下的难民，将藉此以保卫其自由，从以古代奴役战争偏私为基础之国际制度中谋解放。

我遗下的是国民党。我希望国民党在完成其由帝国主义制度解放中国及其他被侵略国之历史的工作中，与你们合力共作。命运使我必须放下我未竟之业，移交于彼谨守国民党主义与教训而组织我真正同志之人。故我已嘱咐国民党进行民族革命运动之工作，俾中国可免帝国主义加诸中国的半殖民地状况之羁缚。为达到此项目的起见，我已命国民党长此继续与你们提携。我深信：你们政府亦必继续前此予我国之援助。

亲爱的同志，当此与你们诀别之际，我愿表示我热烈的希望，希望不久即将破晓，斯时苏联以良友及盟国而欢迎强盛独立之中国；两国在争世界被压迫民族自由之大战中，携手并进以取得胜利。

谨以兄弟之谊祝你们平安！

孙逸仙（签字）

此外，孙中山还给家人留下了遗嘱，说明将遗物留给宋庆龄作为纪念，要求儿女们继承他的革命遗志。《家事遗嘱》的全文是：

余因尽瘁国事，不治家产，其所遗之书籍、衣物、住宅等，一切均付吾妻宋庆龄，以为纪念。余之儿女已长成，能自立，望各自爱以继余志。此嘱。

孙 文

孙中山把自己的一切都献给了祖国和人民，除了一些书籍和简单衣物，自己一无所有。有人统计过，就物质来说，孙中山所遗给宋庆龄的“一切”，只有2000多本书，一所有5个房间的住宅和一些还未用完的日用品。就连在上海的这所住宅，也是由海外华侨集资捐助的。为了革命的需要，这所房子曾先后典当过3次，最后才赎了回来。

哲人其萎 四海同悲

孙中山的逝世，引起了全国人民和国际无产阶级及世界革命人民的广泛、深切的哀悼。中国共产党中央发来唁电并发表《中国共产党为孙中山之死告中国民众》，哀悼孙中山。

斯大林以俄国共产党（布）中央委员会书记的名义来电悼唁，唁电说：“俄国共产党中央委员会相信，孙中山的伟大事业将永存，孙中山的事业将永远铭记在中国工人、农民的心里，永远使中国人民的敌人心惊胆寒。”在莫斯科、东京、伦敦、纽约、巴黎、旧金山以及东南亚等地，都召开了追悼大会或进行了追悼活动。在北京中央公园（后改名为中山公园）举行公祭时，到孙中山灵前致祭的北京各界人士和外国友人，前后有746800人。全国各地纷纷隆重举行追悼大会，共产党人和真正拥护孙中山新三民主义的人士积极参与组织所在地区的群众进行追悼活动，形成了一次广泛的、规模很大的政治宣传运动。

同年4月2日，孙中山的遗体移往北京香山碧云寺石塔时，整队参加送灵到西直门的群众达30万人，还有2万多人从西直门步送到香山，其中大部分是青年学生、军人和工人。

广州市人民和旅居美洲、南洋等地的华侨在哀悼之余，募集资金300万银圆，于1929年间，为孙中山在广州观音山麓前建造了纪念堂，立碑纪念。

孙中山先生逝世当天中午，先生家属及在京侍病的革命党人，将先生遗体送至协和医院施行防腐手术。3月15日，手术后即大殓。（3月初，已派人去苏联订制水晶棺，因沿途保护不善而破裂。第二次派人去赶做，3月30日才运到北京，此时已入殓半个月了。盛殓孙中山遗体用的是一副楠木玻璃盖棺。从苏联运来的水晶棺至今停放在北京碧云寺中山纪念堂内。）

冯玉祥在哀痛之中向北京治丧处发来唁电，表述了他的哀思："中山先生，手创共和，身许邦国，承天革命，比迹汤琥，觉世牖民，追踪卢列，哲人虽萎，名誉犹存，舆诵回环，益增涕泗。当此国乱未平，百端待理，凡属后锴，自当奉为圭臬，勉步前温暖，本坚忍不拔之精神，为世界大同之奋斗，以副绵缀之苦心，而慰英灵于天上。"冯玉祥还致电鹿钟麟，要求他协助李烈钧料理好丧事，说："孙中山先生是中国国民党总理，是当代的伟大人物。今应约入京商议国事，不幸病逝在此，党国遽失领导，伤痛不已。闻已推定诸员治丧，由李协和主其事，余远在张家口，不能即来参加，凡一切用钱、用人、用物之事，望吾弟悉听协和之命，倘因发生意外，兄与弟当共负其责也。"冯玉祥还亲笔写信向孙科慰问，并托徐谦带交奠敬1万元。下令国民军全体官兵左臂缠黑纱，服丧一星期；各机关部队均下半旗3天；停止宴会及一切娱乐。14日，各机关部队停止办公和操课一日。

市民和学生阅读着报纸上孙中山先生病逝情况的报道和对先生伟大一生的评论，有的悲伤落泪，有的失声痛哭。治丧委员会决定在送殡时，请北京大学学生执花圈，当该校总务处贴出布告后，自愿报名的就有1500人，女生全部报名。

治丧处决定3月19日举行移灵。这天上午9时半，由家属及部分特邀人士举行祈祷仪式。11时15分开始移灵，由黄惠龙、马超俊等八人将遗榇抬出。向社稷坛移灵时，不用杠夫，而由先生的亲属和国民党的党政军政府官员轮班举送。分成三组：第一组为汪精卫、张继、孔祥熙、林森、石青阳、宋子文、喻毓西、石蘅青等；第二组为于右任、李大钊、陈友仁、白云梯、邹鲁、戴季陶、邵元冲、钮永建等；第三组为李烈钧、姚雨平、郭夏初、焦易堂、邓彦华、朱卓文、蒋雨严、林伯渠等。

移灵时，东单三条、帅府园交通断绝。王府井人山人海。从王府井、东长安街、天安门到中央公园社稷坛灵堂，两旁站立恭迎的群众有12万人。遗榇经过的地方，许多群众争着向前靠近抚摸灵柩，不少人哀泣不已。由于人群过于拥挤，有时，警卫部队的士兵将学生和市民挤倒，教职员便上前说："没有什么，这是咱们自己的队伍。"有时学生和市民将警卫部队的士兵挤倒，警卫部队的官兵便出面说："咱们全是自己人，没有关系。"在前门以西的城墙马道上，由警卫司令部鸣放礼炮，以志哀悼。灵车到中央公园入口处时，宋庆龄从车上走下来，她"头上罩着黑纱，全身丧服，穿着白珠镶边的旗袍，黑鞋黑袜黑手套。透过黑纱看到她面色苍白，紧闭着嘴，微低着头"。当时在公园大门口执行勤务的女师大学生陆晶清回忆当时情形："当她由两个人搀扶着慢步朝社稷坛走去时，偌大的公园里，只听到风声和隐隐啜泣声，成千上万双泪眼直送孙夫人走进灵堂。"

灵柩停放在社稷坛拜殿正中。安放后，全体运灵护灵人员向先生遗像行三鞠躬礼。当时，汪精卫泪流满面，哭泣失声。没想到15年后他竟认贼作父，当了汉奸，成了民族的罪人。

担任灵堂照料的人员有马湘、黄惠龙、邓彦华、赵超、李朗如、李仙根、马超俊、李荣、林耀光等。

治丧处决定，孙中山先生灵柩从24日开始公祭。首先有几千学生和市民到灵堂志哀。北京临时政府文武官员100多人前来致祭。

公祭期间，每天到灵堂吊唁的机关团体、各界群众、外国友好人士，从早到晚络绎不绝，大学、中学、小学学生队伍延续不断。北京大学学生抬着花圈走在群众队伍的前列，向伟大的革命家孙中山告别。从五色土到停灵的拜殿道路两侧和灵堂内外，布满了挽联和花圈，吊唁者进灵堂先向孙先生的遗体行三鞠躬礼，然后瞻仰遗容绕棺一周。先生的遗体安详地躺在水晶棺内，面容慈祥，神态栩栩。留分头，八字短须，身着黑色西式大礼服，系黑色蝴蝶结。棺下部覆盖五色国旗。灵前是先生遗像。两侧是"革命尚未成功，同志仍须努力"的先生遗言，横额是"天下为公"。夫人宋庆龄身穿黑礼服，佩戴黑纱，几乎每天守在灵前。从24日到31日，前来吊唁的人们仅签名者就有746823人之多。各界送来的挽词，挂得“堂屋皆满”，花圈7000多个，挽联59000多副，横幅500多件。李大钊写的挽联长达244字，概述了孙中山先生的历史功绩，表达了全国人民决心继承孙中山的遗志、完成其革命事业的坚定意志。他在挽词中说：“四十余年，殚心瘁力，誓以青天白日满地红旗，唤起自由独立之精神，要为人间留正气。”

4月2日上午11时，中山先生的灵柩由中央公园拜殿移奉西山碧云寺。

灵柩用汽车运送，亲属等乘马车随灵车后行，经过西华门段祺瑞的善后会议会址时，悲愤的送殡群众将善后会议牌子砸毁，全副武装的反动军警也不敢撄其锋。经西长安街、西单牌楼，出西直门，北京市民、工人、学生、士兵30万人步行送至西直门。他们沿途高呼“打倒军阀”“打倒帝国主义”“中山主义万岁”“国民革命万岁”等口号。有2万多人步行

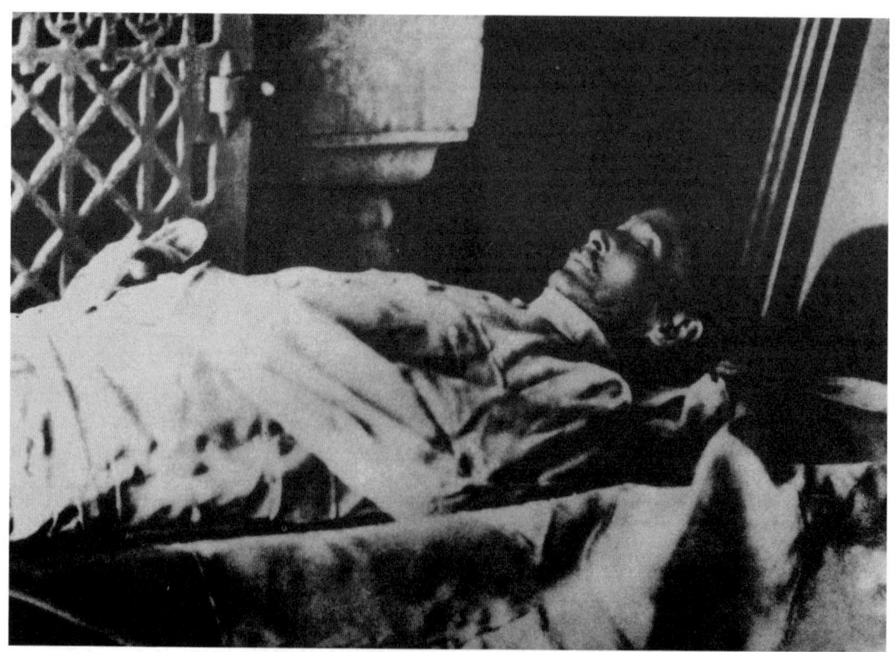

1929年6月1日，中国国民党为孙中山举行奉安大典。图为5月22日在北京香山碧云寺易棺时，孙中山先生遗容。

数十里，一直将孙中山的灵柩送到碧云寺。灵车所经过的道路两旁成千上万的群众停立志哀。下午4时25分，灵车到达碧云寺。宋庆龄身穿黑色衣服，面罩黑纱，下车走在送殡人群的前头。她“没有哭泣，没有眼泪，而是更加坚强，显示出内在的毅力”，“脸上流露出无限悲痛而又坚定刚毅的神色”，使人们确信：“孙中山先生虽然死了，还有孙夫人在，还有忠实于中山遗教的革命党人在，中山先生的旗帜不会倒下，中国的革命不会中断。”5时半举行公祭，之后将灵柩厝置寺内最高处的金刚宝塔的石龛中。这天，北京各机关一律下半旗志哀。

1929年5月26日，孙中山的灵柩移出后，其衣帽被封于北京香山碧云寺石塔内。

宝塔下的普明觉妙殿（今孙中山纪念堂）设有灵堂。灵堂正中高悬孙中山遗像，上方挂着“有志竟成”的横幅，两旁是孙中山先生“革命尚未成功，同志仍须努力”的遗言。碧云寺大门口竖起高大牌坊，横额是“天下为公”，楹联是“人群进化”“世界大同”。二重门的牌坊上写着“赤手创共和，生死不渝三主义”；“大名垂宇宙，英灵常耀两香山”。

孙中山先生病逝后，其遗体暂厝北京香山碧云寺达4年之久，一直到1929年，南京东郊紫金山南麓的孙中山墓地建设完成，才于是年6月1日，举行隆重的奉安大典，将孙中山先生的遗体移送南京安葬。孙中山先

1929 年 6 月 1 日，在南京中山陵举行奉安大典，图为孙中山的灵榇升石级入祭堂。

生的墓地被称为中山陵园；其衣帽则封于北京香山碧云寺石塔中，称为“衣冠冢”。

出版说明

2016年是孙中山先生诞辰150周年，为缅怀孙中山先生为民族独立、社会进步、人民幸福所建立的历史功勋，学习、继承和发扬其爱国思想、革命意志和进取精神，我们将杨博文先生撰写的《孙中山图传》经修订后再次出版，并更名为《孙中山大传》。

《孙中山大传》从孙中山先生的家世写起，至1925年孙中山先生病逝止，全景式地再现了孙中山先生的革命生涯和波澜壮阔的光辉人生，是一部完整记录孙中山先生生平、事迹、思想及对中国历史的伟大贡献的著作。

较之于出版过的各种孙中山先生的传记，本书的特点在于图文并茂，即在以文字完整记述传主人生足迹的同时，凸显了图片在传记中的作用。图片是形象、生动的历史记录，是无声的历史证言。本书收入了目前所能见到的孙中山先生的300多张经典留影，能使读者从丰富、真实的影像中，深刻感受到孙中山先生的人格魅力和伟人风采，以及他所处时代的真实场景和巨大变迁。

此次再版，是在原著出版10年之后。10年间，随着有关孙中山先生及民国史新史料的发掘、研究，史学研究的不断深入，对相关历史事件、历史人物形成了新的认识与观点。我们本着对历史负责的态度，再次认真梳理了全书文字，并对原著进行了修订、补充，同时重点对图注进行了再次甄别、审定，确保了本书图注的准确性，也使得本书成为同类作品中考证更为严谨、解说更为详尽的一部佳作。

孙中山先生的一生，是为近代中国的民族独立、民主自由、民生幸福而无私奉献的一生，是为实现国家统一、振兴中华而殚精竭虑的一生。孙中山先生追求真理的开拓进取精神，矢志不渝的爱国主义情怀，爱国若命、天下为公的博大胸襟和深邃的世界眼光，生命不息、奋斗不止的坚强意志，以及鞠躬尽瘁、死而后已的高尚品德贯穿于全书的字里行间，并将永载史册。

编　者

2016年4月